U0448189

北方王门学案研究

杨朝亮 著

商务印书馆
The Commercial Press

图书在版编目（CIP）数据

北方王门学案研究 / 杨朝亮著. — 北京：商务印书馆，2021
　ISBN 978-7-100-20042-4

　Ⅰ.①北… Ⅱ.①杨… Ⅲ.①王守仁（1472－1528）－哲学思想－研究　Ⅳ.①B248.25

　中国版本图书馆CIP数据核字（2021）第115689号

权利保留，侵权必究。

山东省社会科学规划研究重点项目
（项目编号：17BLSJ01）

北方王门学案研究

杨朝亮　著

商　务　印　书　馆　出　版
（北京王府井大街36号　邮政编码 100710）
商　务　印　书　馆　发　行
三河市尚艺印装有限公司印刷
ISBN 978－7－100－20042－4

2021年11月第1版　　开本 640×960　1/16
2021年11月第1次印刷　印张 17 1/4

定价：95.00元

目 录

导　言 001

第一章　黄宗羲与《北方王门学案》 047
　　第一节　明中期至清初时代特色 047
　　第二节　黄宗羲生平学行 058
　　第三节　《北方王门学案》的编纂 069

第二章　《北方王门学案》传主传略 086
　　第一节　穆孔晖 086
　　第二节　张后觉 091
　　第三节　孟秋 093
　　第四节　尤时熙 098
　　第五节　孟化鲤 101
　　第六节　杨东明 109
　　第七节　南大吉 116

第三章　北方王门后学之学术特色 122
　　第一节　对"心"内涵的探索 123
　　第二节　对"良知"说的发展 131
　　第三节　理气统一说 138
　　第四节　万物一体论 142

第五节　道一论 149
第六节　儒道佛融通 154
第七节　重实学　讲践履 163

第四章　北方王门后学之政治倾向 172

第一节　崇尚德政 173
第二节　敢直言　重慎独 180
第三节　讲孝悌　重亲民 187
第四节　淡泊名利　清正廉洁 196

第五章　北方王门后学之教育实践 207

第一节　兴学施教 209
第二节　学问益友 219
第三节　有教无类 224
第四节　美教化　正风俗 231

第六章　北方王门后学之历史地位 238

第一节　开北方王学之风气 238
第二节　北方王门后学与明清实学 245
第三节　北方王门后学的历史地位 248
第四节　北方王门后学的现代价值 256

结　语 260

参考文献 263

后　记 268

导　言

中国儒学发展到两宋时期，相对于此前各时期而言，由于出现了诸多新的特点而被人们称之为"新儒学"。称其为"新"，是因为它是以传统儒家思想学说为中心，又吸收了佛教和道教等其他一些思想因素而建构起的一种不同于此前的哲学化了的新儒学。这个所谓的"新儒学"，就其广义而言，则泛指当时以讨论"天道"、"性命"等问题和范畴为中心的整个哲学思潮，它不仅仅包括程朱理学、陆九渊心学两大学派，而且，也包括当时出现的其他诸多不同的学术派别，诸如邵雍的象数学、周敦颐的濂学、张载的关学、王安石的荆公新学等。在这诸多学术派别中，依其基本观点和对后世的影响不同来看，其中主要有两大派别：一个是以二程、朱熹为代表的"程朱理学"，另一个是以陆九渊和王守仁为代表的"陆王心学"。

一、阳明心学的产生

"陆王心学"即是指以南宋陆九渊心学学说与明代王守仁心学学说为代表的学术流派。刘宗贤先生曾经指出："它是宋明理学中由程颢发其端而与后来被定为官方哲学的程（颐）、朱（熹）理学相对立的学派，也是中国哲学史、儒学史上，继先秦孟子'尽心、知性、知天'和'万物皆备于我'的思想之后，经长期思想流变而形成的以心为本体的哲学派别。陆王心学由陆九渊创立，至王守仁集大成，中经南宋杨简，明代陈献章、湛若水等重要代表人物的发展，形成一个中国哲学特有的、以儒家伦理道德学说为核心的、庞大、严密的主观唯心主义哲学体系。"① 一语中的，简明扼要地道出了陆王心学产生及其发展的脉络和特点。

明朝号称以理学开国，程朱理学在明朝前期可以说占据绝对的统治地位。明朝开国之初，为强化中央集权和加强思想领域的控制，明太祖朱元璋便制定了以朱熹传注为主的儒家经典为基准的科举考试内容，即要依照二程、朱熹对儒家经典的解释来演绎成文，绝不允许士子们超出这一范围而任意发挥自己的见解和主张。明成祖朱棣继位之后，又诏命儒臣纂修《五经大全》、《四书大全》和《性理大全》等儒家经典颁行天下，作为钦定教科书，令天下士子们皆研习之。可见，此时理学的独尊地位已达到极点。

然而，自元代以降，程朱理学由于其自身内在缺陷和不足，其空泛、僵化的弊端已渐渐日显。尽管于明朝初期一些理学大家在努力试图对其进行修正，纠其偏枉，但终究没有能够冲破传统"述朱"框子的束缚，无力扭转和改变程朱理学日渐衰微的态势。而与此同时，从明中叶之时起，长期沉寂的陆九渊心学则悄然在社会下层渐渐兴起。如心学大家陈献章、王守仁等人先后继起，大力倡导宋儒陆九渊"致良知"之学，建立起自己的学术统系，以挽救学术之不振。

对于这样一种情况，《明史·儒林传序》中讲解得十分清楚："学术之分，则自陈献章、王守仁始。宗献章者曰江门之学，孤行

---

① 刘宗贤：《陆王心学研究》，山东人民出版社1997年版，前言第1页。

独诣，其传不远。宗守仁者曰姚江之学，别立宗旨，显与朱子背驰，门徒遍天下，流传逾百年，其教大行，其弊滋甚。嘉隆而后，笃信程朱，不迁异说者，无复几人矣。"① 同样，清初大儒黄宗羲在其所著《明儒学案》一书中，亦表达了同样的观点："有明之学，至白沙（即陈献章——引者）始入精微。其吃紧工夫，全在涵养，……故出其门者，多清苦自立，不以富贵为意，其高风之所激，远矣。"② 而且他还曾经这样说："先生（即陈献章——引者）学宗自然，而要归于自得。自得故资深逢源，与鸢鱼同一活泼，而还以握造化之枢机，可谓独开门户，超然不凡。"③ 事实上，也正是在陈献章、王守仁等大儒的先后努力之下，陆九渊心学才得以重生、发展和传衍下去，成为宋明理学史上一大著名学派，即陆王心学。

陈献章（1428—1500），字公甫，号石斋，广东新会都会村人，少年时期随祖父迁居白沙乡（今属广东江门市蓬江区）的小庐山下，学者习称"白沙先生"。黄宗羲《明儒学案》一书中记载，陈献章"自幼警悟绝人，读书一览辄记"④，可见，陈氏小时候即聪颖好学，能够博览强记。陈献章十九岁时考中举人，二十一岁时考中副榜进士，遂进入国子监读书。但在后来的两次会试中皆不幸名落孙山，直到他二十七岁时，到赣州拜儒学大家吴与弼为师，次年辞别先生，回到江门白沙村。从此，陈献章隐居白沙，足不出户，专意于读书，经过十年的苦读和静坐冥思，他终于悟到了学问真谛，把握住了"心"与"理"吻合的关键，其学问和修养遂大进。从成化元年（1465）起，陈献章便开始设馆授徒讲学，后来声誉远播，随

---

① 《二十五史》（第十册），《明史》卷二八二，《列传》卷一七〇，上海古籍出版社1986年版，第787页。
② 黄宗羲著，沈芝盈点校：《明儒学案》卷五，《白沙学案上》，中华书局1985年版，第79页。
③ 黄宗羲著，沈芝盈点校：《明儒学案》卷首，《师说·陈白沙献章》，第4页。
④ 黄宗羲著，沈芝盈点校：《明儒学案》卷五，《白沙学案上》，第79页。

其从学者甚众。

陈献章应当是明代心学传承过程中较为关键的人物之一。综括陈氏一生,可以说是波折不断,概而言之,即:科举不第,静养以求心;济世不成,隐居而施教;应征未起用,则屡荐不起。也正是由于遭受到科场与政坛的双重打击,陈献章开始在痛苦当中认真思考起社会和人生,对当时的社会现实心存疑虑,不满情绪随之大增,这反而使他在学术研究和思想情怀的路途上越走越远,最终完全背离传统的朱子理学而转向封闭的个人内心世界。由此,陈献章"独开门户",开启了明代心学的大门,故《明史·儒林传》中如此总结:"原夫明初诸儒,皆朱子门人之支流余裔,师承有自,矩矱秩然。曹端、胡居仁(曹端,字正夫,号月川,河南渑池人;胡居仁,字叔心,号敬斋,江西余干人。二人皆为明初著名的学者、理学家——引者)笃践履,谨绳墨,守儒先之正传,无敢改错。学术之分,则自陈献章、王守仁始,……嘉隆而后,笃信程朱,不迁异说者,无复几人矣。"①陈献章在朱子学说处于一统天下的局面下,能够一改当时学者谨守绳墨之习气,其思想于逆转中承继了陆九渊心学学说,倡导"自得"之学。

同时,陈献章还吸收了道和佛二家思想中的合理成分。陈献章以自然来概括"道",认为人的精神与自然是同体的,这种精神所能达到的最高境界即是"道"。这样,陈献章给"道"赋予了一种独特的新内涵,"道"由此而成为由"理"向"心"过渡的中间环节和桥梁,他把道家的"道"变成一种"天人一体"的宇宙境界。这一境界除却吸收了道家"自然无为"的思想特色之外,其中又包含有儒家"生生之仁"的内容。陈献章还根据自己的经历,把"自得"

---

① 《二十五史》(第十册),《明史》卷二八二,《列传》卷一七〇,第787页。

作为求学的门径。陈献章想摆脱从宋儒朱熹那里沿袭下来的"渐进"、"积累"的求知方法,而以"涵养"为主,自立门户,把"求心"作为"涵养"的基本方法。他希望把现实人生及伦理活动的内容归纳到"心本体"的范畴之中,他曾经这样讲:"文章、功业、气节,果皆自吾涵养中来,三者皆实学也。惟大本不立,徒以三者自名,所务者小,所丧者大,虽有闻于世,亦其才之过人耳,其志不足称也。学者能辨乎此,使心常在内,到见理明后,自然成就得大。"[①] 一个人只有涵养其内心,才能够立大志,也才能够成就大事业。如何才能涵养成虚静的本体之心呢?陈献章提出了"静中坐养出个端倪来"和"静坐以养其善端"的办法。十分明显,在这里,陈献章借鉴了传统佛教的坐禅方法,把它用之于心性修养和道德实践之中。

可以说,陈氏学说既肯定了陆九渊的心学路线,而又不完全因袭陆氏心学,他承袭了宋代理学之风,而在体系和思想上却又都表现出了不同于宋代正统理学的思想特色。总之,陈献章以"道"为本体境界,以"心"为实现境界的主体,通过人生修养功夫以证悟"心"与"道"、"主体"与"本体"合一的思路,同时,又融汇了佛教禅宗的思辨方法,这样兼收道、佛两派,使其能够在程朱理学派一统天下的格局之下,冲破束缚,开启了心学发展之风气。

陈献章的思想后来由其得意门生湛若水继承和发展。湛若水(1466—1560),字元明,号甘泉,广东增城(今广州市增城区)人,明代著名理学家。弘治五年(1492),湛若水考取举人。翌年,会试落第,此后,赴新会县拜名儒陈献章为师,笃志心性理学,遂学识大增。弘治十八年(1505)中进士,选庶吉士,擢翰林院编

[①] 黄宗羲著,沈芝盈点校:《明儒学案》卷五,《白沙学案上》,第89—90页。

修、侍读等职。嘉靖三年（1524），升任南京国子监祭酒，后又历任南京礼、吏、兵三部尚书。嘉靖十九年（1540），致仕回归故里，到嘉靖三十九年（1560）四月二十日病逝。著有《心性图说》、《圣学格物通》和《湛甘泉集》等著作。

湛若水自幼就接受传统教育，且家规甚严，先后中举和考取进士，可见其举业之功底。明代的科举考试皆是以程朱理学为式，所以，湛若水是深谙程朱理学之要旨的。弘治六年（1493），在他第一次会试落第之后，从学于陈献章而"不乐仕进"，遂悟"随处体认天理"之学。由此，湛若水的思想学说"既要提倡心学思想，又使之不脱离理学固有的伦理规范而流于空疏，或偏向佛道"①。即"湛若水对朱、陆的态度是：既不过分贬朱，亦不一味扬陆，而主张和会两家学说"②。但有一点需要指出，湛若水这一思想特色是以陆九渊心学为基础，兼取朱子之理学而形成的。

湛若水主张和会两家之说，符合自元代以来理学发展中所出现的朱陆融合趋势。总体而言，湛若水的思想学说除却对程朱理学的吸收和融合外，同时，还远承陆九渊的心学思想，亦近承了陈献章心学思想之主旨，在综合继承前人学说的基础之上又进一步发扬光大。诚然，湛若水的思想是以陆九渊心学本体论为基础的，他对于陆九渊思想的继承与发展可谓是全面的。譬如他对"心"与"理"的关系、"理"与"气"的关系、"心"与"性"的关系、"理一分殊"等皆有所吸收、继承与发展。至于湛若水对陈献章思想的继承与发展，刘宗贤先生曾经进行过总结："湛若水对陈献章思想的继承和发展主要有两个方面，一是他把陈献章的心、道合一的主体境界论发展为以'心'为'道'的本体论，从而充实了心学在自然观方

---

① 刘宗贤：《陆王心学研究》，第八章"湛若水：心学发展的中介"，第 243 页。
② 刘宗贤：《陆王心学研究》，第八章"湛若水：心学发展的中介"，第 274 页。

面的内容；二是他把陈献章'以自然为宗'，'静中坐养出端倪'的涵养方法发展为动静合一、心事合一，'随处体认天理'的实践道德方法。"① 可见，湛若水远承陆九渊，近宗陈献章，二人对他的思想影响巨大。湛若水于弘治十八年（1505）中进士后，选授翰林院庶吉士、编修，遂结识了王守仁，二人切磋学问，共同"倡明圣学"，关系密切，他对王守仁心学思想的形成和发展有着重要影响。"这不仅表现在王守仁通过与他相交而接受了陈献章的心学思想，并且，他作为明代心学中与王守仁思想相对立的一方，在王守仁生前，通过与王氏的争论交流而影响着王守仁的思想，也从许多方面补充着王守仁思想的不足之处"②。

总之，"湛若水继承了陆九渊的'心即理'思想。……湛若水对心学发展的作用并不仅在于他的心学与陆九渊心学在本质上的一致，及确有源流和继承关系。我们知道，陆九渊的心学本体论是侧重于心的伦理实体内容的，而陈献章的心本体论是侧重于心的自然本体特征的，湛若水的贡献正在于将二者结合。他既坚持了由陆九渊开创心学时所奠定的以伦理实体为心本质的心学路线，又充实了心本体论的哲学内容。由此可以说，湛若水是从陆九渊、陈献章到王守仁心学发展的中间环节"③。湛若水一生中少年时期学习程朱理学，专意于科举考试，后来，师事大儒陈献章，接受了陆九渊心学思想，在中进士入翰林院后，与王守仁相识，交流学问与心得，其思想深深地影响到王守仁。最终，湛若水没有让老师陈献章失望，和王守仁同倡心学，使得陆九渊心学得以继续传播下去。鉴于此，有学者曾经指出，明代心学是由陈献章开其端。

---

① 刘宗贤：《陆王心学研究》，第八章"湛若水：心学发展的中介"，第283页。
② 刘宗贤：《陆王心学研究》，第八章"湛若水：心学发展的中介"，第284页。
③ 刘宗贤：《陆王心学研究》，第八章"湛若水：心学发展的中介"，第283页。

此后，浙江余姚学者王守仁继承了宋儒陆九渊的心学思想，批评程朱理学通过事事物物追求至理的"格物致知"之方法，反对其分"心"和"理"为二，"知"和"行"为二，把人们引向极其烦琐的释经道路。王守仁提出了以"良知说"为核心的心学学说，让人们从自己内心之中去寻找"理"，说"理"不在人体之外，而完全在人们自己心中。认为心之本体即是"良知"，"良知"即是"天理"，"心外无物"、"心外无理"，离开"心"之外，一切都是不存在的。可以说，王守仁的"良知"说和"知行合一"说，达到了陆王心学理论的最高峰，创建了一个系统而完备的主观唯心主义思想体系，遂使当时思想界发生了由理学向心学迅速转变的状况，自然而然地也打破了程朱理学一统天下的格局，王守仁心学遂成为当时的世之显学。由此，后世学者在中国儒学发展史上把陆九渊与王守仁思想学说合并在一起，称之为"陆王心学"。

王守仁（1472—1528），字伯安，别号阳明，祖籍浙江绍兴余姚（今属浙江宁波）。王守仁十二岁入私塾，就志存高远，认为"科举并非第一等要紧事"，刻苦读书做一个圣人才是天下最紧要之事。十五岁时曾经多次上书皇帝，献计献策，自然是无果而终。弘治十二年（1499），参加礼部会试，赐进士及第，观政工部。后又历任刑部主事、兵部武选司主事。武宗正德元年（1506），王守仁上疏论救南京给事中御史戴铣等人而触犯权阉刘瑾，被杖四十后谪贬至贵州龙场做了一名驿丞。在龙场，通过"悟道"，王守仁对《大学》有了新的认识，深刻意识到"圣人之道，吾性自足，向之求理于事物者误也"。谪戍期满，复官庐陵（今江西吉安）知县。后刘瑾事败，王守仁入京，历任吏部验封司主事、署员外郎等职，后官至南京鸿胪寺卿。世宗即位，升任王守仁为南京兵部尚书，加封"新建伯"。嘉靖六年（1527），总督两广兼巡抚。次年，平定广西诸叛乱。同时,王守仁也由于长期劳累,积劳成疾,肺病加重,遂向朝廷上疏乞求告老还乡,但不幸病逝归途。隆庆时追赠王守仁为"新建侯",谥"文成",故又称"王文成公",于万历十二年(1584)令其从祀孔庙。在这期间,王守仁曾经讲学于稽山书院,又于绍兴创建阳明书院,积极传播自己的学术主张。他还曾经结庐于距越城不远的会稽山阳明洞讲学,自号"阳明子",学者因习称其"阳明先生"。王守仁是明代心学的集大成者,其心学主要代表著作为《传习录》一书。后人把记载他的思想材料汇而成编,名为《阳明全书》共计三十八卷,是研究王守仁思想和陆王心学学派最主要的参考资料。

王守仁心学主张"心即是理",强调的是"致良知"和"知行合一",重视在实践致用和关注现实上用功夫。这与程朱理学所强调的"存天理,灭人欲",一味"格物穷理"在思辨上用功夫截然不同。因此,王守仁心学的产生对于当时学术界而言,无疑是一剂强心针,给人们注入了一股强劲的新鲜血液。可以说,王守仁心学对于整个理学的发展做出了巨大贡献,"故无姚江,则古来之学脉绝矣"[1]。这一时期的阳明心学,可以说达到了极盛。

王守仁作为心学的集大成者,其学术思想也经历了一个漫长的演变过程。黄宗羲谓之"其学凡三变而始得其门"[2]。最终确立了"良知"学问,将"良知"作为最本源的东西,以"致良知"为功夫,强调"知行合一"。王守仁以"良知"作为心之本体,同时提出"致良知","致吾心之良知者,致知也"[3]。

"致良知"是王守仁心学学说体系的核心,他把"致良知"当作

---

[1] 黄宗羲著,沈芝盈点校:《明儒学案》卷十,《姚江学案》,中华书局2008年版,第178页。
[2] 黄宗羲著,沈芝盈点校:《明儒学案》卷十,《姚江学案》,第180页。
[3] 王阳明著,阎韬注评:《传习录》,江苏古籍出版社2001年版,第55页。

"学问的大头脑",并在教育弟子中多次提到"致良知"的重要性。《传习录》中王守仁对"致良知"是这样解释的:"知是心之本体,心自然会知。见父自然知孝,见兄自然知弟,见孺子入井自然知恻隐,此便是良知,不假外求。若良知之发,更无私意障碍,即所谓充其恻隐之心,而仁不可胜用矣。然在常人不能无私意障碍,所以须用致知格物之功,胜私复理,即心之良知更无障碍,得以充塞流行,便是致其知,知致则意诚。"①"致知"也就是使心不为私欲所障碍,通过"格物致知"、"知行合一"来达到心灵澄澈。

"致良知"强调的是实践,"良知"虽是天赋,人人都有,但是这种"良知"若是仅仅停留在表面,便不能对人的行为产生任何影响。王守仁在与陈九川的谈话中说道:"尔那一点良知是尔自家底准则,尔意念著处,他是便知是,非便知非,更瞒他一些不得。尔只要不欺他,实实落落依着他做去。"②因此,王守仁心学更多的是强调知行合一,强调的是实践的作用,实实在在依着"良知"去做才是"致良知"应有的含义,这也是王守仁心学所不同于明中期程朱理学的空谈性理学问之处。一方面,王守仁心学应时而生,为理学的发展重新注入新鲜活力;另一方面,王守仁心学也由于它自身标榜的反对程朱理学,反对"存天理,灭人欲",被很多时人认为是异端邪说,尤其是在北方的理学重镇。因此,在黄宗羲《明儒学案》一书中按地域划分的阳明学派"北方王门学案"一目中,就曾经指出"北方之为王氏学者独少"③这一状况,自然也在情理之中。

王守仁心学产生之后迅速发展,先崛起于江浙一带,继而蔓延遍及整个南方地区,成为一时显学。王守仁因外任地方官多地,与

---

① 王阳明著,阎韬注评:《传习录》,第15页。
② 王阳明著,阎韬注评:《传习录》,第174页。
③ 黄宗羲著,沈芝盈点校:《明儒学案》卷二九,《北方王门学案》,第635页。

地方联系密切，所以弟子众多，遍布各地，学术思想传播迅速。王守仁生前对于其晚年学说"致良知"之教，未来得及做详细阐释，弟子们在其去世后对于其晚年学说的不同理解将王守仁心学引向不同方向，再加之受地方思想文化之影响，遂产生了不同的心学派别，他们依据自己对阳明心学的理解在各地传播阳明心学。这样，也进一步促进了阳明心学在全国范围内的传播，以及阳明心学形成不同的地域特色。

阳明心学的发展，按照地域而言，基本遵循由近及远的规律。最先发展起来的是浙中学派，由其同乡钱德洪和江阴学者王畿等人讲学而成。该学派以王畿①的学术成就最大。刘宗周指出："王门有心斋、龙溪（即王艮、王畿二位——引者），学皆尊悟，世称二王。心斋言悟虽超旷，不离师门宗旨。至龙溪，直把良知作佛性看，悬空期个悟，终成玩弄光景。"② 可见，王畿的学术思想最终是偏离了王守仁心学之宗旨，走向禅学。自浙中学派后，江右、泰州等学派继之而起，并迅速发展，门人弟子遍及全国各地。江右学派是王守仁在江西任地方官时讲学产生的。黄宗羲认为："姚江之学，惟江右为得其传，……盖阳明一生精神，俱在江右，亦其感应之理宜也。"③ 江右王门中邹守益、聂双江、刘晴川等人，其学术思想亦标榜"慎独"、"躬行"等方法，继承了王守仁传统学术思想。泰州学派则是晚明社会王学影响最大的学派。泰州学派以王艮④为代表。王艮的学术思想是以"百姓日用之道"为主旨。"百姓日用条理处，即

---

① 王畿（1498—1583），字汝中，号龙溪，学者称龙溪先生。浙江山阴（今绍兴）人。师承王守仁，浙中学派创始人。著有《龙溪全集》二十卷。
② 黄宗羲著，沈芝盈点校：《明儒学案》卷首，《师说·王龙溪畿》，第9页。
③ 黄宗羲著，沈芝盈点校：《明儒学案》卷十六，《江右王门学案一》，第331页。
④ 王艮（1483—1541），字汝止，号心斋，人称王泰州。泰州安丰场（今江苏东台）人。师承王守仁，泰州学派创始人。今存著作有《乐学歌》、《明哲保身论》、《天理良知说》、《孝悌箴》、《格物要旨》等。后人辑其著作为《王心斋先生遗集》。

是圣人之条理处，圣人知便不失，百姓不知便为失"①。

王艮将"天理"解释成自然之理、日常生活之理，是自然而然之物，体现在百姓的日用常行之间，并不依附任何其他事情，若是人为肆意安排就会成为"人欲"。并且他认为："圣人之道，无异于百姓日用，凡有异者，皆谓之异端。"②王艮将程朱之"天理"和王守仁之"良知"都简化为百姓日常生活中的行为处事、人际关系准则，便于传播和接受。从泰州学派的人员组成也可以看出，泰州学派学者大多来自社会各个阶层，既有徐波石这样的社会上层人士，也有林东成"佣王氏为僮子"③的出身下层的百姓。泰州学派成员身份复杂，也许正是因为其学术思想主旨。王艮将阳明心学中成贤成圣的思想解释为百姓日常生活所用，进一步拉近了与各阶层，尤其是与下层人民的距离，其学术思想便很快在大范围内传播开来。但是，"阳明先生之学，有泰州、龙溪而风行天下，亦因泰州、龙溪而渐失其传"④。王守仁心学发展到泰州学派，已经出现了明显变异。泰州学派提倡百姓日用之行的同时，也渐渐脱离传统伦理纲常名教的束缚，及至泰州学派后之学者李贽，更是对传统理学大加批判，成为理学家眼中的"异端之尤"。而且，王艮的思想还大力宣扬"明哲保身"、"安身立命"。"明哲者，良知也。明哲保身者，良知良能也"⑤。在王艮看来，"明哲保身"的人必定是爱己爱人的，而这样的人既能保身则必然能保家保国。可是，这样的思想对于泰州学派多数出身于平民阶层的百姓而言，并不能完全吸收和理解，因此，导致学者喜清谈、恶躬行，而进一步将王学引向空疏、清谈之境地。

---

① 黄宗羲著，沈芝盈点校：《明儒学案》卷三二，《泰州学案一》，第715页。
② 黄宗羲著，沈芝盈点校：《明儒学案》卷三二，《泰州学案一》，第714页。
③ 黄宗羲著，沈芝盈点校：《明儒学案》卷三二，《泰州学案一》，第744页。
④ 黄宗羲著，沈芝盈点校：《明儒学案》卷三二，《泰州学案一》，第703页。
⑤ 黄宗羲著，沈芝盈点校：《明儒学案》卷三二，《泰州学案一》，第715页。

这样，在几乎整个南方地区王学逐渐弊端丛生，为学者所诟病之时，北方地区恰是刚刚冲破程朱理学的壁垒，开始接受阳明心学思想之际。在北方王门后学中，穆孔晖、南大吉等就是属于直接受业于王守仁，接受其心学思想的学者，并且把阳明心学在北方地区加以传播推广开来，后之学者纷纷效仿，不遗余力地传播阳明心学，他们皆对阳明心学在北方的传播做出了重要贡献。总之，在阳明心学后学众多派别中，唯有北方学者极少。但是，北方王门后学学者一方面接受了王守仁心学，秉持王守仁心学创立之宗旨，重躬行、讲实践，以天下时事为己任，同时，他们又吸收佛、道思想文化，并且同当地社会现实密切结合，砥砺躬行、知行合一，创建出了不同于其他阳明后学且具有北方特性的思想学说。这不仅为修正王学之末流做出了极大贡献，而且亦丰富和发展了北方学术思想文化。

二、阳明心学北传

王守仁心学思想体系十分宏大，其主要思想倾向是极力主张"致良知"、"反求诸心"等。整体而言，王守仁心学思想则人为地夸大了人的主观精神作用，将人们的注意力进一步引向内心世界的净化，可以说在某种程度上起到了对人的思想启蒙的作用。但同时，他过分强调人的主观能动性则使得其后学由于种种原因而渐渐脱离了对于客观事物的探讨和研究，从一个极端走向另外一个极端，使其陷入了空疏的境地。这不仅使其后学解说不同，各执一端，最终导致心学学派发生分化，而且，也助长了明朝后期不务实际的空疏学风。"但总的看来，王学是在朱熹理学走到困境时，力挽狂澜于既倒的独具特色的思想体系，他抛弃了许多理学的正统观念，力图高扬人的主体精神,来确立人在天地间的位置以及人在世界上的价值,具有反传统的意味。这对于晚明以至明清之际的思想发展都产生了积极的启迪作用。然而王学也同封建时代的其他思想体系一样,不能摆脱历史和文化的局限,在理论上不可避免地存在着诸多矛盾。这些矛盾在王守仁之后的王学的传播过程中,日渐明显地表现出来。他的弟子们根据各自的理解去发挥师说,歧义纷出,于是形成了大大小小的王学流派"[1]。诚然,总的看来,归根到底这其实是陆王心学自身不足所造成的。

王守仁生前曾经长期从事于授徒讲学,研讨学问,培养出了众多的弟子。刘宗周曾说"阳明先生门人遍天下"[2]。弟子徒属人数可观。依照黄宗羲《明儒学案》一书中所序列可知,黄宗羲依照其后学所处地域的不同划分成七个大的后学派别,即浙中王门、江右王门、南中王门、楚中王门、北方王门、闽粤王门及泰州学派。可见,王守仁弟子遍布天下,形成了一个极具影响力的庞大学术团体。王守仁去世之后,其主张虽然在政治上受到统治阶级的排斥,学术思想上遭受到攻击,但其心学思想学说却在士人知识分子阶层中间悄然兴起,遂风靡于一时,被广泛传播开来。阳明心学之所以能够迅速流传光大,而没有成为绝学,除却阳明心学学说自身的原因外,其弟子及其再传弟子的不懈努力与传播之功亦是不容忽视的。王守仁去世之后,由于王学自身的原因以及弟子们不尽相同的学术风格和成长背景及经历导致其对师说的认知能力也不尽相同,再加之他们传布师说时各有侧重,致使阳明心学便朝着不同的方向发展下去。如浙中王门学派的王畿,他及门日久,四处讲学,可谓影响极大,

---

[1] 王云等:《中国古代思想史稿》(明清篇)第一节,"理学向心学的转变",山东友谊出版社1997年版,第367—368页。
[2] 黄宗羲著,沈芝盈点校:《明儒学案》卷首,《师说》,第7页。

不仅以王守仁之后"宗盟"座主的地位"挟师说以杜学者之口",而且"挤阳明而为禅",把王守仁的主观唯心主义推向了极端。

再如泰州王门学派的王艮,世代为灶户,家"贫不能竟学",随父兄淋盐为业谋生度日。直到他三十八岁那年,才远赴江西从王守仁问学。于王守仁去世之后,他便回归家乡泰州,授徒讲学,培养了一批弟子。王艮的学术宗旨与王守仁的心学是有一定差别的。其一,王艮把"良知"当成"现现成成,自自在在"的。他认为"良知"是"现成"的,每个人都现成地具有"良知",人只要按照这个"良知"自然而行,就是成圣成贤的功夫,下了功夫就自然而然地成了"圣人"、"贤人";其二,王守仁拘泥于心性善恶的讨论,王艮则发挥了他的"乐是心之本体"的思想,并且自创《乐学歌》。他认为心之本体的根本特质是"乐",是私欲蒙蔽了"乐"的本体,于是人才会有了忧惧和愤怒。人有"良知",私欲发萌时,只要"良知"自觉,私欲就会自然消除,人心就会自然恢复到"本然之乐"。此外,和王守仁思想相比较而言,王艮的思想更具激进色彩,所以,王艮处处表现出"狂者"的姿态。他发誓要学孔子周流天下,化神龙以救万鳝,自己曾宣称:"大丈夫存不忍人之心,而以天地万物依于己,故出则必为帝师,处则必为天下万世师。"[①]处处反映出他强烈的"以天下为己任"的自信心。王艮之所以有如此思想倾向,不仅仅是得益于王守仁,与此同时,与他个人的生活环境和成长经历不无密切关系。

清代浙东著名学者全祖望曾经这样来评判阳明心学:"吾观阳明之学,足以振章句训诂之支离,不可谓非救弊之良药也。然而渐远渐失,遂有堕于狂禅而不返,无乃徒恃其虚空知觉,而寡躬行之

[①] 王艮著,陈祝生主编:《王心斋全集》卷三,《年谱》,江苏教育出版社2001年版,第13页。

定力耶？夫阳明之所重者，行也，而其流弊乃相反，彼其所谓诚意者安在耶？盖其所顿悟者原非真知，则一折而荡然矣。是阳明之救弊，即其门人所以启弊者也。"①全祖望认为王守仁之学应当是拯救朱子学之病的"良药"，但使人意想不到的是，阳明心学却朝着另外一个相反的方向发展下去，刹不住车，反而成了"启弊者"。

到了明朝末期，大明王朝即将灭亡之际，随着中国封建社会晚期总危机出现和资本主义生产关系萌芽，人们对于"脱离实际"、"空疏无用"的陆王心学渐渐失去了信心，开始不断进行猛烈批判和深刻反思，于是，在当时学术界出现了一股反省既往、面向现实的社会批判思潮，即所谓的"实学思潮"。面对国破家亡、民不聊生的社会现实，一些思想家开始从原来的"皓首穷经"、"空谈心性"中渐渐觉醒过来，深刻地意识到王学末流的"空虚玄妙"肯定是无补于现实社会，无法挽救这摇摇欲坠破败了的大明河山，于是，他们便调转方向，把自己的注意力转向了能够挽救国家的"有用之学"，把学术思想与社会政治、经济思想密切联系起来，从理论上猛烈抨击批判和抵制"空言之弊"，试图从中找寻出一条能够续亡继绝的新路子，挽回其颓势。对此，黄宗羲曾进行总结："今日知学者，大概以高（即高攀龙——引者）、刘（即刘宗周——引者）二先生，并称为大儒，可以无疑矣。"②高攀龙为东林学派健将，而刘宗周则为蕺山学派创始人。他们开始从各自不同角度对王学流弊进行深刻反思、批判和修正，谋求新的学术出路，以期为国家和社会找寻出一条可以向前发展的光明大道。

明嘉靖七年（1528），王守仁去世，一代大儒陨落，由于王守

---

① 全祖望撰，朱铸禹汇校集注：《全祖望集汇校集注·鲒埼亭集外编》卷十六，《槎湖书院记》，上海古籍出版社 2000 年版，第 1058 页。
② 黄宗羲著，沈芝盈点校：《明儒学案》卷六二，《蕺山学案》，第 1509 页。

仁弟子众多，其学说流布更加广泛。只是有一点，对于高深的"致良知"学说，弟子们的理解却各自不同，因此，在各弟子的传承之下，将阳明心学引向了不同的发展方向，使之加以分化为诸多存在差异的后学派别，在全国各地传播开来。诚然，由于各地具体情况不同，传播程度亦相对不一。北方王门后学就是如此，在诸后学派别之中，显然是十分弱小的一派。尽管他们在王门后学当中人数不多，但他们在北方各地也积极努力传播和发展师说，一度打破程朱理学一统北方的局面，使得阳明心学犹如一股春风在北方迅速传播开来。可以说，黄宗羲把北方七位传承阳明心学的学者共存于"北方王门学案"一案之中来加以系统梳理和研究，是有其道理的。同样，我们还可以沿着同样的思路进一步细化。根据北方王门后学学者传承谱系和地域籍贯来划分，则可以把他们以及他们的再传弟子划分为"河南王学"（又称"洛阳王学"）和"山东王学"（又称"东昌王学"）两大主干。诚然，在明朝末期于北方地区传播阳明心学学说者亦并非仅仅他们七人而已，除却他们及其弟子外，还有诸多北方区域内不同籍贯的一些信奉陆王心学的学者，他们也在北方各地同样为传播和发展阳明心学做出自己应有的贡献，共同促进阳明心学在北方迅速传播开来。

相对而言，北方王学较其他六大分支，可谓薄弱许多，且王学的影响力在北方相对于南方而言亦存有明显差距。尽管这样，阳明心学所带来的革命性的清风传入北方地区之后，逐渐与当地其他学术思想文化相互融汇和吸收，得以生根、发芽、成长。这也导致北方王学出现了与南方王学不同的诸多新特点和新面貌。但总体而言，阳明心学在北方地区的传播仍然十分缓慢，据明代著名学者张元忭讲："有明正、嘉之际，王文成公倡道于姚江，维时及门之士，自大江以南，无虑千百人。而淮以北顾寥寥焉，诚阻于地也。"① 张氏所言极有道理。可以说，阳明心学在北方的传播"诚阻于地"，一则是指受北方地域的限制，二则是因北方传统学术中程朱理学势力占据着绝对的优势，依然十分强大和盛行，传统的程朱理学在北方当地人们心目中早已是根深蒂固，对于这一"新生事物"持不认可态度，因而阳明心学在北方地区传播初期也只有"寥寥"数人而已。仅仅就是这"寥寥"数人，有的还是内心经过长时间激烈斗争，最后才终于走向信奉阳明心学的道路。但星星之火可以燎原，随着阳明心学影响力的进一步扩大，北方地区也出现了具备全国性学术声望的王门传人，甚至"有出于及门诸贤之上"者。阳明心学的北传一时间改变了当地的学术风向，使北方地区的学术、思想和文化发生了许多变化。

在北方王门弟子中，初期从学于王守仁者主要有南大吉、穆孔晖和王道等。南大吉于正德二年（1511）中进士，是年，王守仁任会试同考官，这样，二人具有了师生之谊。到嘉靖二年（1523），南大吉知绍兴府。此时，王守仁丁父忧于绍兴，其间，他不仅讲学稷山书院，而且又在绍兴创建阳明书院讲学其中，南大吉于是往来于府衙和书院之间，又得以从学于王守仁，遂深得阳明心学之奥旨，且创办了稽山书院。后南大吉罢官，回到家乡陕西，直至去世前，一直未曾间断传播王阳明心学学说，并曾著有《瑞泉集》一书，惜已亡佚。曾经有学者指出："南大吉之后，陕西没有形成王学高潮，也没有大的王学家出现。"② 这是对的。到了晚明时期，关中大地才出现了像冯从吾等会通程朱和陆王的大儒和学者。

---

① 钱明主编：《北方王门集》，《张弘山集》卷四，《弘山张先生墓表》，上海古籍出版社 2017 年版，第 667 页。
② 吕景琳：《明代王学在北方的传播》，《明史研究》（第三辑），黄山书社 1993 年版，第 93 页。

穆孔晖和王道亦皆为王守仁早年弟子，为其主管科考所录取门生。穆孔晖于弘治十七年（1504）参加了王守仁主考的山东乡试，被王守仁擢为第一。后来，于南京和王道等一起又受业于王守仁，学习陆九渊、王守仁心学学说，而成为阳明心学北方的衷心拥戴者。在上述三位北方学者之中，相较而言，王道并非阳明心学的最忠实信徒，其学说相对而言要驳杂许多，黄宗羲曾经评价王道："受业阳明之门，阳明言其'自以为是，无求益之心'，其后趋向果异，不可列之王门。"①他甚至不承认王道是王门后学。黄宗羲这一观点值得商榷。总体而言，阳明心学北传之初，尽管有诸多王学家不遗余力，但其传播仍然是举步维艰，这使得阳明心学不能像在南方那样流布，终没有形成大的气候。

有学者就曾这样说："王学在北方真正形成地域学派，则是在阳明卒后，经过南方弟子刘魁、颜钥、徐樾等人的传布才得以完成的。他们越过了初期弟子，重新在各地培养起重要传人。在山东，穆孔晖和王道并未带来王学的广泛传播。一直等到江西颜钥和泰州学派的徐樾传学于张后觉，才迎来王学的高潮。张后觉的弟子中，以孟秋和赵维新最为著名。而在河南地区，刘魁传学于尤时熙，后者弟子中以孟化鲤最为重要。孟秋和孟化鲤，被时人称为'二孟'。《明儒学案》更认为北方王门'非二孟嗣响，即有贤者，亦不过迹象闻见之学，而自得者鲜矣'。又说'二孟先生如冰壶秋水，两相辉映，以绍家传于不坠，可称北地联璧'。因此，山东、河南这两支王学传人，成为了北方王门的最主要分支。"一语中的。同时，其还指出："在北直隶，王学的重要传人出现较晚，已当明代末年，他们包括鹿善继、孙奇逢等人。此时，王学已进入退潮期。就师传来看，

---

① 黄宗羲著，沈芝盈点校：《明儒学案》卷二九，《北方王门学案》，第635页。

鹿善继只是在家学影响下自读《传习录》，也未被黄宗羲列入北方王门中。但考察其思想体系，确然为王学无疑。鹿善继于崇祯年间抗清殉国，此后北方王学也走向了终结。"① 上述内容精辟地总结出了阳明心学在北方的传播脉络。由此，我们也可以清晰地看出：在北方王门学者之中，穆孔晖、王道、南大吉为其第一代弟子，以尤时熙和张后觉为代表的算是第二代传人，而孟化鲤、孟秋和赵维新等则算是第三代传承者。另外，还有诸如杨东明、鹿善继、孙奇逢等学者在内的诸学人，也皆在北方王门学派之中，他们共同为阳明心学在北方的传播及其发展做出了贡献。

（一）河南王学

现代诸多学者认为，在北方阳明心学者中除了山东聊城穆孔晖之外，还有两个主要分支绵延于明代中后期，其学术、教育、事功影响颇大。其中一支是王守仁—刘魁—尤时熙—孟化鲤—张信民、吕维祺—冯奋庸，流传地主要在河南地区一带，而被称之为"河南王学"，而尤时熙、孟化鲤、张信民、吕维祺等人则为洛阳籍或为洛阳籍学者弟子，因此，又有学者称其统系为"洛阳王学"。他们以河南洛阳为中心，积极传播王阳明心学，成为阳明心学在北方传播的重要支派之一。而在上述学者所开列的诸多心学家之中，却没有黄宗羲《明儒学案》所开列的杨东明，而刘魁、张信民、吕维祺和冯奋庸等四位则赫然在列。之所以被列其中，是有其道理的，因为他们的思想主张皆倾向阳明心学，称得上名副其实的王学家，同样，他们也对阳明心学在北方地区的传播和发展做出了重要

---

① 孟成刚：《明代中后期北方王门思想析论》，"绪论"，陕西师范大学 2015 年硕士学位论文。

贡献。

刘魁（1488—1552），字焕吾，号晴川，江西泰和（今江西泰和）人。正德二年（1507）举人，谒选，得宝庆府通判，后历钧州知州、潮州府同知。其"所至，洁己爱人，扶植风教"。后官至工部员外郎。其间，曾上疏陈安攘十事，得到世宗嘉纳。嘉靖二十一年（1542），由于上疏进谏违忤了皇帝旨意，遂遭致廷杖之罪名，与御史杨爵、给事中周怡同长系镇抚司狱。直至嘉靖二十六年（1547），才获释而解甲归田，不久，便卒于家。到了隆庆元年（1567），获赠太常寺少卿。刘魁生前著有《晴川集》和《仁恩录》等著述，惜今皆亡佚。据史料记载，刘魁年少时曾从王守仁游，讲"良知"之学。后来，洛阳尤时熙闻听刘魁得阳明之传，遂师事之。

张信民（1562—1633），字孚若，号抱初，晚号"洗心居士"，洛阳渑池（今属河南义马）人，明代著名理学家。据史料记载，张信民"生而端颖，不类常儿"，少年之时勤奋好学，"二岁即能读，三岁能书，五岁能文"，"十岁能性理之书，二十年订反切之法"。他年幼之时，便以同乡、北方著名大儒曹端为楷模，立志于"圣贤之道"。隆庆四年（1570），张信民考中秀才，入县学学习。万历十五年（1587），二十五岁的张信民负笈投奔新安大儒孟化鲤门下，从此，张信民"毅然以斯道为己任"[1]，致力于研究"性理"之学，在二位学者的先后教育和影响之下，他学问大增。两年之后，他在渑池主持讲会，"从学者甚众"。万历二十一年（1593），入选贡生，次年，廷试第一，一时"声誉蜚腾"，声名远播。万历三十三年（1605），选授陇西知县。张信民于任内励精图治，敢于惩治地方豪

---

[1] 汤斌：《洛学编》卷四，《张洗心先生传》，四库存目丛书本，齐鲁书社1996年版，第83页。

绅，尽力安抚地方百姓；大力兴修水利、积极创办学校，造福地方。同时，他还与当时关中理学大家冯从吾在关中书院共同讲学，"商订学问，日夜匪懈"，关中书院为之大振。次年，他复任怀仁知县。在怀仁，张信民不改初志，勤于政事，安抚境内士庶百姓，并建立"首善书院"，传播陆王心学，大力宣传儒家伦理道德，以弘教化，使得当地民风习俗蔚然改观。天启二年（1622），六十一岁的张信民告老辞官，归家隐居。归家后，又修筑"闇修堂"，创立"正学书院"，从事著书立说和讲学授徒，专心于理学的研究和传播，据说从学者达数千人之多。崇祯六年（1633），张信民去世。

张信民一生除了短短的七八年仕宦生涯外，几乎全部精力都用在了授徒讲学和著书立说。即使是在从政期间，也从未间断传播和宣传儒家伦理道德，教化百姓，改变当地风俗。当时，渑池上官捷科、宜阳冯奋庸、垣曲王世封、绛州辛全等著名学者，皆出其门，一时间人才济济。总之，张信民一生始终是以提倡道学为斯任，西与王以悟讲学于陕州龙兴寺，东与吕维祺讲学于芝泉书院，并应当时河南巡抚李日宣之邀，纂辑二程、邵雍等理学大家的论著，不遗余力传播和发展阳明心学。张信民可谓毕生致力于"穷理尽性，明道淑人"，真正做到了"陶铸后学，反复忘倦"，在当时影响很大。其一生著有《印正稿》、《训蒙纂要》、《洛西三先生要言》、《理学汇粹》和《洗心录》等典籍。

吕维祺（1587—1641），字介孺，号豫石，河南府新安县（今属洛阳地区）人，明代著名理学家。吕维祺的父亲吕孔学为河南府名儒，吕维祺自幼跟随父亲学习理学和《孝经》，"训与孝悌之学"，颇有心得。万历四十一年（1613），二十六岁的吕维祺考中进士，授兖州（今山东济宁市兖州区）推官，掌治刑狱。于任内，除革除狱中弊政外，还时时关心百姓疾苦。如向上级如实陈述灾情，请求上级进行救济灾民；捐献自己的家财，接济受灾百姓；设立粥厂，收容难民，使万余百姓得以活命。也正因如此，吕维祺不仅得到百姓信任，亦以勤政清廉获得上司认可，先后曾得到山东巡抚等二十七人的大力举荐。万历四十八年（1620），吕维祺擢升吏部主事，不久，又历任文选司主事、考功司员外郎、文选司员外郎等职。熹宗即位，宠信魏忠贤。吕维祺因上疏建言得罪魏忠贤而遭致排挤和打压，遂辞官归乡。回到家乡后，吕维祺设立"芝泉讲会"，专意于授徒讲学，传播理学学说。崇祯元年（1628）被起用任太常寺卿，督四夷馆。两年之后，升任南京户部侍郎，总督粮储。于任内，他一如既往地整顿吏治，严惩贪官污吏，从不退缩，经过治理，官府仓储充实，往来账目清晰。崇祯六年（1633），升任南京兵部尚书，参赞机务。他于任内，由于剿"寇"不力，被劾免官，遂归居洛阳。在洛阳，他积极设立"伊洛会"，广招门徒和著书立说。崇祯十四年（1641），李自成攻陷洛阳之时，吕维祺力劝福王朱常洵散财饷士，未能成行，遂自尽出家财，设局赈济。后吕维祺被农民军俘获，李自成亲自劝降，仍力拒不从，遂于城中周公庙"引颈受死"，了却了自己的一生。

吕维祺一生著述甚丰，计有《明德堂文集》《孝经本义》《孝经翼》和《节孝义忠集》等。其著名门生有张鼎延、吕兆琳等，皆为治国之良才。张鼎延，字慎之，号玉调，洛宁人，从学于吕维祺，天启二年（1622）进士。张鼎延曾先后任兵科都给事、南京吏部验封司郎中等职。李自成率兵围攻永宁城，张鼎延亲率部对抗三昼夜，城破，匿井免死。入清，张鼎延先后任吏部验封司郎中、太仆少卿、工部左侍郎、刑部和兵部右侍郎等职。吕兆琳，吕维祺之子，顺治五年（1648）中举，顺治十六年（1659）进士，后官居监察御史，有政声。不仅如此，吕兆琳还能够继承父亲的理学思想，忠孝性成，友恭慈让，给后世子孙树立了光辉榜样。

冯奋庸，字则中，河南府宜阳县人，生卒年月不详。他听闻张信民于渑池讲授阳明之学，遂携全家移居渑池，师事之，使其学问大增，后来，冯奋庸真的成了豫西著名的理学大家。但关于冯奋庸的生平学行，由于资料的缺乏，我们不得而知，仅仅了解到冯奋庸曾著有《张抱初年谱》一卷，对其师张信民生平学行和思想主张进行了系统梳理。同时，张信民还撰有《印正稿》一书，据《四库全书总目提要》记载："《印正稿》六卷（江西巡抚采进本），明张信民撰。信民，渑池人，孟化鲤之门人也。传姚江良知之学，从游者颇众。其门人冯奋庸等录其平日问答议论为是书。国朝雍正丙午（1726），渑池县知县王箴舆为校订而刊之。"① 诚然，我们从其师张信民的学术倾向，以及录其师"平日问答议论"之语中，亦能够间接地了解到，作为张信民得意门生之一的冯奋庸，学术主张亦是倾向于阳明心学，师徒二人学术思想倾向应该是一致的。总之，冯奋庸也应当和其师一样是毕生致力于"穷理尽性"，传播阳明心学。

（二）山东王学

在北方王门后学方面，除河南洛阳王门后学一支和山东聊城的穆孔晖之外，尚有王守仁—徐樾、颜钥—张后觉—孟秋、赵维新等以在山东地区传播王学为主的一系，而被称之为"山东王学"，又因其流传区域主要是在山东西部聊城一带而被称之为"东昌王

---

① 永瑢等：《四库全书总目》卷九六，子部，《儒家类存目》，"印正稿"条，中华书局1981年版，第818页。

学"①。在黄宗羲《明儒学案·北方王门学案》一目中,黄氏开列山东王学家只有穆孔晖、张后觉和孟秋三人而已,而徐樾、颜钥、王道和赵维新等人则不在其中。东昌穆孔晖是王守仁的及门弟子,后来,他在家乡修建书院,聚徒讲学,首倡阳明心学于北方地区。张后觉、孟秋师徒等人继而崛起于东昌,倡道于京杭大运河两岸,使得明后期阳明心学在山东地区呈现出兴盛局面,形成北方阳明后学主干之一的"山东王学"。

徐樾(?—1551),字子直,号波石,江西贵溪人。据史料记载,徐樾少时喜欢作诗,精通经学和史学,著有《遗园诗集》一书传于世。徐樾于嘉靖十一年(1532)中进士,先后曾任礼部侍郎、云南布政使等职。徐樾在南昌时曾经聆听过王守仁的"良知"学说,可谓是王守仁在南昌的及门弟子,尤其是笃信王守仁"人皆可以为尧舜"之训语。嘉靖七年(1528)、十年(1531)、十八年(1539)徐樾又先后三次受业于王守仁的学生、泰州学派著名学者王艮,又可谓是王艮的亲传大弟子,为其忠实信徒,深得王艮喜爱。王艮曾经对他的妻子说:"彼五子(即指王艮自己所生的五个儿子——引者)乃尔所生,是儿(即指徐樾——引者)乃我所生。"②可见,王艮对学生徐樾的偏爱程度,甚至远远胜过自己的亲生儿子。王艮在考察徐樾长达十一年之后,乃于逝世前夕,授徐樾以"大成之学",把自己的心得全部传授给他。徐樾亦没有辜负乃师所望,完全接受了王艮的思想学说并有所发展。据史料记载,徐樾曾经一度打算辞去官职而专门致力于钻研学问,可见其有志于陆王学

---

① 吕景琳著《明代东昌王学述论》(《东岳论丛》1993年第2期)一文,因穆孔晖、王道、张后觉、赵维新、孟秋皆为东昌人,因此,把他们的学术归纳为"东昌王学"。本文从东昌王学的缘起、东昌王学家及王学的传播、东昌王学的思想三个方面,对其进行了梳理和介绍,有其道理。
② 王艮:《明儒王心斋先生遗集》卷三,民国六年(1917)东台袁承业排印本。

术之志向。嘉靖二十三年（1544），以提学副使督学贵州地方。于提学副使任内，他在地方"讲明心学，陶熔士类，不屑于课程。尝取夷民子弟而衣冠之，训诲谆切，假以色笑。盖信此理，无古今无夷夏，苟有以兴起之，无不可化而入者，非迂也"①。徐樾在贵州地方大讲阳明心学，陶铸士类，以致"苗民率化"，真的是花费了不少心血和精力。嘉靖二十九年（1550），云南土司舍那鉴叛乱，徐樾死事。其弟子则有赵贞吉、颜钧等，而颜钧的弟子则有何心隐、罗汝芳等，其学术一脉相传。

颜钥，江西吉安府永新人，生卒年月不详，其父颜应时曾任江南常熟训导。据史料记载，嘉靖七年（1528）前后，颜钥"以德著廪庠，举入白鹿洞，听传阳明致良知之学，手抄《传习录》"②。在白鹿洞书院，颜钥聆听王守仁讲"良知"之学，对阳明心学有了深刻的理解，尤其是对"致良知"的学习，颇有心得。他从白鹿洞返回家乡后，就把"致良知"之学讲给众兄弟们听，并将亲手抄写的《传习录》一书，叮嘱兄弟们一定要好好研读。其四弟颜钧③，也正是在此时，听从二哥颜钥讲解王守仁"致良知"之学后，颇有心得。于嘉靖十三年（1534），颜钥考中举人，任山东茌平县教谕一职，此时，山东茌平县张后觉跟随他学习王守仁"良知"之学，并大有长进。嘉靖十九年（1540），其师大儒王艮去世，颜钧大悲，痛不欲生。恰逢科闱，出讲豫章（今江西南昌）同仁祠，他说：

---

① 郭子章：《万历黔记》，《史部·地理类》，北京图书馆古籍珍本丛刊，书目文献出版社1987年版，第777页。
② 颜钧著，黄宣民点校：《颜钧集》卷二，《明羑八卦引》，中国社会科学出版社1996年版，第12页。
③ 颜钧（1504—1596），字子和，号山农，又号樵夫，晚年因避明神宗朱翊钧之讳，改名铎。他曾经聆听二哥颜钥讲王阳明"致良知"之学，深得要旨，乃居带湖观，闭门静坐七昼夜，豁然顿悟。后又入山谷中读书九月，深得六经之奥旨。回到家中，大讲性命之学，闻者皆惊。

"天地之所贵者人也,人之所贵者心也。人为天地之心,心为人身之主。……是心也,人皆有之,贤者能勿丧耳。"① 颜钧不仅能够深刻领悟到阳明心学真谛,并且能够把阳明心学发扬光大。但总体而言,由于资料的缺失,颜钧事迹并不多见。

王道(1487②—1547),字纯甫,号顺渠,东昌府临清州武城县(今属德州市)人。王道少聪颖好学,十五岁入县学为秀才。正德三年(1508),二十一岁的王道为山东解元。正德六年(1511)进士,授翰林院庶吉士。时正值刘六、刘七乱,王道"欲奉祖母避地江南,疏改应天教授",后升南京礼部主事,历考功、文选郎中等职。"大学士方献夫荐其学行淳正,可任宫僚,擢春坊左谕德,引疾辞归。嘉靖十二年(1533),起南京祭酒,明年同籍。二十五年(1546),起南太常寺卿,寻升南户部右侍郎,改礼部,掌国子监事,又改吏部而卒。赠礼部尚书,谥'文定'"③。

王道参加会试时,王守仁为其主考官,因此,黄宗羲《明儒学案》一书中讲王道"受业阳明之门"是有其道理的。王道在赴南京任时,恩师王守仁专门著"别王纯甫序"一篇,在其中,提出教学要"因人而施之。教也,各成其材矣,而同归于善"的教育目的,深入探讨了关于教学方法和教学目的的问题。于南京任职期间,王

---

① 颜钧著,黄宜民点校:《颜钧集》卷一,《急救心火榜文》,第1页。
② 至目前,关于王道生年有以下几种说法:一种是于德普主编《山东运河文化文集》,山东科学技术出版社,1998年。其中语:"王道(1485—1547),字纯甫,号顺渠,谥文定,正德六年进士。"一种是安作璋主编《山东通史》(明清卷),山东人民出版社,1994年。其中语:"王道(1487—1547),字纯甫,号顺梁(应为"渠"字——引者),武城人。"一种是博雅人物网(http://ren.bytravel.cn/)《中国人物·河北省·衡水市故城县名人录》载:"王道,生于明弘治(此不应为"弘治"而应为"成化"——引者)十四年(1478),卒于嘉靖二十六年(1547),字纯甫,号顺渠,明朝官员,思想家、理学家。"一种为郭墨兰主编《齐鲁文化》,华艺出版社,1997年。其中语:"王道(1476—1532),字纯甫,号顺渠。山东武城人,生于明宪宗成化十二年,卒于明世宗嘉靖十一年(此卒年亦与其他几种说法不一,亦值得商榷——引者)。"
③ 黄宗羲著,沈芝盈点校:《明儒学案》卷四二,《甘泉学案六》,第1035页。

道更是能够直接问学于王守仁，从而更多地接受了王守仁心学学说。师徒二人之间，还长时间保持着书信往来，探究学问。在《王阳明全集》中就收录有四封王守仁写给王道的书信。其主要内容是二人就心学相关问题进行的讨论。

但是到了后来，王道认为王守仁心学"局于方寸"之间，于是便改换门庭，受教于广东大儒湛若水。由此，王道思想发生了极大的变化，甚至于王守仁亦批评王道，说他"自以为是，无求益之心"。基于此，一些后世学者也将其排斥在王门学派之外，如黄宗羲所著《明儒学案》一书中亦并未将王道列入《北方王门学案》之内。不过，黄宗羲对于王道还是给予了公允的评价："先生所论理气心性，无不谛当。又论人物之别，皆不锢于先儒之成说，其识见之高明可知。"[①] 另外，"王道还对南宋以来道学家的自诩和夸诞作了有力驳斥，视道学为无益于国家治理和人才成长的假学问，认为只有能够经国治世的真才实学才是'真儒'、'真学问'，力倡学以致用、朴实无华的学风，抨击空疏清谈之风"[②]。王道一生著述甚丰，计有《大学亿》、《老子亿》、《周易亿》、《尚书亿》、《诗经亿》、《春秋亿》、《诸史论断》、《大学衍义论断》、《批点六子书》、《顺渠先生文录》及韩、柳、欧、苏文若干卷。

赵维新（1525—1616），号素衷，学者习称"素衷先生"，东昌府茌平县人。由于资料的缺乏，对赵维新的生平事迹了解甚少。根据相关零散资料记载，只能粗略地了解到赵维新在考取"岁贡生"之后曾经做过"长山训导"一职。赵维新一生能够恪守孝道，居父母丧之时，一依古礼而行，不敢有丝毫大意，心情极度悲哀，"五味

---

① 黄宗羲著，沈芝盈点校：《明儒学案》卷四二，《甘泉学案六》，第 1035 页。
② 郭墨兰主编：《齐鲁文化》第六编第四节，《王道对心学的背离》，北京华艺出版社 1997 年版，第 290 页。

不入，柴毁骨立，杖而后起"。后来，众乡亲为其孝行所感动，皆欲向乡里推举其孝行，他却推辞不允。赵维新在妻子去世之后，竟然五十年不再续娶，自己孤独终老。据说有一次，他家雇工在垒筑院墙之时，"得金一箧，工人持之去，维新不问"。综观赵维新一生，严格恪守传统伦理道德，一依古礼而行，不敢有丝毫违礼行为，尽管家境贫困，但终未改其志，依然超然自得，乐在其中。赵维新于二十岁时从乡儒张后觉问学，勤奋刻苦，深思好问，学问大进，最终成为当地知名的儒者。时东昌知府李瀛阳闻其学问，聘其讲学，信从者众。

赵维新师从张后觉，而张后觉师从教谕颜钥"闻良知之说"，赵维新则能谨守师说，可谓一脉相传。赵维新于阳明心学的最大贡献即是著述《感述录》和《感述续录》二书。《感述录》六卷，主要记载了其师张后觉讲授四书之大义；《感述续录》四卷，其卷一和卷二，皆自述讲学之宗旨，卷三为诗文，卷四则附录赵维新行略及王泓阳、张元忭等人评语等。总体而言，《感述录》和《感述续录》二书是由赵维新先后将老师张后觉教学过程中的师生问答语等相关内容汇集而成。二书的整理与问世，一方面使老师张后觉的思想体系载体更加完备，而且也便于学习和传播；另一方面，亦体现出了赵维新作为北方阳明后学传人之一对中国传统哲学，尤其是阳明心学的继承、融合、创新和发展。

在山东王学家当中，张后觉、孟秋和赵维新三人又被后世学者称之为"茌邑三先生"。之所以如此，除却三人籍贯皆为东昌府茌平县外，还有两个原因：其一，明人张尚淳于万历戊午（1618），把张后觉的《弘山集》一书，连同孟秋所著《孟我疆先生集》，以及赵维新所著《感述录》和《感述续录》等几部名著，合在一起编纂为《茌邑三先生合刻》行于世。河间后学范景文、梦章甫为是书作

"茌邑三先生合刻序"一文。是年仲冬,又将三先生文集予以重刻。其中,弦阳毕佐周为之作"合刻三先生文集叙"一文。到了清朝康熙癸卯(1663)再刻,其中,云阳后学贺宿为之作"重刻三先生集后序"一文。仅过了两年,即康熙丙午(1666),又一次对三先生文集重梓,张后觉四世孙张愚为之作"重刻三先生集后叙"一文。此后,人们便把张后觉、孟秋和赵维新三人以"茌邑三先生"合而称之,以示敬仰之情。

其二,"茌邑三先生"合称还有另外一个深层原因,即与运河区域文化密切相关。京杭大运河流经的江北著名城镇东昌府是明清新思想孕育的肥沃土壤。明清时期的京杭运河流经浙江、江苏、山东、直隶四省,于洪武八年(1375)和永乐九年(1411),曾经两次先后疏浚了大、小清河,以及济宁至临清的元代会通河,京杭大运河随之全线贯通。京杭大运河不仅是明代政府尤其是京城赖以生存的生命线,而且为漕运、商业活动及社会各阶层南往北来提供了极大便利,同时,也加强了南北不同质思想文化的广泛交流与传播。山东阳明心学就是通过京杭大运河的南北畅通,随着经济物资的流通和漕运的盛行从浙江经江苏传至山东,然后再流播至北方各地区。山东东昌府是当时京杭大运河沿线九大商埠之一,是运河沿岸北方重要的经济和文化重心之一,所以,生长在运河岸边的张后觉、孟秋和赵维新最先接触和信奉阳明心学,然后再通过兴办学会和创建书院等不同形式的教育方式在聊城及周边地区传播阳明心学,使阳明心学在北方率先逐渐传播开来,由此,聊城成为北方阳明心学之山东王学重镇,而三人也成为北方阳明心学之山东王学重要代表人物,为阳明心学在北方的传播做出了巨大贡献。

三、北方王门后学研究之回顾

明末清初大儒黄宗羲所著《明儒学案》一书中有《北方王门学案》一目。在是书中黄宗羲将阳明后学依地理区域划分为浙中、江右、楚中、南中、粤闽、北方和泰州等学派。在诸学案当中,无论是学者人数还是学术分量,相对于南方各学案而言,《北方王门学案》皆要显得薄弱许多。该案中列名者仅穆孔晖等七人而已,正因如此,学术界对王阳明后学的研究关注重点往往是在南方各王门学派而不是在北方王门后学。但是,我们并不能因此而忽视北方王门后学的政治理念、学术思想和教育实践的重要价值和作用,以及他们为北方阳明心学传播做出的巨大贡献,他们毕竟是阳明心学发展史上不可或缺的重要组成部分。

(一)研究动态

北方王门后学作为阳明心学的有机组成部分,学术界对北方王门后学的研究,与整个阳明心学研究是同步进行的。清朝开国,定程朱理学为"国是",直到清末民初,阳明心学"经历了由隐蔽走向公开、并再度演进为高潮的流变过程"[①]。在这期间,学界及一些"服膺王学"的革命者对阳明心学加以研究、创新和发展,但进程却十分缓慢和曲折,甚至因政治因素而影响到阳明心学自身的学术研究。直到20世纪七八十年代初,阳明心学研究和其他学术研究一样才步入研究的春天,尤其是到了90年代后期发展到一个高潮时期。但相对于整个阳明心学的研究而言,对于北方王门学派的研究则相对

---

① 陈居渊:《清代的王学》,《学术月刊》1994年第5期。

薄弱许多。最具代表性者诸如先后出版的"阳明学研究丛书",以及吴震先生著《阳明后学研究》等,皆未曾涉及或较少涉及《北方王门学案》,应当说是其不足或遗憾之处。

关于北方王门后学的研究,总体而言,实在是寥寥无几。在相关论著中涉及北方王门学派或北方王门后学者,现叙列如下:

安作璋先生主编的《山东通史·明清卷》(山东人民出版社,1994年)一书,在"列传"二十中,载有王汝训简单的生平事迹,但未涉及其学术思想方面;在"列传"四十四"儒林"一目中,除载有穆孔晖和王道之外,还有"茌邑三先生"中的张后觉和孟秋二位,总体而言,本内容介绍还是尤为简单,仅仅梳理了他们的简单生平和学行。由郭墨兰先生主编的《齐鲁文化》(北京华艺出版社,1997年)一书第六编的第三节中,对明代山东王学的传播进行了简单梳理。其中有对北方王门后学中的穆孔晖、张后觉、孟秋三人思想进行的简要探讨;同时,在是书第六编第四节当中,还对北方王门学者王道的思想进行了简要介绍。总体而言,笔墨仍不算太多。由澹泊先生等主编的《中国名人志》(中国档案出版社,2001年)一书的第九卷中介绍有除了南大吉之外的其他六位北方王门后学的生平事迹,也只不过是记载其简单生平,十分简略。程玉海先生主编的《聊城通史·古代卷》(中华书局,2005年)第三大部分"人物传记"中,涉及聊城的穆孔晖、张后觉和孟秋三位,简单介绍了他们的生平事迹,而对于他们的学术、政治及教育思想则涉及不多。王志刚、马亮宽二先生主编的《聊城文化通览》(山东人民出版社,2012年)一书,在其上编第八章"明清时期聊城思想文化的繁荣"部分中,则列有"明末陆王心学在聊城的传播"一节,其中有"陆王心学的北传"、"心学传人穆孔晖"和"茌邑三先生"等相关内容。总体而言,对于北方王门后学的介绍仍显简单扼要,并不能够十分详细地了解他们的生平事迹及思想特点等情况。邹建锋先生著《明儒学脉研究》(社会科学文献出版社，2014年)一书第四章"致良知"的第三节"山东北方王门对良知学脉的'真传'"中，则对山东王门后学于"良知"学脉的真传做了一些探讨。该书对北方王门后学中"良知"思想的探讨较为系统，但总体而论，仍然存在有明显的不足，一则只是涉及山东北方王门后学，而并非全部北方王门后学；一则只是就其"良知"说而进行讨论，并没有涉及北方王门后学学术思想的其他方面，并非其思想的全部。

总之，上述著作并非是北方王门后学专著，对于北方王门后学的研究所占篇幅少之又少，多者只占全书的一个章节，亦只几千字而已，少者则寥寥数百语。在这些研究成果之中，有的只是简单阐释了北方王门后学在某一区域或者某一学术领域的传播和发展状况以及他们的学术成就和价值；有的仅仅是对于北方王门后学中某位学者的生平做一简单的梳理，并没有对其学术、政治、教育等思想产生的背景、思想特点和意义等进行深入挖掘和系统探讨。但仅就从北方王门后学在以上研究中所占的比重，也可以窥见这些成果对于北方王门后学的研究状况。总体而言，上述诸研究并没有将北方王门后学作为一个整体置于一个大的社会背景之下进行深入系统的探讨和研究，而只是把他们作为其研究的一个部分而已。

除上述研究成果外，学界还有一些关于北方王门后学局部研究的相关成果，如对"山东王学"、"洛阳王学"、"茌邑三先生"等为对象的研究，现简单梳理如下：对于"山东王学"的研究，除却上述研究成果外，尚有吕景琳先生的《明代东昌王学论述》(《东岳论丛》1993年第2期)一文，论述了东昌王学缘起，对东昌王学家穆孔晖、张后觉、孟秋等人的思想进行了介绍，并对东昌王学家于阳明心学在北方传播所做的贡献进行了说明。该文试图将研究的眼光由全国转向局部，再由局部看到它与周围的联系，对文化现象的动态进程有着更深理解。对于"洛阳王学"研究的成果则有郑旭东先生的《明代北方王门之洛阳王学综述》(《长江师范学院学报》2009年第1期)一文，对作为北方王门后学主力军之一的"洛阳王学"做了简要说明，同时对"洛阳王学"学者尤时熙、孟化鲤的生平事迹及其主要思想进行了梳理。

相对于"山东王学"和"洛阳王学"研究状况而言，对于"茌邑三先生"研究的成果则相对多一些，计有刘俊梅先生的《茌邑三先生思想研究》(聊城大学2012年硕士学位论文)一文，通过社会史与学术史、思想史相结合的研究方法，将"茌邑三先生"的思想置于明朝中后期的社会大背景中加以考察，通过对当时社会政治、经济、学术等方面的分析，把握其思想的时代特色。以"茌邑三先生"的著作原材料为视角，多层面分析其思想，包括其政治思想、学术思想和教育思想，进而客观论证阳明心学在明后期的历史地位和价值。赫兰国先生的《〈茌邑三先生合刻〉版本源流考及其他》(《重庆师范大学学报》2014年第6期)一文，通过对《茌邑三先生合刻》版本源流情况进行详细梳理，以期纠正《明史》与《四库全书总目》中对张后觉《弘山集》著录以及《明史·赵维新传》中存在的一些问题。在其论证过程中也对张后觉、孟秋二人的生平事迹和相关著作进行了说明，为其后学术研究提供了诸多方便。孙启华先生的《山左阳明后学研究：以茌邑三先生为例》(《海岱学刊》2015年第2期)一文，是以张后觉为主的"茌邑三先生"作为研究对象，将他们与王守仁之间的关系做一梳理，力求全面、客观地展示以他们师徒三人为代表的"山左王门"①之特点。同时也探讨了山

---

① "山左"是山东省旧时的别称。其中的"山"则是指太行山。山的东侧为左，因山东省在太行山之东，故称。"山左王学"即是指山东王学。

左阳明后学主要成员张后觉、孟秋、赵维新三人对阳明心学的继承及"改辙",以此来观览明朝中后期阳明心学在北方地区的传播状况。

上述诸多相关研究成果能够将涉及的北方王门后学置于一定的范围、一定的社会背景和一定的人物关系之中,使得研究成果更具有独特价值,对后来研究相关问题会起到某种启迪作用,具有极大的借鉴价值和意义。但是,他们共同的特点就是局限于"东昌王学"、"洛阳王学"、"山左王学"和"苷邑三先生"等狭窄的框子当中,皆仍只算是北方王门后学的局部研究罢了,并未把北方王门后学作为一个有机的整体来进行梳理和探讨,另外,他们研究的视角和重点亦各不尽相同,也不能够从整体上全面把握北方王门后学之学术思想、政治理念及教育实践之特点,更无从把握整个北方王门后学之特质。

除上述部分群体研究外,更多的成果则是个案研究,诸如葛荣晋先生的《杨东明的理气一统说》(《中州学刊》1987年第6期)一文,其中对杨东明"理气统一论"进行了系统的分析。该文主要是论证了杨东明在学习和接受了阳明心学之后,其治学前后两个时期的不同,尤其是他晚年逐渐从王学壁垒中渐渐分化出来,不再大讲"致良知"之学,而是极力主张"理气一统论",由唯心论转向唯物论,由空虚之学转向经世致用之实学。在此之前,关于北方王门后学的研究,无论是传主个人思想研究还是北方王门整体学术思想研究都可谓是处于空白阶段,葛荣晋对于杨东明思想进行的初步探讨填补了这一领域的空白,价值很大。王庆纯先生的《杨东明与〈饥民图说疏〉》(《治淮》2000年第9期)一文,主要是从杨东明的奏疏"饥民图说疏"一文展开,论述了杨东明为官从政时期能够不畏权势,多次上疏,直言纳谏,实事求是,敢于为民请命的士大夫情结。文章虽没有对其哲学思想展开研究,但确实是其政治思想研究的一个典范。此外,还有谷全革先生的《一代名臣杨东明》(《中州统战》1994年第12期)一文,亦是对杨东明为官时高风亮节,敢于"为天地立心,为生民立命"之精神给予了高度的赞扬。任秀英先生的《明代北方理学代表人物杨东明》(《中州古今》2002年第6期)一文,视杨东明为明代北方理学的著名代表人物,将杨东明一生的生平学行,以及为官、治学思想做了系统梳理。认为杨东明的理学思想已经摆脱了王守仁的"致良知"学说,转而提出"理、气断非二物"的思想,在理学思想方面有了极大的进步和发展。李永菊先生的《明后期河南的实学思想与地方实践:对吕坤、沈鲤、杨东明的个案研究》(《商丘师范学院学报》2011年第8期)一文,将吕坤、杨东明等人的实学思想置于当时历史大背景中去探讨和研究,进而发现实学思想如何被实践,进而融入地方社会的一个过程。为了推进役法改革以维护地方秩序,杨东明在均丈田地方面做出了很多努力并且也取得了很大成效。而且为了使其制度化,有法则可依,则又编纂了"清田录"一文。为了均摊差役,杨东明又进而大力实行役法改革。可以说,本文是在对北方王门学者的研究中,除却学术思想研究之外为数不多的关于学者其政治理念方面的研究。郑颖贞先生的《试论杨东明的哲学思想》(《商丘师范学院学报》2011年第4期)一文,对杨东明的生平事迹及其哲学思想进行了简要梳理。该文对杨东明思想主要是从"以气为本"的本体论、"理、气断非二物"的理气论、"气质之外无性"的人性论、"本性之性,乃为至善"的性善论、"性善心之合,心者性之分"的心性论等方面进行了梳理。廖晓炜先生的《名儒杨晋庵哲学探微》(《哲学动态》2014年第11期)一文,则是以杨东明的"山居功课"一文为依据,对杨东明的哲学思想进行了较为全面的梳理,涉及杨东明对"理气一物"、"理一分殊"和"心性之辨"等理念的独特诠释,并对其哲学思想所体现出的理论困境进行了反思。

王含青先生的《尤时熙思想初探》（复旦大学 2005 年硕士学位论文）一文，主要是对北方王门后学代表人物尤时熙所做的个案研究，作者从尤时熙生平和时代背景入手，根据外因以及生存环境研究其思想形成过程。从"格物致知"、"万物一体"以及"为学方法"这三个主要方面进行深入探讨，研究其学术思想，并在对王守仁"格物致知"、"万物一体"思想介绍过程中，对尤时熙和王守仁的学术思想进行了比较研究。该文力图展现出北方王门后学在诸王门后学中，有所立足与发展，并试图努力揭示其思想理路与阳明心学及其在其他各学派之间的内在脉络与传承和发展。扈耕田先生的《尤时熙与明代洛阳的学术转型》（《河南科技大学学报》2009 年第 3 期）一文，对尤时熙学术思想的新特点进行了阐释，尤其重在对尤时熙吸收阳明心学进而在洛阳地区传播，使得洛阳学术前后出现不同特点进行的对比分析，突出体现尤时熙对于开创洛阳学术新局面所做出的贡献。

谢广山先生的《孟云浦与豫西讲会》（《兰台世界》2008 年第 19 期）一文，主要对孟化鲤所创建的豫西讲会及其讲会的学术宗旨、教育思想以及制度建设方面的特征做了系统梳理和介绍。尤其在教育思想方面，豫西讲会活动把孟化鲤所倡导的"有教无类"、"师生益友"、"专心致志"等理念进行了充分发挥。从豫西讲会活动的学术特点中，能够窥见孟化鲤的学术思想特征。柴伟瑞先生的《孟化鲤思想研究》（河南大学 2009 年硕士学位论文）一文，旨在通过对孟化鲤思想的研究，一方面使得孟化鲤思想重新为后人所知晓，另一方面，我们从中也可以了解到整个北方王门后学的思想状况，同时，也可以在一定程度上辨析诸王门后学之间的相互关系。该文对孟化鲤学术思想中的"良知论"和"功夫论"，以及基于阳明心学基础之上的教育思想和实践特点进行了深入分析。刘学智先生的《南大吉与王阳明：兼谈阳明心学对关学的影响》(《中国哲学史》2010 年第 3 期) 一文，通过论述南大吉与王阳明学术交往、南大吉的学术思想及其思想转向，探讨南大吉在关学史上的历史地位以及阳明心学对关学的影响。其突出价值是对南大吉的心学思想特征进行了梳理，使人们对南大吉的学术思想有了一个较为基本的认识和了解。

上述诸多个案研究，大多是从北方王门后学的学术思想、政治理念和教育实践等各方面展开论述的。他们大多对于北方王门后学某个个体思想进行了系统梳理和深入探讨，使人们对于北方王门后学思想特点有了进一步认识。但是，上述这些研究成果多数仅仅或者是以单篇论文或者是单个人物的单一形式呈现出来的，因此，其篇幅有限，对于北方王门后学思想的探讨仅停留在某一个侧面或者是某个具体问题，或者只是对于北方王门后学某个或者某些人物思想及其特点进行简单梳理，很难达到全面和深入。且一个个的个案研究，依旧不能从整体上全面呈现出这一群体的学术思想、政治理念和教育实践之特征、价值和意义。进一步而言，更是无法从整体上来了解北方王门后学与其他各王门后学之间的内在关系，甚至于亦无法了解北方王门后学与王守仁思想体系之间的辩证关系。

另外，还有一些相关研究成果，也与北方王门后学有着密切关系，诸如吕景琳先生的《明代王学在北方的传播》(《明史研究》第三辑) 一文，就王守仁创立的"良知"学说在北方的传播情况做了探讨与分析。其中有关于南大吉、穆孔晖、张后觉、尤时熙、孟化鲤等几位北方学者在阳明心学北传过程中所起到的作用以及他们各自思想特征的论述，并对北方王门后学在学界的地位做了阐释。同时，还指出虽然王学在北方兴起较晚，但也是很快蔚然成风，王学冲击着僵化了的程朱理学，最终成为北方一种习见的文化形态。孟成刚先生的《明代中后期北方王门思想析论》（陕西师范大学2015年硕士学位论文）一文，以北方王门学者的思想学说为主要研究内容，对不同阶段和不同地区师承各异的思想流派加以梳理、分析，探讨学者们的核心观点和理论体系，并且从整体角度予以综合考量，对北方王门后学这一地域性学派做出全面性、整体性的理论探讨。文章将北方王门后学中的几个代表人物，如穆孔晖、张后觉等人的思想学说进行梳理、归纳，并结合时代背景进行深入分析。张园园先生的《黄宗羲论王门后学之发展》（《贵阳学院学报》2015年第3期）一文，从黄宗羲《明儒学案》一书出发，归纳黄宗羲对浙中、江右、粤闽等"王门六派"的发展。其中，即有"黄宗羲论北方王门学派"一节。王路平先生的《王门后学传承谱系及其特点》（《贵州民族大学学报》2015年第6期）一文，对包括浙中王门、泰州王门、南中王门、北方王门等几个王门后学的传承谱系进行了归纳梳理，并对谱系传承特点进行了简单的梳理和论证分析。

综上所述，于诸多论著中，大多篇幅不算太长，有些也只是就黄宗羲《明儒学案·北方王门学案》进行简要梳理和介绍，对于其中所涉及的北方王门后学，有的也仅仅只是开列出名字而已，并无其他更多相关的内容，是无法将其详细而具体地解释清楚的。而有些相关论文，对于北方王门后学某一个人物的某些方面，或者局部群体的某些特点的研究，应当说是十分清晰了。但是，最大的缺憾依旧是没有将北方王门后学作为一个整体置于一个大的历史背景下对其学术思想、政治思想和教育实践等各方面进行深入的综合的整体探讨和总结，不能够更加深刻地体现出北方王门后学的学术特色与历史价值。

从上述研究成果中可以清楚地看到，自20世纪80年代起，以北方王门后学作为一个整体的研究并不系统和深入，成果并不多见，尚算起始阶段。从所能搜集到的论著数量和内容分类来看，研究成果中较多的皆是以个案研究形式呈现出来的，相当数量的研究成果仅仅是围绕黄宗羲《明儒学案·北方王门学案》所记载的七位学者中某一位或者某个局部群体所展开的研究，并没有超出黄宗羲所列七位学者，且研究角度较为单一，大多是仅从个人的哲学或学术思想等角度展开的，而关于北方王门后学的整体研究依旧是浅尝辄止而不够深入。相对来说，其中以地域划分，如以"山东王学"、"茌邑三先生"，或者是以"洛阳王学"为范畴来进行研究的，则已算是相对宽泛了许多，但仍算是一局部研究。可以说，就目前而言，学术界始终没有将北方王门后学作为一个整体对其学术思想、政治理念和教育实践进行系统性综合分析和研究。

尽管如此，综合分析近几年对于北方王门后学的相关研究可以看出，无论是从其哲学思想，或者学术思想、政治理念，抑或教育实践方面都取得了一定的研究成果和进展，而且对北方王门后学的研究随着学界对阳明心学整体研究的展开也已经渐渐开始出现一种好的趋势。综上所述，在北方王门后学这一研究领域，仍然存在着诸多不足之处，具体而言，主要表现在以下几个方面：

其一，北方王门后学学术思想、政治理念和教育实践研究尚未引起学界足够的重视。相对其他阳明后学学派而言，北方王门后学的整体研究并未引起学界足够的重视，并不像南方各王门后学研究那么火热，显得冷清了许多。或许正如《明儒学案》中所指出："北方之为王学者独少。"才导致人们对北方阳明后学的关注度不高，而关注的重点大多放在了南方几大阳明后学学派上。究其原因，简而言之，就是北方地区尤其是以齐鲁文化著称的山东和以河南地区为中心的中原地区一带，属于程朱理学重镇，传统儒家理念根深蒂固,相对于程朱理学而言,北方王学仍然处于劣势地位,不被人们所重视。也正因此,遂造成学界对阳明心学的关注度总体不算太高。

其二,依然以零散的个案研究为主。对于北方王门后学的研究大多集中在穆孔晖等七位学者身上,而像颜钥、王道、逯中立、王汝训、吕维祺等未被黄宗羲列入《北方王门学案》的诸位王门后学,则受关注度相对不高。而他们的一些弟子及再传弟子们的生平学行则又少之又少,有的甚至无人问津,如张信民、冯奋庸等,他们对北方阳明心学的传播与发展亦做出应有贡献,诚然,他们的功绩亦应得到充分的肯定才可,但却缺少对他们进行深入的挖掘、整理与研究,并不能够更加全面和充分地展现他们的学术、政治和教育思想。如对于穆孔晖、张后觉等人的研究则存有明显不足,并没有把他们作为一个重点来加以考察和研究。诚然,他们的这些研究不仅为进一步把北方王门后学作为一个整体来进行深入系统的研究奠定了基础,而且提供了可资借鉴的资料和研究思路,其功绩仍然是巨大的。

其三,缺乏整体性、综合性的全面系统研究。对于北方王门学派的研究到目前为止,只是如以"山东王学"、"洛阳王学"、"茌邑三先生"等为切入点进行局部的梳理、分析和探讨,并未有一部将整个北方王门后学作为一个整体置于当时社会大背景之下来进行深入探讨和研究的成果,甚至于有的学者并未把他们纳入阳明心学体系之中,存在着某种偏颇。总之,具体到北方王门学派的探研,较多的只是个案或者局部研究,或散见于一些地方志,或附见于相关论著之中,还有众多短篇散论。这诸多论著难免只见树木,不见森林,于北方王门后学的研究中,缺乏一部整体性、综合性研究的会通之作。

其四，北方王门后学研究资料还有待于进一步的搜集和整理。关于黄宗羲《北方王门学案》传主这一群体，以及未被黄宗羲所叙列在内的一些北方王门后学，所留存下来的资料相当多，几乎每一学者都有相关著述，或关于他们生平事迹的资料流传下来。如穆孔晖的《大学千虑》，张后觉的《张弘山集》，孟秋的《孟我疆集》，尤时熙的《拟学小记》，孟化鲤的《孟云浦集》，杨东明的《山居功课》等。但是，有一点，你会发现在这些众多史料当中，一个是2007年中国文联出版社出版，孟昭德先生主编，扈耕田、曹先武二先生点校的《孟云浦集》，一个是2014年西北大学出版社出版，刘学智、方光华二先生总主编，李似珍先生点校整理的《南大吉集》，以及2017年上海古籍出版社出版，钱明先生主编的"阳明后学文献丛书"之一，邹建锋、李旭等先生编校的《北方王门集》（其中包括穆孔晖的《大学千虑》和《玄庵晚稿》两书，尤时熙的《拟学小记》和《拟学小记续录》两书，孟化鲤的《孟云浦先生集》，张信民的《印正稿》，张后觉的《张弘山集》，赵维新的《感述录》和《感述续录》二书，杨东明的《山居功课》和《青琐荩言》二书）等几部主要典籍是经过学者点校整理之外，其他典籍则为影印本，并未经后世学者点校整理。诚然，还有一些与之相关的资料，只是看到书名而无法找到典籍者。这些资料是否亡佚则不得而知，仍然需花费相当精力去搜集和查找，这无疑对研究工作造成了一定的难度。因此，要想彻底弄清楚这一群体或者学术流派，挖掘其价值和意义，势必要对其相关典籍进行细致深入的梳理和研究，因此，对文献资料的搜集和整理校正工作则显得尤为重要，这也是学术研究中的基础工作和重中之重。

整体而言，目前，对于北方王门后学的研究只算是零散的个案探讨，缺乏整体性、综合性研究，尚处于起始阶段。譬如针对王门后学人物的研究,或侧重于某个人物的某个侧面进行的梳理和研究,并未展开进行深入系统的剖析。如对于穆孔晖、王道、张后觉等人的研究明显不足,有的仅仅是介绍性的;到目前为止,对于北方王门学派的研究也只是如以"山东王学"、"洛阳王学"、"茌邑三先生"等为切入点进行局部的分析和梳理,尚未有一部将北方王门后学作为一个有机的整体来进行深入探讨的著作,甚至于有人尚未把其纳入阳明心学体系中进行观照。这实在是与北方王门后学的地位不相符,也不符合历史实际。总之,对于北方王门后学的相关探研尚处于初始阶段,同时亦尚缺乏一部有分量的会通之作。

(二)研究意义

2014年3月7日,习近平总书记在第十二届全国人民代表大会第二次会议贵州省代表团全体会议上指出:"王阳明的心学正是中国传统文化中的精华,也是增强中国人文化自信的切入点之一。"阳明心学主张"致良知"、"反求诸心"等,高扬人的主体精神,确立人在天地间的位置以及人在世界上的价值,具有重要的思想启蒙作用。因此,阳明心学在明中叶产生之后,迅速传播开来,不仅传向南北方,而且亦传播至周边国家。如在日本,阳明学影响到了倒幕运动、明治维新等政治大事,对其近现代历史进程影响较大,成为日本现代化的主流思想之一。而北方王门后学则为阳明学的重要组成部分之一,所以,具有重要的研究价值,具体而言:

其一,有助于我们了解整个北方王门后学发展之轨迹。阳明心学北传,在新的形势和环境下,尽管其发展一波三折,最终没有成为北方主流学术,但北方阳明学术并没有成为绝学,依然按照其内在逻辑向前发展,北方阳明心学继承和发展了陆王心学,在北方地区又呈现出诸多新的特色。北方阳明心学不仅是陆王心学发展史上一个重要的环节,而且亦是中国儒学发展史上不可或缺的重要环节之一,历史功绩不容忽视。

其二,通过本课题的研究,我们可以解决一系列北方王学传承中的具体学术问题。如王学是如何北传的;对穆孔晖"学阳明而流于禅"的再认识;孟化鲤与豫西讲会;何谓"苴邑三先生";《苴邑三先生合刻》刊刻传承始末;《弘山教言》一书之价值;尤时熙"道一"论及"功夫即是本体"等学术价值;"山东王学"、"洛阳王学"之内涵;北方王门后学对阳明心学的继承与发展等诸多问题皆是亟待梳理清楚的具体学术问题。通过这些微观的、具体的研究,打牢北方王门后学研究之基础。

其三,通过本课题可以展开对与北方王门后学相关诸多问题的再思考。譬如阳明心学与北方王门后学之关系;北方王门后学学术与当时政治之关系;北方王门后学与明清实学之关系;洛阳王学与清初中州学术之复兴;山东王学与齐鲁传统文化之关系;北方王学对地方教育之发展的影响;北方王学对清代王学之影响等一系列相关问题。通过本课题的研究,或许可从中找到某种深层次的联系。

其四,扩大搜集、利用文献资料的视野。在本课题研究过程中,势必要涉及相关文献资料,譬如方志资料等,这就要求在研究过程中要花费相当的精力和时间对地方志及相关稀有资料进行搜集、梳理和整理,以有助于本课题研究质量的进一步提高。诚然,对于原始资料的梳理和研究本身就是本课题研究的内容之一。

最后,还有助于人们深入理解中国传统文化的某些要义,对中国现实社会起到某种重要的启迪作用。正如习近平总书记所倡导:"要大力弘扬优秀传统文化,去其糟粕,留其精华,增强文化自信。"阳明心学为我们提供了多方面的营养成分,因此,我们亦应像古代圣贤那样格物穷理、知行合一，真正做到经世致用。

（三）研究方法

在本课题研究过程中，始终坚持历史唯物主义和辩证唯物主义相结合的基本观点，具体而言，大致有如下几个方面：

首先，从社会史与学术思想史相结合的角度研究北方王门后学学术思想、政治理念和教育实践。把北方王门后学置于当时的社会大背景中加以考察，通过对当时社会政治、经济、思想文化等方面变迁的系统梳理和分析，才能够从整体上把握其学术思想、政治理念及教育实践的时代精神及特色。

其次，运用比较研究和考证的方法。通过纵向和横向多角度比较研究，更能突出和显现北方王门后学，以及阳明心学学术于明晚期至清初发展之规律。于北方王门后学研究中，至今仍有诸多具体问题尚未明了，尚须花大力气进行详细的梳理、考证与辨析，只有如此，才能够得出更加全面、系统和正确的结论。

最后，微观研究与宏观研究相结合的研究方法。通过对相关具体问题的个案研究，把细小问题彻底梳理清楚，再进一步结合宏观研究，高屋建瓴，粗细结合，来整体把握北方王门后学思想，进而透视其学术发展的内在理路、政治倾向和教育实践。

（四）创新之处

本研究希望在前哲时贤研究的基础上，着力探讨北方王门后学学术发展的内在逻辑、政治倾向性和教育理念特质，通过梳理和研究，尝试在以下诸多方面有所推进：

第一,多层面、系统地考察分析北方王门后学是如何致力于王阳明心学学术的,他们的政治倾向及其教育实践特点。

第二,对他们的论著及相关著述进行全面系统深入的剖析,尤其是前人没有涉及或涉猎较少者,如《大学千虑》、《玄庵晚稿》、《弘山教言》、《感述录》、《感述续录》、《拟学小记》、《拟学小记续录》、《印正稿》等,通过剖析其著述,从不同层面深入挖掘北方王门后学学术思想之主旨,同时,从中亦可把握他们的政治倾向及教育理念。

第三,把北方王门后学的思想置于当时社会大背景下加以透视,整理出阳明心学在北方王门后学的努力之下,逐渐向前发展的基本线索,即了解阳明心学在北方广大区域内发展的基本脉络和特征。

第四,希望较为客观地论证北方王门后学在宋明理学史,尤其是在陆王心学发展史上的重要地位,与此同时,还要认真把握北方王门后学于清代陆王心学发展是否起到某种作用,以及阳明心学在现实社会中的指导价值和进步意义,以期为我们建设现代化强国提供多方面的借鉴。

第一章　黄宗羲与《北方王门学案》

　　浙东著名学者黄宗羲为明末清初经学家、史学家、思想家，与顾炎武、王夫之并称"明末清初三大思想家"，与胞弟黄宗炎、黄宗会号称"浙东三黄"，具有"中国思想启蒙之父"之美誉。黄宗羲治学博大精深，涉及众多领域，诸如经学、史学、天文历法、数学、律吕、舆地、诗文，以及版本、目录等多门学问。在这其中，尤其是于史学方面，黄宗羲造诣更深，见解颇多，著作尤丰，譬如他"以自己在历史编纂学和史料学上的成就，努力转变着明末的空疏学风，为清代浙东史学的发展开启了风气"①。与此同时，黄宗羲于宋明程朱理学和陆王心学方面亦有自己独到的见解和卓识，其中，《明儒学案》即是其理学史代表作之一。

第一节　明中期至清初时代特色

　　大明王朝从正统朝（1436—1449）开始，慢慢走向下坡道。当此之时，于朝廷内部，宦官专权，政治更加黑暗；于边疆地区，边防守备愈加松弛，处于北方边境的蒙古军队不时南下进入明朝境内掳掠和骚扰。与此同时，中国封建社会地主阶级与农民阶级之间所

---

①　何龄修等主编：《清代人物传稿》（上编）第二卷，《黄宗羲》，中华书局1986年版，第384页。

固有的这一不可调和的矛盾，随着土地兼并之风愈演愈烈，丧失土地的人口骤增，到处都是流离失所的百姓，社会不稳定因素大增。总之，到了明朝中叶，政治压迫和经济盘剥更为严重，老百姓处于暗无天日的境地，为了吃饭和生存，他们更是不断地自发联合起来同明政府进行抗争。随着时间的推移，矛盾不断加深，斗争亦此起彼伏，更大规模的起义也在不断地酝酿和爆发，这种压迫和起义的循环持续不断地猛烈敲打着脆弱的大明王朝，使其遍体鳞伤。

到了明世宗统治之时，国家承平日久，呈现出一片太平盛景，使得包括皇帝在内的最高统治集团内部早已丧失当年先辈们那种艰苦奋斗、勇于开拓的进取精神。此时，他们不再用心于国家大政，只是整日醉生梦死，追求享乐，生活日益腐化，挥霍无度，滥用民力大兴土木，且痴迷于方士，尊崇道教，造成社会财富的巨大浪费。更有甚者，权臣严嵩弄权长达二十年之久，招财纳贿，残害忠良，无恶不作，使得朝廷政事处于无人敢管、无人来管的停滞混乱状态当中。上行下效，地方各级官僚衙役和地方豪强更是徇私枉法，横行乡里，利用自己手中的权力干起了各种非法的勾当。边关守将亦是胆大妄为，贪污军饷，军纪涣散，边事废弛，造成边防空虚，大大削弱边防守御作战力量。明神宗时，首辅张居正意识到问题的严重性，遂大力进行改革，力挽狂澜，花费相当力气来整顿吏治，改革经济，修饬边防，但最终也未能改变这一颓势，其改革也只是起到了延缓明王朝政治危机爆发的作用。万历十年（1582），张居正去世，他的改革也如同大明王朝的迷梦一般迅速幻灭。而后，继位的光宗、熹宗以及思宗等再也没有足够的力量来扭转大明王朝乾坤。

在经济方面，明王朝自嘉靖、万历以降，商品生产与商品交换已经相当发达，手工业和商贸业的发展促进了南北各城市经济迅速繁荣，带来了商品经济的高度发展，遂于当时南方地区的一些大中城市，以及北方沿运河一带区域的一些大中城市中的某些行业中出现了资本主义生产关系的萌芽。资本主义生产关系的萌芽在这一时期出现，尽管只是一个幼小的新芽，但它已经显露出强大的生命力。只是，于明朝中期之后，明政府对社会下层百姓的横征暴敛更加残酷，人民的负担更加沉重。这一残酷的社会现实，同样也在摧残着民族工商业的进一步发展，严重损害了商人、手工业者、市民以及农民的切身利益，迫使社会各阶层百姓纷纷联合起来与政府奋起抗争，来争取自己的权利，不断掀起一定规模的群众性斗争风暴。如万历二十七年（1599），在山东临清一带就爆发了百姓反对矿监税使的斗争。

于明王朝内部，其腐朽的管理体制，此时犹如一个巨大的毒瘤在日夜吞噬着明王朝的生命力。而其外部亦有较大的压力。在东南沿海地区，倭寇不断扰乱，给东南沿海一带的社会经济和人民生活造成了极大的破坏；而在北方，蒙古族俺答部，亦常常派出大批骑兵不断地南下，越过长城，甚至进入明境腹地侵袭骚扰；在东北地区的建州女真诸部，此时亦在悄悄不断发展崛起，并逐渐强大起来，使得其欲望不断地膨胀。这一切，都给本已风雨飘摇的明王朝以更大的困扰，犹如雪上加霜。面对内忧外患，明政府最高统治者并没有警醒，却依然如故，视而不见，放手任其发展下去。不仅如此，其内部此时争权夺利更加白热化，党派林立，各个政治派别为了自己的一己私利，不惜牺牲国家和他人利益，围绕着政治权力和经济利益不惜相互拆台，钩心斗角，甚至于相互打压，斗争愈演愈激烈。这一切，皆加速了明王朝灭亡的步伐。

总之，此时的大明王朝，从上到下、从内到外已经腐朽殆尽，最高统治者根本没有精力去关心和顾及社会下层百姓的生与死，老百姓走投无路，为了活命不得不揭竿而起，希望寻得一线生机。到了天启和崇祯年间，酝酿已久的一场震撼全国的农民大起义正悄然来临。天启七年（1627）陕西王二起义后，高迎祥、李自成、张献忠等各部农民军纷纷起而响应，旗帜鲜明地与大明王朝进行抗争，此后，起义队伍迅速壮大，所到之处，势如破竹，迅猛异常，不久，便攻占了明王朝的统治中心北京，明帝国遂土崩瓦解，宣告结束。李自成率领的大顺军攻陷北京的消息传至江南，江南一些明朝宗室、守旧势力、地方官僚及地方官军，为了使明王朝能够得以苟延，同时，又想获取自己的政治地位，满足自己的欲望，于是统治阶级内部迅速联合起来，达成妥协，拥立了明宗室朱由崧为新帝的政权，建国号为"弘光"，旗帜鲜明地与农民起义队伍进行斗争。由于中国古代农民阶级自身的认知觉悟，李自成的大顺军还不可能具有足够的能力和超前的意识来巩固其既有的胜利果实，随着吴三桂引领清军入关西进，占领北京，刚刚建立起来的农民政权便轻而易举地落入满洲贵族之手。清军于北京站稳脚跟后，便迅速调整策略，大举南下。在南下过程中，遭受到南方各地军民的顽强抵抗，并非一帆风顺。最终由于种种原因，弘光政权覆亡。其后，明朝宗室、守旧势力、地方官僚以及一批士大夫们为了与清政权相抗衡，又相继拥立了鲁王、唐王和桂王为帝的三个南明政权，继续与入主北京的清朝政府相抗衡，但最终也没有逃过如弘光政权一样覆灭的结局。

大明江山眼看着被"异族"所取代，自己也已成为"异族"的臣民，这在当时，被深受儒家传统文化浸染的士人知识分子们视之为"天下皆亡"的大事件，他们从骨子里是不愿意被其称之为"蛮夷"的外族所统治，他们是闻国变而皆泣，悲愤而不食，以之来进行抗争。而且清朝入主中原之后，极力推行"薙发易服"、圈占田地等一系列与中原地区格格不入的习俗和政策，也引起了他们强烈的不满和反抗，于是在全国范围内展开了一场轰轰烈烈的倒清运动。

这一行径，激起了清政府的强烈不满，清政府采取了更加极端的血腥镇压手段，对抗争者进行残酷的打压。清政府的这些政策和行为，不仅给予汉族士人国破家亡的剧痛，而且也是对其心灵的极大摧残。在这场血与火的伤痛之中，激荡出了清初有识之士们独特的士人风格，在中国传统民族大义精神内动力驱使之下，引领着人们向前进，起到了风向标的作用，具体而言，体现在如下几个大的方面：

首先，于明末清初，涌现出一批耿介清高、淡泊名利、交游慎重的学者，他们引领着时代思潮。明末清初，包括大量明遗民在内的诸多士人知识分子，尤其是汉族士人知识分子，可以说，他们从内心深处永远是把儒家传统伦理道德的"忠"和"孝"放在人生首位的，以之作为人生最大的追求目标和远大理想。因此，在他们的字里行间和一言一行中，皆流露出对大明王朝覆亡的伤痛之情以及他们悲天悯人的感人情怀。因此，在明末清初的几十年当中，由于此前历经明王朝晚期的残酷压榨，南明各政权及地方豪强的层层盘剥，明末农民大起义的洗劫、外族的践踏以及三藩战火的波及，国家财政尤为匮乏，民生物资极其短缺，下层百姓仍然处于饥不得食、寒不得衣的生活境况，他们流离失所，朝不保夕。在这一社会现实之下，民族矛盾异常激烈，使得社会动荡不已。此时，处于特殊环境的士人知识分子群体也与当时百姓相差无几，他们的生活状况与当时其他百姓基本无异，许多家产或是毁灭于战火，或者被他人洗劫一空，一夜之间，天上地下，他们不得不和众多的老百姓一样，也背井离乡，到处流浪，挣扎在死亡线上。总之，社会动荡不安，生活艰难困苦，使得一些士人知识分子为了生存不得不改变此前的生活方式，他们或隐居山野，渔耕采樵；或讲学乡间，换取束脩；或游幕官绅，获得微薄薪资，以勉强糊口度日。他们的生活可谓降到最低点，穷苦惨淡，捉襟见肘。正如史料所载:"往日之穷,以不举火为奇;近日之穷,以举火为奇。"① 当时,甚至于连"举火"都成了一种稀罕之事。可见,清初士人与百姓生计一样是举步维艰。

诚然,山河破碎,国仇家恨,并不能使具有远大理想的志士仁人意志消沉,反而会更加激发起他们的铮铮傲骨。清初士人知识分子们以各种方式与满洲贵族进行斗争,他们或甘心过着"居陋巷,箪食瓢饮,依然不改其志"的恬淡生活;或不愿为五斗米折腰,隐居山林原野、乡间市井,依然保持高尚的气节,乐天安命,存有强烈的"忧道不忧贫"心理。换言之,安贫乐道、不苟富贵的儒家传统思想再次使这些清贫士人不坠青云之志。清初士人这样一种生存境遇和"不坠青云之志"的精神境界,也充分体现在他们的交游和处世态度上。他们淡泊名利,不喜仕进,蔑视权贵,性不喜俗,独善其身,能够"大丈夫处世,固不当为贤士大夫所弃,亦不当为庸众人所容"②。由此,我们可以考见当时士人超越世俗的伟大心理。一大批清初士人能够在那样艰难困苦的恶劣社会环境之下,依然顽强地坚守着自己的交游原则,不接受他人馈赠,不食嗟来之食,高度保持着高尚的气节和情操。这和他们特立独行的优秀品质是高度一致的。尽管他们的生活十分清苦,内心充满郁结,但他们在不得已的情形之下,往往也只是不得已接受志同道合的好朋友的一般帮助和接济,诚然,他们所结交的也皆是学术上的良师益友,或者是情投意合的知己同志,他们拥有共同的爱好和志向,是一般困难所打不倒和击不垮的。

其次,严格恪守礼制,坚持道义,恢复传统是明末清初士人所具有的高尚品格。明朝中后期,王守仁心学思想骤然兴起,其强调

---

① 王晫:《今世说》卷二,中华书局1985年版,第16页。
② 王晫:《今世说》卷二,第15页。

个性，肯定"狂放"和义无反顾的革命精神，深深吸引着当时的士人群体，这使得当时诸多士人知识分子不拘小节，放浪不羁。明末清初一些思想家大力提倡实学，主张经世致用，力主恢复儒家传统的忠、孝、节、义等精神。而明亡清兴的历史教训给予当时士人群体的不仅仅是家国沦丧的亡国之痛，更有着震撼心灵的文化危机之感。满洲贵族对汉人的发式、服饰和一些习俗的强制改变，更大程度上是对儒家一贯传统文化的一种"冒天下之大不韪"，而汉族士人知识分子所誓死捍卫的就是这种民族道义和家国情怀，是汉族士人知识分子和百姓们赖以生存的深厚的民族气节。对于清初士人知识分子们来说，他们以"这头，不要也罢"的大无畏英雄气概，来维护汉民族的传统文化，也就是在延续传承老祖宗留下来的一线"血脉"。

随着大清王朝政治统治的逐步稳固，一些汉族士人知识分子清醒地意识到"复明"已然是徒劳，于是，他们便开始转变自己努力的方向，把注意力集中到学术文化上来，利用自己所掌握的渊博学识，通过著书立说和讲课授徒，来表达和传播自己的学说和思想主张，利用另外的一条道路来力图振兴儒家传统文化，将儒家传统的文化、道义、学术继续传承下去，并加以发扬光大。他们被迫不能选择为明朝尽忠，便主动选择为父母双亲尽孝，努力做到兄友弟恭，尊师爱友，全身心地致力于儒家传统道德的恢复和发扬。这一点，在浙东大儒邵曾可身上可以说得到充分的印证。据史料记载，当时老师史孝咸生重病卧床不起，邵曾可不辞辛苦，每日行走十余里，去老师家看望先生，并亲自侍奉汤药，一心一意，没有一丝一毫的懈怠。就是这样，邵曾可连续十几日往返于自己家和先生家，尽心尽力照顾恩师。由于实在太劳累，邵曾可竟然一病不起，不久便与世长辞了。邵曾可便是当时士人们所谓"事师如父"最为典型的代表。在那种朝不保夕、动荡困窘的艰苦年代里，志同道合的真朋友真的是不多见。总之，他们或高歌，或"良朋樽酒，吾故借以生者"①，他们真正做到了朋友有难，慷慨解囊，相互扶持，患难与共，共同与这个"不好"的时代相抗争，希望把中华民族的优秀传统文化传承下去。

再次，纵情山水，放浪形骸，结友赋诗是清初士人又一显著特征。于清初士人群体中，明遗民与以往各代的遗民一样有着同样深厚的民族情结和同样的悲凉与苦楚，于是，他们在处世态度和价值取向上，会自觉不自觉地采纳和效仿前人的一些做法。他们或是学习前人高尚的人格和爱国的精神；或是学习他们甘居清贫的恬然自得；或是学习其忧国忧民的博大胸襟和情怀。而且，清初的士人也学习了前代隐士们的一些超俗习性，如他们纵情山水，放浪形骸，结友赋诗的超脱、狂傲、怪诞的性情便是其一。

明清之际，朝代更替，历经战争的扫荡和践踏。外族的压制和蹂躏，激发了一些汉族士人知识分子的民族气节，同时也深深地刺痛了他们，他们像魏晋士人一样趋于超越和隐逸。沧桑巨变的阴影，国家命运的悲戚让他们焦虑不安，他们面临着生存窘迫和清高气节之间的矛盾，面临着所赖以生存的文化信仰被破坏摧残的悲痛与迷茫。为了舒缓这种种痛苦与不安，他们有的或借酒以消愁，或借诗以抒怀②，或者说纵情于山水之间，结友赋诗，见性以明志，抒发其内心的郁塞和不满。如归庄，在抗清失败后亡命江湖间，事缓归里后筑茅屋于先人墓侧，自此佯狂终身。如傅山，以"来历奇，行事奇，诗文书画奇"而被时人目为"楚国狂士"。更有甚者如八大山人，在国破家亡之后，即以"疯"示人。他们或忽而狂笑，或又忽而恸哭；或者常常头戴旧布帽，身披破长袍，足跻烂履；或徜

---

① 王晫：《今世说》卷七，第87页。
② 王晫：《今世说》卷七，第77—88页。

徉于街市，或施施而行，旁若无人。其中，纵情山水成为当时士人实现社会交往的一种十分重要的方式。这在浙东大儒邵廷采那里也得到了充分的印证。

最后，他们广泛涉猎，回归经典，经世致用，以挽救岌岌可危的大明江山。明末实学思潮的兴起，使得诸多士人纷纷开始放弃空疏无用的学风，转而致力于各种经世致用的学问，如天文地理、农田水利、军事边防等。自明末起，杨慎、张溥和钱谦益等人就已经开始提倡回归经典，复兴古学；清初，顾炎武发出"经学即理学"[①]的提议；黄宗羲也指出"受业者必先穷经"，以及"兼令读史"[②]的号召；再譬如邵廷采，便是深受这一伟大号召的影响，最终并成其为忠实的拥趸；顾炎武甚至编纂了《肇域志》和《天下郡国利病书》，想从中探求一些有益于国计民生的学问，作为拯救时弊改造社会的根据；而顾祖禹则撰成《读史方舆纪要》，注重实用，为反清复明做准备。顾炎武等大儒们的引导使得大批士人知识分子将目光回归到传统典籍，从中探求经世治国之良策。总之，清初士人广泛涉猎，回归传统经典，沉湎于书籍，以读书立德、潜心修养为志。此时的士人们，经过明清朝代更迭变迁的巨大洗礼，他们不得不将目光放得更加宽广，涉猎更加广博。

国破家亡给予士人知识分子们的震撼激发了他们的民族思想和情感，唤醒了他们身上潜在的传统儒家人格，他们奋然跃起，意图恢复儒家传统道德和传统文化。亦可以说，是当时的社会现实和儒家的传统道德锻塑了清初独特的士风，他们甘于清贫的恬然，正气

---

① 全祖望撰，朱铸禹汇校集注：《全祖望集汇校集注·鲒埼亭集内编》卷十二，《亭林先生神道表》，第 227 页。
② 全祖望撰，朱铸禹汇校集注：《全祖望集汇校集注·鲒埼亭集内编》卷十一，《梨洲先生神道碑文》，第 219 页。

凛然的民族气节，谨慎的交游原则，以及笃行敦教的行为。这一点在邵曾可身上亦体现得淋漓尽致，可谓是其代表之一。

清朝统治者在刚刚入主北京时，为了能在中原站稳脚跟，实行了一系列笼络汉族士人知识分子和百姓的政策，如依照汉族传统帝制礼仪安葬了明崇祯皇帝，并同时宣布废除明末给百姓带来沉重负担的"三饷"加派，且一度放宽剃发政策，允许百姓可以自由束发。但随着农民军的节节败退，清政权的进一步稳固，清统治者也随之逐渐改变其统治策略，强制推行一系列民族高压政策，如圈占汉人的土地、庐舍和坟地；强迫大量丧失土地和房舍的农民充为奴仆；下令大肆屠城，以维持其民族压迫；强迫汉人剃发易服，一遵满人习俗等。这一切，不断地激起各地汉族百姓的强烈反抗和起义，引起全国性的民族大斗争，而在这场轰轰烈烈的民族大运动中，亦有一大批的士人知识分子参与其中，他们用不同的方式同清政府进行着不屈不挠的斗争。

譬如在浙东余姚，此时出现了一大批仁人志士，他们和当时的各地百姓一样，于国家危难之时敢于挺身而出，同敌对势力进行英勇顽强的斗争，有的甚至不惜牺牲自己的生命。这块出产过"十八学士"①、"三阁老"②的沃土，与明王朝有着千丝万缕的联系，当明王朝覆亡之际，这些名士怀着"皇恩必报"的信念与"同国存亡"的

---

① 嘉靖十四年（1535），余姚应试考中进士共有十七人，他们是韩应龙、孙升、邹绚、诸燮、顾廉、钱立扬、卢麟、徐方、胡崇德、黄齐贤、吴辕、郑寅、王乔龄、邵基、张元、郑炯、罗ність。同年，韩应龙又为状元。由此，遂称"十八学士"。
② 余姚在明代时期曾有"三阁老"之称谓，即指谢迁、吕本、孙如游三人。谢迁（1450—1531），字于乔，号木溪，又号木斋，余姚泗门镇人。著有《谢文正公集》、《木溪归田稿》等，明王世贞《国朝名贤遗墨》有录。吕本（1503—1587），字汝立，号南渠，又号期斋，余姚南城人，生于玉兰堂，嘉靖十一年（1532）进士，著有诗文《期斋集》十四卷，四库馆臣认为其大抵为应酬之作。孙如游（1549—1625），字景文，是忠烈公孙燧的曾孙，赠"太子太保，文渊阁大学士"。谢、吕、孙三氏为明代余姚三大望族，他们皆以科举发迹，代有高官，门庭显赫，他们三家之间有着密切的联系，在浙江影响很大。

决心参与到抗清斗争的行列之中,他们竭尽全力扶助南明政权。虽然他们这种"忠君爱国"的思想和行为具有一定的阶级狭隘性,但在外族入侵之时所表现出来的民族气节依然是难能可贵的。据邵廷采《东南纪事》一书中记载:邵一梓及其兄弟在四明山中屯驻了数万人,积极进行抗清活动,直至最后战败被俘,仍然是"仰首,骂,不跪",体现出了汉民族强烈的民族大义和自豪感。

同时,浙江余姚具有美好的儒家传统文化,可谓是代代文风盛行,硕儒辈出,知识分子队伍庞大,为后来的志士仁人做出了表率和榜样。在明末清初,他们也大都坚守着"士可杀不可辱"的理想信念,在清兵对他们强制剃发之时,他们首先想到的无疑是比杀头还要大的巨大屈辱,毕竟传统的儒家思想所倡导的是"身体发肤,受之父母;不敢毁伤,孝之始也"①。中国古代读书人将气节看得尤其重要,"宁为玉碎,不为瓦全",甚至于牺牲生命也在所不惜,在国难当头之际,他们认为这是对自身气节的考验。除此之外,还有榜样的作用也是巨大的。明末巨儒刘宗周敢为明朝死节的英雄气概,对当时的余姚士人产生了极大的震撼和影响。刘宗周于弥留之际最后所做的一件事,就是给学生熊汝霖书写了一个"鲁"字,其意是希望熊汝霖能辅佐鲁王与清廷继续进行抗争。熊汝霖最后亦做到了严守师训和保持气节,至死也没有辜负其师的嘱托,遂成一代英烈。而沈国模在听闻刘宗周死节后,则痛哭不止,讲学日勤,其目的无非是在用另外的一种方式与清政府进行拼死抗争。邵贞显则"有《哭刘宗周百韵》,遂绝举场"②,这也对其子邵廷采产生了巨大影响。甚至在大规模抗清失败后,他们当中的一些人仍然是选择了远离朝廷,或浪迹山水,或著书立说,终生不仕。同为刘宗周弟子的浙东大儒黄宗羲,

---

① 《十三经注疏》十一,《孝经注疏》卷一,《开宗明义章》,中华书局1980年版,第2545页。
② 姚名达:《清邵念鲁先生廷采年谱》,台湾商务印书馆1982年版,第33页。

在孙嘉绩、熊汝霖起兵抗清之时，也毅然决然毫不保留地变卖所有家产，组织"世忠营"，拉起队伍，积极响应抗击清兵。在抗清失败之后，他并没有气馁，又想方设法前往日本乞兵，图谋再反，但最终还是无果而返。最后，当他静下心来，深刻地意识到利用这种轰轰烈烈的方式来同清廷进行抗争并不会取得什么好的结果，于是，不得不改变策略，即选择了潜心传统经史研究，用编纂学术史的方式来继续与清政府进行斗争。在这一过程中，黄宗羲大量搜罗诸家文集、碑传等资料，选择其精华，摘录其要旨，完成巨著《明儒学案》一书，开启了学术史编纂的又一种崭新形式，真诚地希望能够达到"经世应务"之目的。

第二节　黄宗羲生平学行

黄宗羲（1610—1695），字太冲，一字德冰，号南雷，别号梨洲老人、梨洲山人，学者习称其为"梨洲先生"，浙江余姚人，明末清初著名的经学家、史学家、思想家、地理学家、天文历算学家、教育家。黄宗羲出生于一个官宦家庭，父亲黄尊素，万历年间进士，天启年间曾任山东道监察御史一职，是东林党名士，因弹劾阉党魏忠贤而被削职归籍，不久下狱，受酷刑而死在狱中。崇祯帝即位，惩治阉党，魏忠贤伏法，黄氏冤案才得以平反。十九岁的黄宗羲，意气风发，上疏请求严惩魏氏余孽。于公堂之上，黄宗羲出庭对证，他情绪激昂，抽出袖藏铁锥准备刺杀阉党余孽，为父申冤报仇，他痛击了魏忠贤余党许显纯、崔应元等，并联合一批被迫害志士的子弟，杀死两个迫害他父亲的牢卒。随后，他身披重孝，护送老父亲灵柩南归。黄宗羲归里之后，发愤刻苦读书学习，崇祯二年（1629），黄宗羲遵照父亲遗命，从学于浙东著名学者刘宗周，深得蕺山之学。当时，江南文人结社之风盛行，也影响到了年轻的黄宗羲，他往来于南京、苏州、常熟、安庆、杭州、绍兴等地，与当时著名的几社、复社、读书社等成员广泛结识。在这期间，于崇祯十五年（1642），他参加科考，结果名落孙山。时大学士周延儒有意荐举他为中书舍人，力辞不就，随之南归。他还秉承父亲遗训，通读明十三朝实录和二十一史；同复社成员一起进行了反对宦官的斗争，曾联名著文来揭露阉党余孽阮大铖之罪行。此后，由于时局更加动荡不安，黄宗羲便再无意于场屋举业。

崇祯十七年（1644），明朝灭亡。同年五月，南京弘光政权建立。此时，清兵入关，随之大举南下，黄宗羲怀着满腔的爱国热情，跑到南京城上书南明朝廷，结果遭到兵部侍郎阮大铖的逮捕而下狱。顺治二年（1645）五月，清军攻克南京，弘光政权瓦解，黄宗羲乘乱脱身，由南京经浙江嘉兴。闰六月，余姚孙嘉绩、熊汝霖起兵抗清。黄宗羲随之变卖家财，募集六百余壮士，组成"世忠营"，积极响应起兵。继而，黄宗羲率军至浙江钱塘进行抗清斗争。后来，黄宗羲又曾入太湖招募抗清义兵，不成，失利后退据浙江四明山，在此结寨防守御敌。顺治三年（1646），南明鲁王政权任命黄宗羲为兵部职方司主事。顺治六年（1649），晋升左副都御史。在这期间，他曾经多次对鲁王监国政权内的许多重大问题发表意见和建议。由于清军步步进逼，黄宗羲等人不得不东徙西迁，漂泊不定，但为了抗击清军，他不惜出生入死。如他曾经与阮美、冯京第出使日本乞兵，但未成功。至此，黄宗羲真正意识到依靠鲁王政权抗清是不现实的，看不到一点点的希望，便以清廷要"录其家口"为由，潜归故里，不再任职鲁王政权。

顺治七年至十一年（1650—1654），黄宗羲在返回家乡之后，尽管先后三次遭受清政府的通缉，但仍与鲁王政权秘密往来，如捎信联络抗清力量，派人入海向鲁王密报清军将攻打舟山之消息。此间，可谓家祸迭起，弟弟宗炎两次被捕，几乎遭致极刑；儿媳、小儿、孙女接连病逝；故居也曾经两次发生火灾。总之，在这几年时间里，黄宗羲过着东躲西藏、到处流浪的生活，以此来逃避清政府的追捕和缉拿。到顺治十六年（1659）夏天，郑成功、张煌言部兵败，黄宗羲举家避居化安山龙虎山堂。于此，他与家人过着"数间茅屋尽从容，一半书斋一半农。左手犁锄三四件，右方翰墨百千通"①的隐居生活。在这期间，他还曾西游庐山，北抵南京，寓居杭州。直至永历政权覆亡、郑成功退居台湾后，看到恢复大明王朝的希望彻底破灭，他才于顺治十八年（1661）冬，奉母返回故居。

在抗清斗争失败之后，他也意识到自己"老冉冉其已至"②。此后，于康熙二年至十八年（1663—1679），黄宗羲便改变此前的生活方式，开始于慈溪、绍兴、宁波、海宁等地设馆授徒讲学，传承学术；探望故友，交流学问和思想；访求古迹和古籍，研讨学问和从事著述。其著名的《明夷待访录》和《明儒学案》等著作皆是在此时完成的。康熙十七年（1678），清廷下令征召天下"博学鸿儒"，黄宗羲亦被征召在内，弟子陈锡嘏代为力辞。康熙十九年（1680），康熙帝命地方官"以礼敦请"赴京纂修《明史》，结果，他亦"以老病坚持不行"③，仍不许，最后不得已，只好让儿子黄百家及其弟子万斯同北上参与修史。康熙二十二年（1683），参与纂修《浙江通志》一书。康熙二十九年（1690），又召其进京充任顾

---

① 黄宗羲著，沈善洪编校：《黄宗羲全集》（第十一册），《南雷诗历》卷一，《山居杂咏》之六，浙江古籍出版社 2000 年版，第 235 页。
② 黄宗羲：《南雷文定》前集卷十一，《避地赋》，丛书集成初编本，第 19 页。
③ 黄宗羲：《南雷文定》三集卷一，《与李郡侯辞乡饮酒大宾书》，第 33 页。

问，徐乾学又以"老病，恐不能就道"为其代辞。到康熙三十一年（1692），黄宗羲病势加重，但他仍然抱病写作不辍。于康熙三十四年（1695）病逝，享年八十有六。

黄宗羲博学多才，于经、史、百家及天文、历算、乐律，以及释、道等均有高深的造诣。尤其在史学上成就较大，而在哲学和政治思想方面，更是堪称中国思想启蒙第一人。总之，黄宗羲学问广博，思想深邃，著作宏富，一生著述多至五十余种，共计三百多卷，其中最为重要者，计有《明儒学案》、《宋元学案》、《孟子师说》、《易学象数论》、《葬制或问》、《明夷待访录》、《破邪论》、《思旧录》、《明文海》、《行朝录》、《今水经》、《大统历推法》、《四明山志》、《南雷文定》等。他生前还曾整理编定《南雷文案》一书，又删订为《南雷文定》和《文约》两书。

黄宗羲为学之始，初从王守仁、刘宗周学术入手。其后，他经历明清易代，立足于"天崩地解"的社会现实，逾越心性之学的樊篱，将王守仁、刘宗周之学进一步廓而大之。他认为："儒者之学，经纬天地。"① 主张合"学问"与"事功"为一，以期"救国家之急难"②。黄宗羲学术思想的最大特点就是反对空疏无用之学，主张"受业者必先穷经"，并且"兼令读史"，因为在他看来，"经术所以经世，方不为迂儒之学"③。可以说，"经世应务"乃是黄宗羲的"一以贯之"之道。所以，全祖望曾说，黄宗羲"既治经，则旁求之九流百家，于书无所不窥者。……既尽发家藏书读之，不足，则抄之同里世学楼钮氏、澹生堂祁氏，南中则千顷斋黄氏，吴中则绛云楼钱

---

① 黄宗羲：《南雷文定》后集卷三，《赠编修弁玉吴君墓志铭》，第1页。
② 黄宗羲：《南雷文定》五集卷三，《姜定庵小传》，第16页。
③ 全祖望撰，朱铸禹汇校集注：《全祖望集汇校集注·鲒埼亭集内编》卷十一，《梨洲先生神道碑文》，第219页。

氏，穷年搜讨。游屐所至，遍历通衢委巷，搜鬻故书，薄暮，一童肩负而返，乘夜丹铅，次日复出，率以为常"①。为了大量搜集各方面的资料，黄宗羲还设立一名为"续钞堂"的房舍专门用来抄书。在他所搜集的大量资料中，据其子百家称："余家所得野史遗集、绝学奇经，殆不胜纪。道虽穷矣，书不可谓不富。而家大人方将旁搜遍采，不尽得不止。则是目所未见、世所绝传之书，数百年来沉没于故家大族而将绝者，于今悉得集于续钞，使之复得见于世。"② 可见，黄宗羲为了搜集文献资料和著述花费了相当精力和心血。

　　黄宗羲的不少学术见解与宋明理学家的主旨有所不同，大都贯穿着"经世应务"的根本精神，体现出了他强烈的时代责任感和使命感。他所著《明儒学案》和《宋元学案》两书，开创了中国古代学术史上学案体史籍撰写体例之先河。在这两部学术史专著中，他全面考察了宋、元、明三朝学术思想发展脉络。在对宋明理学史的总结中，他指出人们不应被"旧说"所束缚，认为"学问之道，经各人用得着者为真"，而不应以"先儒之语录"为成说定论而盲目加以崇拜。由于学术倾向之不同，对真理应该能够大胆认识，敢于怀疑，不断地努力探求，因为"道非一家之私"，只要认真读书，努力钻研，反复思考，就有可能求得到真知灼见，"求之愈艰，则得之愈真"③。很显然，这对于人们摆脱宋明理学的传统束缚，解放思想，有着积极的现实意义。

　　黄宗羲潜心经史等研究，大量搜罗各家文集碑传等资料，选择

---

① 全祖望撰，朱铸禹汇校集注：《全祖望集汇校集注·鲒埼亭集内编》卷十一，《梨洲先生神道碑文》，第214页。
② 黄百家：《学箕初稿》卷一，《续钞堂藏书目序》，"四库全书存目丛书"，第753—754页。
③ 黄宗羲：《南雷文定》三集卷二，《朝议大夫奉敕提督山东学政布政司右参议兼按察司佥事清溪钱先生墓志铭》，第9页。

其精华,摘录其要旨,大致在康熙中叶①著成《明儒学案》一书,全书共计六十二卷,于卷首列有"师说"一目,由卷一至卷六十二,内容则为起于明初的方孝孺,下至明末的许孚远。他区分类聚,依照时间先后顺序,共开列十九学案,对有明一代二百余名儒者的生平学行及思想特点加以叙述和评论,以此揭示明代二百余年儒学思想发展之脉络,使一代学术源流得以明晰完整地展现出来。

《明史·儒林传》:"明初诸儒,皆朱子门人之支流余裔,……学术之分,则自陈献章、王守仁始。宗献章者曰江门之学,孤行独诣,其传不远。宗守仁者曰姚江之学,别立宗旨,显与朱子背驰,门徒遍天下,流传逾百年,其教大行。"②黄宗羲之学出于王守仁。于学术思想上,他具有明显的"尊王抑薛"倾向。他在《明儒学案》一书中的"姚江学案"一目中载:"有明学术,白沙(即陈献章——引者)开其端,至姚江(即王守仁——引者)而始大明。"(见《儒藏·明儒学案·点校说明》,郭齐撰)其所论述,以王守仁为学术正统。他又说:"无姚江,则古来之学脉绝矣。"③可见,黄宗羲赞成陆、王"盈天地皆心"的心性观,认为人既禀"气"而生,人身便具备"万理",因而人们可以不假外求,而探求人之内心即可。而他对于薛瑄一派的议论,则持保留的态度。

正因为黄宗羲对王守仁心学的尊崇,所以《明儒学案》一书中所收学者及其学术观点和思想渊源,无论是其内容,还是其分量,都是以王守仁学说为中心。在这其中,反映王守仁学说的除了王守仁个人的专传《姚江学案》之外,还有专门叙述其后学的《浙中王

---

① 关于《明儒学案》一书的成书时间说法不一,对于这一问题,业师陈祖武先生有详细的阐述,请参阅《清初学术思辨录》六,《黄宗羲与浙东学术》,中国社会科学出版社1992年版,第122—123页。
② 《二十五史》(第十册),《明史》卷二八二,《列传》卷一七〇,第787页。
③ 黄宗羲著,沈芝盈点校:《明儒学案》卷十,《姚江学案》,第178页。

门学案》、《江右王门学案》、《南中王门学案》、《楚中王门学案》、《北方王门学案》和《粤闽王门学案》等六大学案,而其中的《止修学案》和《泰州学案》也可以算属于王学学派,只是稍稍有些变化而已,因此,可以说王门学案几乎占据了整个《明儒学案》一书篇幅的一半以上。

朱子之学发展到明朝之时,尽管仍然占据统治思想之地位,但却已经成为统治阶级教化天下臣民的僵死教条,自身已经暴露出了种种不足和弊端。恰恰与之相反,陆九渊、王守仁心学则提倡反对权威,强调个性,让人充分发挥自己的主观能动性。如王守仁认为,人的"良知"是判断正确与错误的标准,而不能以孔子或者朱熹的言论来作为判断标准。这种敢于挑战权威和否定成说,以自己本来具有的道德准则来作为判断是非标准的说法,在当时现实社会环境之下,无疑是一剂强心针,可谓令人耳目一新,客观上起到了推动人们思想解放的巨大作用。这很显然,表明了王守仁的思想学说亦有其一定的合理性。正因为如此,陆王心学学说才发展成为当时声势浩大的一大学派,敢于同传统的程朱理学相抗衡。从此意义上讲,《明儒学案》以王守仁为明代的学术中心骨干人物,也是当时明朝中后期思想学说客观实际的反映。

诚然,黄宗羲的王学与王守仁当年所传心学学说已有很大不同,说他是王学的修正者也未尝不可。黄宗羲早年从大儒刘宗周受学,而终身奉为依归,所以他又被人目为王学嫡派。但是,对于明朝末期的王学流弊,黄宗羲甚为了解,所以其尽力克服。他曾经指出:"明人讲学,袭《语录》之糟粕,不以六经为根柢,束书而从事于游谈。"正因为如此,他才大力提倡学者要以读书为重,所以,"凡受公(即黄宗羲——引者)之教者,不堕讲学之流弊"①。他还批评"言心学者,则无事乎读书穷理;言理学者,其所读之书,不过经生之章句,其所穷之理,不过字义之从违","封己守残,摘索不出一卷之内"。②认为学者不仅要读书,而且要多读书,只有这样,才能够明白事理,把握其变化。不然的话,抱残守缺,则其识见难广,"读书不多,无以证斯理之变化"。在"读书证理"的同时,黄宗羲还要求人们"求理于心",认为读书"多而不求于心,则为俗学"。③由此可见,他仍然没有摆脱王学之藩篱,诚然,他也不可能偏离得太远。所以,梁启超先生就曾经指出:"梨洲黄子之教人,颇泛滥诸家,然其意在乎博学详说以集其成。而其归究于蕺山(即刘宗周——引者)慎独之旨,乍听之似驳,而实未尝不醇。"④一语道出了黄宗羲学术之旨趣与学术宗旨。因此,梁启超先生说:"梨洲不是王学的革命家,也不是王学的承继人,他是王学的修正者。"⑤这话是对的。

业师陈祖武先生在总结《理学宗传》和《明儒学案》二书之关系时,曾经说:"学如积薪,后来居上。取《明儒学案》与《理学宗传》并观,无论是史料的翔实,体例的严整,还是对不同学派渊源传承的梳理,《学案》皆胜过《宗传》。然而,始为工者难,继成之者易,这亦是情理中事。唯其如此,尽管在《明儒学案》卷

---

① 全祖望撰,朱铸禹汇校集注:《全祖望集汇校集注·鲒埼亭集内编》卷十一,《梨洲先生神道碑文》,第219页。
② 黄宗羲:《南雷文定》前集卷一,《留别海昌同学序》,第28页。
③ 全祖望撰,朱铸禹汇校集注:《全祖望集汇校集注·鲒埼亭集内编》卷十一,《梨洲先生神道碑文》,第219页。
④ 梁启超著,朱维铮校注:《梁启超论清学二种》,《中国近三百年学术史》五,《阳明学派之余波及其修正》引陈汝咸语,复旦大学出版社1985年版,第144页。语见全祖望撰,朱铸禹汇校集注:《全祖望集汇校集注·鲒埼亭集内编》卷十六,《大理悔庐陈公神道碑铭》,第295页。
⑤ 梁启超著,朱维铮校注:《梁启超论清学二种》,《中国近三百年学术史》五,《阳明学派之余波及其修正》,第5页。

首《发凡》中，黄梨洲对《理学宗传》颇有微词，评为：'钟元杂收，不复甄别，其批注所及，未必得其要领，而其闻见，亦犹之海门（周汝登，撰有《圣学宗传》——引者注）也。'但是，宗羲亦在书中辟出专节，表彰孙夏峰学行，赞许《理学宗传》'别出手眼'。以往，论者每每取梨洲《发凡》语，而不及其夏峰学案语，故而忽略了从《理学宗传》到《明儒学案》之间，存在一个后先相承的关系。"陈先生还明确指出："其实《明儒学案》之与《理学宗传》，不惟因同属学案体史籍而体例略同，而且由于著者学术宗尚的相近而立意亦类似。一言以蔽之，皆旨在为阳明学争正统。所以，孙夏峰把由周敦颐经朱熹到王阳明，视为宋明理学的必然发展过程，断言：'接周子之统者，非姚江其谁与归？'而黄梨洲亦以阳明学为明代理学大宗，宣称：'无姚江则古来之学脉绝矣。'所不同者，只是二书起止时间范围各异。《理学宗传》通古为史，《明儒学案》则断代成书。通古为史而仅26卷，断代成书而竟达62卷，详略悬殊，不言而喻。"[①]陈先生之言，可谓一语中的，道出了个中原委。

　　黄宗羲在完成《明儒学案》一书之后，就准备着手编撰《宋元学案》一书。他多方收集资料，撰文作序，但遗憾的是黄宗羲未竟而卒，仅仅成书17卷。其后，由其子百家，以及私淑弟子全祖望等继续增补撰写，再经过后人的校勘补正，最后将全书正式厘定为100卷，遂成今本。此书将宋、元两代的学术思想，依照不同的学术流派加以系统的总结，书首置《序录》，使人概见其大略，对宋元两代的学术流变可了如指掌。以下分列《安定》、《泰山》、《高平》、《庐陵》、《古灵》、《百源》、《濂溪》、《明道》、《伊川》、《横渠》和《晦翁》诸学案；又立《新学》、《蜀学》和《屏山》诸略，"以著杂

[①] 陈祖武：《清儒学术拾零》一，《蕺山南学与夏峰北学》，湖南人民出版社1999年版，第15页。

学之纷歧，大都重辟禅学"①；最后列《元祐》、《庆元》党案与两宋道学的兴废相关。每一个学案都是于前先列一表，序列其师友弟子传承之脉络，以明学术师承之渊源；继而阐述传主之生平学行、思想主张和著作，最后又附有逸事及后人评论。此外，书中还有许多作者的按语，内容大多是史实考证和校勘说明等方面。

总体而论，黄宗羲对于程朱、陆王两派学术之态度，在其所著《宋元学案·象山学案》一部分内容当中，可以窥得一二消息。在本卷按语中，其对朱、陆学术的异同进行了充分的梳理、比较和分析，从其中所反映出的实际情况来看，黄宗羲是持调和态度的。一言以蔽之：即和会朱陆而右陆。黄宗羲："嗟呼！圣道之难明，濂洛之后，正赖两先生继起，共扶持其废堕，胡乃自相龃龉，以致蔓延今日，犹然借此辨同辨异以为口实，宁非吾道之不幸哉！虽然，二先生之不苟同，正将以求夫至当之归，以明其道于天下后世，非有嫌隙于其间也。道本大公，各求其是，不敢轻易唯诺以随人，此尹氏所谓'有疑于心，辨之弗明弗措'，岂若后世口耳之学，不复求之心得，而苟焉以自欺，泛然以应人者乎！况考二先生之生平自治，先生之尊德性，何尝不加功于学古笃行，紫阳之道问学，何尝不致力于反身修德，特以示学者之入门各有先后，曰'此其所以异耳'。"②可见，在黄宗羲心目当中，朱、陆两派学术只是学问入门途径的不同罢了，正如一车之左右两轮，缺一不可，而且，二者又是相辅相成，尽管有所差异，但其终极目的是相同的。总之，二者虽然有所不同，但却并非是绝对对立，而是相互兼融。

黄宗羲还说："然至晚年，二先生亦俱自悔其偏重。稽先生之《祭东莱文》，有曰：'比年以来，观省加细。追维曩昔，粗心浮气，

---

① 黄宗羲著，陈金生等点校：《宋元学案》卷首，"校刊宋元学案条例"，第22页。
② 黄宗羲著，陈金生等点校：《宋元学案》卷五八，《象山学案》，第1886页。

徒致参辰,岂足酬义!'盖自述其过于鹅湖之会也。《与诸弟子书》尝云:'道外无事,事外无道。'而紫阳之亲与先生书则自云:'迩来日用工夫颇觉有力,无复向来支离之病。'其别《与吕子约书》云:'孟子言,学问之道,惟在求其放心。而程子亦言,心要在腔子里。今一向耽著文字,令此心全体都奔在册子上,更不知有己,便是个无知觉、不识痛痒之人,虽读得书,亦何益于我事邪!'《与何叔京书》云:'但因其良心发见之微,猛省提撕,使此心不昧,则是做工夫底本领。本领既立,自然下学而上达矣!若不见于良心发见处,渺渺茫茫,恐无下手处也。'又谓:'多识前言往行,固君子所急,近因反求,未得个安稳处。却始知此未免支离。'《与吴伯丰书》自谓:'欠缺涵养本原工夫。'《与周叔谨书》:'某近日亦觉向来说话有太支离处,反身以求,正坐自己用功亦未切耳。因此减去文字工夫,觉得闲中气象甚适。每劝学者亦且看《孟子》"道性善"、"求放心"两章,着实体察,收拾此心为要。'又《答吕子约》云:'觉得此心存亡,只在反掌之间,向来诚是太涉支离。若无本以自立,则事事皆病耳,岂可一向汩溺于故纸堆中,使精神昏蔽,而可谓之学!'又书:'年来觉得日前为学不得要领,自身做主不起,反为文字夺却精神,不为小病。每一念之,惕然自惧,且为朋友忧之。若只如此支离,漫无统纪,展转迷惑,无出头处。'观此可见二先生之虚怀从善,始虽有意见之参差,终归于一致而无间,更何烦有余论之纷纷乎!且夫讲学者,所以明道也。"[①] 于此可知,在黄宗羲看来,朱、陆学术之不同,只是发生在二人的早年时期,而两人到了晚年之时,其观点则皆是"归于一致"的。

尽管黄宗羲对于程朱、陆王学术持调和态度,但并不是居中持

---

① 黄宗羲著,陈金生等点校:《宋元学案》卷五八,《象山学案》,第1886—1887页。

平的，而是表现出其明显的右陆倾向。例如我们上段所引内容，在其材料的取舍和编排上，皆明显体现出黄宗羲详陆而略朱，其比重显然是不一样的。在这其中，述朱者仅仅有"祭东莱文"和"与诸弟子书"两篇，而述陆者则多达六篇之多，并且，有的一则资料还曾经引用两次，可见其右陆之倾向。对于朱子晚年的看法，则是直接沿袭王守仁《朱子晚年定论》之成说，黄宗羲认为王守仁是书，尽管"虽或有出于早年者"，但"其大意则灼然不失也"，① 所以，对其一概不加辨别地予以肯定。

综上所述，陆王学术到了明末清初之时，已经是强弩之末，盛极而衰，王学"空谈误国"成为一时学者舆论的主流所在。尽管如此，一些王学大儒都在积极努力，为陆王心学学说争得一席之地。王学大儒孙奇逢、李颙、黄宗羲等先后通过讲学授徒和著书立说，以之来维护陆王学术在封建儒学中的正统地位。尤其是黄宗羲，先后著述《明儒学案》和《宋元学案》两部学术巨著，来极力修正陆王心学，为陆王学术力争正统地位。可以说，黄宗羲于学术思想史上的巨大贡献，不仅仅是体现在其学术思想上，而且亦体现在其学术史编纂体例上，为后世留下了诸多宝贵的遗产。

第三节 《北方王门学案》的编纂

《明儒学案》是黄宗羲学术史最具代表性著作之一。该书成书于康熙十五年（1676），共六十二卷，约一百多万字。当时，黄宗羲看到明代大儒周汝登所著《圣学宗传》和明清之际大儒孙奇逢

---

① 黄宗羲著，陈金生等点校：《宋元学案》卷四八，《晦翁学案》，第1555页。

《理学宗传》二书,说:"海门(即周汝登——引者)主张禅学,扰金银铜铁为一器,……钟元杂收,不复甄别。"① 他认为周氏之书倾向"禅"学而孙氏之书则为"杂收",二书皆不得孔学之要领,于是,便广采诸儒文集、语录等,根据各家宗旨,分宗立派,著成《明儒学案》一书。

《明儒学案》以王守仁心学为主流,兼述其他学派,体现了有明一代学术发展之脉络,尤其是体现了学者之间的师承关系。是书开篇为《师说》,其后分立学案十九,分别为:《崇仁学案》四卷,《白沙学案》二卷,《河东学案》二卷,《三原学案》一卷,《姚江学案》一卷,《浙中王门学案》五卷,《江右王门学案》九卷,《南中王门学案》三卷,《楚中王门学案》一卷,《北方王门学案》一卷,《粤闽王门学案》一卷,《止修学案》一卷,《泰州学案》五卷,《甘泉学案》六卷,《诸儒学案上》四卷,《诸儒学案中》六卷,《诸儒学案下》五卷,《东林学案》四卷,《蕺山学案》一卷,最后为《附案》等。每一学案皆有叙论,对该学案的学术宗旨进行简单介绍,然后分列学者个人小传,介绍传主的生平、事迹、著述、思想和师承关系,还有主要的学术观点,并加以评说,最后则为节录传主重要著作或文集中的语录,全面真实地展现出各家学派的思想状况和脉络。

《明儒学案》一书为我国第一部系统的学术史专著,开后世"学案"体史籍之先河。其取材宏富,编纂有法,分类有序,证论节要,对后世学术思想史影响深远。同时,该书也充分体现出了作者黄宗羲的学术思想倾向。总体而论,黄宗羲做到了不避"一偏之见"和"相反之论"。黄宗羲不排除门户之见,对各个学派兼收并蓄,且十分注意保留各种"相反之论"。他曾说:"学问之道,以各

---

① 黄宗羲著,沈芝盈点校:《明儒学案》卷首,《明儒学案发凡》,第4页。

人自用得着者为真。凡倚门傍户、依样葫芦者，非流俗之士，则经生之业也。"① 可见其不喜"倚门傍户"和沿袭成说，提倡独立创新精神。但四库馆臣却不这样认为，他们在《四库全书总目》中认为黄氏"欲抑王尊薛则不甘，欲抑薛尊王则不敢，故于薛之徒，阳为引重而阴至微词，于王之徒，外示击排而中存调护"②。四库馆臣这一评价正确与否，我们不加评判，而黄宗羲"尊王抑薛"之学术倾向则显而易见，是对的。尽管黄宗羲对王守仁及其后学有所批评和指责，但他尊奉王守仁心学立场，是十分坚定的，并建构起了自己的一整套心学思想体系。也正如梁启超先生曾总结说黄宗羲既不是王学的革命家，也不是王学的承继人，而是王学的修正者。可以说，黄宗羲对王守仁心学做了大量的补救和修正工作，这对王守仁心学的进一步健康、理性地向前发展无疑具有较大的裨益，诚然，这也是黄宗羲所做出的巨大贡献。

在阳明心学的传播、发展与普及过程中，王门后学起到了巨大的促进作用。黄宗羲亦看到了这一点，因此，在《明儒学案》一书中为阳明后学立学案数篇，大书特书。但整体而论，在众多王门后学学案之中，黄宗羲对于北方王门后学的评价则不算高。他在《北方王门学案》按语中讲道："北方之为王氏学者独少，穆玄庵既无问答，而王道字纯甫者，受业阳明之门，阳明言其'自以为是，无求益之心'，其后趋向果异，不可列之王门。非二孟（即孟秋、孟化鲤二位——引者）嗣响，即有贤者，亦不过迹象闻见之学，而自得者鲜矣。"③ 在黄宗羲看来，于王门后学诸大派别当中，北方王门后学学者最少，且多沿袭成说，缺少自得之学。如对穆孔晖，黄宗羲认

---

① 黄宗羲著，沈芝盈点校：《明儒学案》卷首，《明儒学案发凡》，第15页。
② 永瑢等：《四库全书总目》卷五八，史部，《传记类二》，"明儒学案"条，第527页。
③ 黄宗羲著，沈芝盈点校：《明儒学案》卷二九，《北方王门学案》，第635页。

为其学"学阳明而流于禅，未尝经师门之锻炼"①；如对于孟秋，黄宗羲则认为其为"良知现成派"；再如对于杨东明，虽然黄宗羲赞扬其能得阳明之肯綮，且其"气质之外无性"之说，可"一洗理、气为二之谬"②，但黄宗羲仍以"性善论"为评判标准，批判杨东明的"性有善、有恶之说"。另外，黄宗羲还把王道则直接排除在王门之外，不承认其为王门后学。他认为："王道字纯甫者，受业阳明之门，阳明言其'自以为是，无求益之心'，其后趋向果异，不可列之王门。"③还说其"所论理气心性，无不谛当"④。正因如此，黄宗羲认为王道背离师说，不应算作为阳明后学。而事实上，王道在对待王守仁"良知"之学的态度上，确实没有坚守下来，偏离了王学轨道，而是在此基础之上，又博采众长建立了自己新的理论体系。还有，黄宗羲亦未把赵维新列入王门后学，由于史料的缺乏，我们亦不好妄加议论。但依照当今学界的一般看法，无论从狭义上还是从广义上而言，王道、赵维新等皆可纳入北方阳明后学的范围。

根据黄宗羲在《明儒学案·北方王门学案》中的叙述，有现代学者把北方诸位学者依照传承先后进行划分，把他们分为一代弟子、二代弟子和三代弟子。第一代弟子有穆孔晖、南大吉和杨东明，第二代弟子有尤时熙，第三代弟子有张后觉、孟秋和孟化鲤等。⑤事实上，整个王门后学师承关系交叉情况十分复杂，其师承关系已大大突破了黄宗羲依地域而建立的门派。而实际上，王门后学的很多人派属师承与出身籍贯多有不统一者。如罗汝芳籍贯为江西建昌，本应属于江右王门，但他却是泰州王门大将。如张后觉、孟秋于师承

---

① 黄宗羲著，沈芝盈点校：《明儒学案》卷二九，《北方王门学案》，第 635—636 页。
② 黄宗羲著，沈芝盈点校：《明儒学案》卷二九，《北方王门学案》，第 649 页。
③ 黄宗羲著，沈芝盈点校：《明儒学案》卷二九，《北方王门学案》，第 635 页。
④ 黄宗羲著，沈芝盈点校：《明儒学案》卷四二，《甘泉学案六》，第 1035 页。
⑤ 王路平：《王门后学传承谱系及其特点》，《贵州民族大学学报》2015 年第 6 期。

上应属于泰州王门，但依据籍贯却被分在了北方王门。还有如尤时熙和孟化鲤，应属于江右王门，但依据籍贯亦被分列在北方王门。这是因为黄宗羲在叙述方法上基本是以地域为标准的，这虽然有其方便之处，但从思想渊源上和师承关系上来看，则颇显有些混乱。因此，亦有学者曾经指出："至于北方王门更是笼统有余而细化不足，它实际应包括山东、北京、河北、陕西等地，如此概括，显然失之粗糙。"①

在现如今山东省西部的聊城市东昌古城万寿观原址西侧路北一百米左右，坐落着一座"七贤祠"。于祠内供奉着王道、穆孔晖、孟秋、王汝训、逯中立、张后觉、赵维新等七位贤良。据祠内文字介绍，他们七人皆为官清正，为正义公道屡遭贬斥，能够安贫乐道，深究学术，提携后进。最为重要的是，他们七人在学术思想上，皆尊崇王守仁心学。但是，在黄宗羲所著《明儒学案·北方王门学案》中仅仅介绍有穆孔晖、孟秋、张后觉三位，而王道和赵维新二位尽管不在其列，但后人亦多所探究，从他们的学术思想主张和学术倾向来看，他们二位亦算是阳明后学无疑，且得到后世学人的充分肯定。但王汝训和逯中立二位，于相关的学术研究中，则极少涉及，甚至可以说直到目前为止，仍是一个空白。于此，对二位生平及学行进行简单梳理和介绍，望学界中人予以正确评价。

王汝训（1551—1610），字古师，号宏阳，聊城沙镇（今属聊城东昌府区）人。他自幼聪慧笃学，七岁便读完四书五经和《史记》、《左传》等儒家经典。后来，拜堂邑（今属聊城市东昌府区）名儒穆孔晖为师，潜心研究理学，得王阳明心学之要旨，学业大进，成为当时著名的理学之士，被后人称为"明儒七先生"之一。隆庆

---

① 钱明：《王阳明及其学派论考》，人民出版社 2009 年版，第 208 页。

四年（1570），王汝训考中举人，隆庆五年（1571）中进士，授元城（今河北大名县）知县。由于政绩卓著，王汝训于万历初年（1573）入京为刑部主事，后累迁至光禄少卿、浙江巡抚、南京工部右侍郎等职。

王汝训升任刑部主事时，散尽祖传家产分给远近亲朋好友，仅留数亩田地以自给，因此，家中并无余财。据说，有一日，一盗贼入户行窃，被王汝训发现。王汝训并没有大声呵斥把其赶跑或者立即将其抓获送交官府，而是把自己家中的钥匙扔给盗贼，任其自取。结果，盗贼发现其家中仅有粮食数石、铜钱千余而已，并无多余财物，盗贼只好空手而去。王汝训任光禄寺少卿时，他能够不畏权势，秉公办事。如他曾上书力劾吏科给事中陈与郊行奸受贿一事。于太仆寺卿任内，他亦曾经上书请求皇上裁减宫中闲杂人等，以便节约财政。万历二十二年（1594），王汝训任左佥都御史，不久升任右副都御史、浙江巡抚。于任内，王汝训仍然是一如既往，能够做到清廉耿直，扬善抑恶。当时，浙江乌程县老尚书董份、祭酒范应期横行乡里，胡作非为，当地百姓怨声载道，敢怒而不敢言。王汝训到任后坚决上疏要将其依法绳之。但最终结果，万历帝偏听偏信，王汝训被削职为民返乡家居。此后，王汝训家居长达十五年之久，再起为南京刑部左侍郎，后改任工部左侍郎。于任内，一如既往，积极革除弊政，为政府节约白银达数万两之多。卒后，赠工部尚书，谥"恭介"。他生前曾著有《疏草》二卷、《文集》六卷，藏于家，还参与编纂《东昌府志》一书。

明朝晚期，在聊城古城内筑有"三贤祠"，供奉王道、穆孔晖和孟秋三位贤者。于万历四十三年至四十五年间（1615—1617），当时东昌知府岳和声，倡议增加供奉王汝训、逯中立、张后觉、赵维新四位贤者，从此，"三贤祠"则为"七贤祠"。清康熙《聊城县志》载:"郡城旧有明儒三先生祠,祀王文定道、穆文简孔晖、孟清献秋,太守岳和声复置汝训并逯给谏中立、茌山张弘山后觉、赵素衷维新,称'七先生祠'云。"① 这是聊城地方志中关于"七贤祠"较早的记载。后来,宣统《聊城县志》亦载:"七贤祠向在县西,道光知府朱锦琮改祀于书院后楼上。上供文昌,下供王文定道、穆文简孔晖、孟清献秋、王恭介汝训、逯给谏中立、张宏(其他典籍中多为"弘"字——引者)山后觉、赵素衷维新各牌位。"② 从宣统《聊城县志》一书中可以了解到"七贤祠"的变迁状况。其后,随着时代的更迭变化,七贤祠早已无迹可寻。现如今,聊城人民为了弘扬中华民族传统文化,"七贤祠"得以复建而重现。

王汝训被后人尊奉为"聊城七先生"之一,列"七贤祠"之内,但相关史料记载其学术情况者则不多见,仅有如"王汝训,自幼笃学,师从穆孔晖,得理学之微旨"等寥寥数语而已。而后世人们则认为:"在学术思想上,七贤都尊崇王阳明心学,他们对心学的研习,使他们在为人与治学方面,形成了重志节、重事功、重实践的鲜明特点。"③ 相较而言,王汝训于学术思想方面的资料不多见。但我们十分清楚,一方面,王汝训师从王门后学穆孔晖,而另一方面,其为人与政事,亦皆体现出了阳明心学"重志节、重事功、重实践的鲜明特点",真正从行动上践行了王守仁的心学学术和政治理念,由此,我们也可以顺从成说,把其归入阳明后学之列。

逯中立,字与权,号确斋,东昌府聊城县(今聊城东昌府区)人,生卒年月不详。万历十七年(1589)进士,后历官吏科给事

---

① 康熙《聊城县志》卷三,《人物志》,第2页。
② 宣统《聊城县志》卷四,《学校志》,第3页。
③ 转引自《聊城七贤祠及清三贤》,聊城新闻网(http://news.lcxw.cn),2015年10月13日。

中、兵科右给事、陕西按察司知事。万历二十一年（1593），逯中立于吏科给事中任内，时吏部左侍郎赵用贤被冤屈免职，行人高攀龙、御史吴弘济等五人上疏以争，不允，而五人遭致贬谪。逯中立闻讯，则奋起极力抗疏，最终结果逯中立"忤旨，停俸一岁"。逯中立于兵科给事中任内，恰逢"有诏修国史"，重臣王锡爵举荐其门生刘虞夔为总裁官，但刘氏曾"受劾罢官"，一些正直大臣认为这一做法不符合常规，在这其中，以逯中立反对尤甚，因而得罪了王锡爵。最终，召用之令被撤销，而逯中立亦招致"见忌辅臣"之罚。万历二十二年（1594），时吏部郎中顾宪成因故被削籍，给事中卢明诹上疏求救，遂之被贬秩削官。于是，逯中立又上疏建言"要明辨操行纯正之人"，结果再次触犯龙颜，皇上一怒之下，把逯中立贬为陕西按察司知事。被贬的逯中立并没有赴任，而是称病辞官回归故里。此后，他家居二十余年，"安贫乐道，于《易学》尤邃"。逯中立去世之后，好友高攀龙、冯从吾等皆洒泪"为文以祭"。逯中立的学生们甚至于身着重孝治丧，弟子们私谥"直方"。明光宗时，追赠逯中立"光禄寺少卿"。

逯中立著有《周易札记》一书，于书后附有《奏议》六篇。《周易札记》一书首为《启蒙集略》，次为《上经》一卷，《下经》一卷，最后《系辞》以下为一卷。该书不载《易经》原文，只标示卦名和篇名。逯中立随笔记录，其中，采纳诸家观点者尤多，而以己意论著者仅仅占十之四五，可见其兼收并蓄的治学态度和精神。整体而论，其内容去取颇为精审，大旨以义理为主，不失纯正，"盖平心论义，不立门户之见者也"①。后来，四库馆臣在纂修《四库全书》时，把其《奏议》六篇析出单独编辑成书，即《两垣奏议》一书。

---

① 永瑢等：《四库全书总目》卷五，经部，《易类五》，"周易札记"条，第31页。

"两垣"即是指逯中立曾任吏科和兵科二科给事中一官职,这些奏议皆为其任上所书,故称《两垣奏议》。是书中《论公用舍》、《论修史用人》、《论会推阁臣》三疏,正是逯中立"忤旨停俸"、"见忌辅臣"、"被贬外授"三事之原因,《明史》本传中略有介绍。而另外三疏,即《请罢太和山织造》、《论东倭》、《论拔淹滞停例金》三疏,"虽事不施行,然亦皆铮铮不阿,无愧封驳之职。不得以卷帙之少废之矣。旧本附刻中立所作《周易札记》后。今既分隶四库,则列于经部为不伦,故析出别著录焉"①。

逯中立一生尽管官职不高,但他"遇事敢言",公正严明,秉公办理,往往不顾个人得失,刚直奏议。他这种直言不讳的性格,使得他一生"一忤旨停俸,一见忌辅臣,一被贬外授",三次大的挫折,宦涯沉浮,可想其所受打击如何。当然,这三次大的人生经历,也恰恰成为他人生的亮点,同时,也成就了他为人处世的高尚品格。逯中立归家之后,其间,他曾到东林书院,与顾宪成、高攀龙、邹元标、冯从吾等志同道合者共同讲学,探讨学问,激扬文字,裁量人物,指陈时弊,锐意图新。据史料记载,当此时,"远近负笈而从者甚众"②,如得意门生钟化民、梁廷辑、耿如杞、白楹等,皆得其宗旨,有的或成为当时知名学者,有的甚至成为国家栋梁之材。后来,逯中立于重病期间,亦援笔疾书不懈,他曾经总结:"生而不能显扬,是负吾亲也;仕而不竖立,是负吾君也;昂昂七尺之躯而甘为碌碌之庸夫,是负吾身也。三十而学道,五十四而无闻,是为天地间之罔人也!"③

总之,对于逯中立学术方面的资料亦不多见,只是从上述介绍

---

① 永瑢等:《四库全书总目》卷五五,史部,《诏令奏议类》,"两垣奏议"条,第500页。
② 康熙《聊城县志》卷三,《人物志》,第8页。
③ 康熙《聊城县志》卷三,《人物志》,第8页。

中了解到他辞官归家后,曾到东林书院访问讲学、探讨学术。再者,从其他相关资料中还能够了解到,孟化鲤去世之后,关中大儒冯从吾曾经邀请黄辉、逯中立、邹元标、杨东明、钟化民及其门人王以悟、吕维祺等,一起收录和编纂《孟云浦先生集》一书。说明了《孟云浦先生集》一书的编纂,逯中立是参与其中的。还有于万历年间,东昌府知府岳和声重建"三贤祠"时,则增加供奉王汝训、逯中立、张后觉、赵维新等人,因此,称之为"七贤祠",逯中立亦厕身其中。其他如逯中立的家学渊源、师承关系等则因资料的缺乏不得而知。同样,逯中立亦和王汝训一样,其为人与政事,亦皆体现出了阳明心学"重志节、重事功、重实践的鲜明特点"。可以说,逯中立亦从实践上践行了王阳明的学术和政治理念。

在明朝末期北方阳明后学中,还有一人值得我们关注,即对北方阳明后学思想进行理论总结的鹿善继。鹿善继(1575—1636),字伯顺,号乾岳,晚号江村渔隐,北直隶定兴(今河北定兴县)人。鹿氏家学宗主陆王,少年之时,鹿善继不就私塾,以祖父为师,得家学之传承。万历二十二年(1594),鹿善继应顺天乡试未中,归家后旁搜各家笺疏注解读之,尤喜王守仁《传习录》一书,"每阅之,辄心动",祖父为之大喜,劝慰其"眼前功名无足论",要努力研习阳明心学。次年,祖父又给他寄来《王文成公全书》,"先生取《传习录》,寝食其中,慨然有必为圣贤之志,而一切着落,皆身实践之"[1],可谓深得王学之要旨。万历二十五年(1597),鹿善继结识北方大儒孙奇逢,二人遂成为挚友。在多次科场失利中,他常常以阳明学来砥砺,"援王文成世以不得第为耻,吾以不得第动心为耻相劝勉"[2],不改其志,终于,鹿善继在三十二岁时考中举人,出孟化鲤

---

[1] 陈鋐:《鹿忠节公年谱》卷上,中华书局1985年版,第2页。
[2] 陈鋐:《鹿忠节公年谱》卷上,第4页。

弟子王以悟之门。万历四十一年（1613），鹿善继考中进士，出徐光启之门。遂观使兵部，后授户部山东司主事，职盐法。此时，他"投牒归里，桐城左光斗、嘉善魏大中、长洲周顺昌，闻而访之，定交萧寺中"①，与诸位节义相期许。次年，鹿善继开始招收门徒授课讲学，门人始进。万历四十七年（1619），丁母忧期满，得补户部主事。

鹿善继任户部主事时，适逢明朝军队在萨尔浒战败，清兵步步进逼，形势危急，辽东军中饷绝。恰在此时，广东金花银解至，鹿善继随之"以便宜扣留金花，以充辽饷。神宗怒，勒令补还，善继力持不可，得旨降调"②。次年，光宗继位，鹿善继官复原职。天启元年（1621），改任兵部职方主事。天启二年，随孙承宗督师关外，"布衣羸马，出入亭障间，延见将卒相劳苦，拓地四百里，收复城堡数十，承宗倚之，若左右手。在关四年，累进员外郎、郎中。承宗谢事，善继亦告归"③。当时，阉党势盛，大肆迫害东林党人。左光斗、魏大中、周顺昌等相继获罪，"三氏子弟踉跄至无敢留者，卒主善继家，太公为之周旋。橐饘醵金应比，善继闻，又力助之。人皆咋舌，而鹿氏父子不顾，一时义声动天下"④。崇祯元年（1628），鹿善继起为尚宝司卿，迁太常少卿，未三载，复告老归家。崇祯九年（1636）秋，清兵大举进犯定兴，鹿善继亲自督兵助守，毫不退缩，结果，"七日，城破，善继守南门，兵从西北隅上，挟刀胁降，善继不可，兵怒，斫公三刀，复射一矢而死"⑤。事闻于朝，追赠大理寺

---

① 陈鼎：《东林列传》卷五，《鹿善继传》，广陵书社2007年版，第89页。
② 张岱：《石匮书后集》卷八，《孙承宗（鹿善继）》，台湾文献史料丛刊第五辑，（台湾）大通书局1987年版，第103页。
③ 《二十五史》（第十册），《明史》卷二六七，《列传》卷一五五，第748页。
④ 陈鼎：《东林列传》卷五，《鹿善继传》，第92页。
⑤ 计六奇：《明季北略》卷十二，《鹿善继定兴被杀》，中华书局1984年版，第200页。

卿,谥"忠节"。

鹿善继一生著述甚丰,计有《四书说约》三十三卷、《前督师纪略》十六卷、《后督师纪略》十卷、《认理提纲》一卷、《寻乐大旨》一卷、《车营百八答》(不分卷)、《寻声谱》一卷、《认真草》十五种二十二卷等。《明史·艺文志》著录有《鹿善继文稿》四卷,今存《鹿忠节公集》二十一卷、门人陈鋐编次《年谱》二卷。集中体现其儒学思想的则为《四书说约》、《认理提纲》和《寻乐大旨》等诸种典籍。

鹿氏家学宗主陆王,鹿善继少不就私塾,在家以祖父为师。祖父久澂不仅给鹿善继寄书,而且教导其王守仁"致良知"之学,强调"致良知"须加"问学"功夫,为其王学思想奠定了坚实基础。据史料记载:"窃惟公(即鹿善继——引者)事事不亏本分,时时不愧本心,生平券此两语,学本姚江,而能以姚江所称'将本体只作一番光景即弄者'为戒,故随其所在,必提本来之心,按当下之身,此日此时此事此心便可下手,此知行合一之功也。昔贤以濂溪为孟子之闻知,阳明为濂溪之闻知,诚千古不易之论,姚江而后,公其嗣响矣。榆关之行,南门之役,则又武侯所为鞠躬尽瘁,文山所谓成仁取义者也。"[①] 门人陈鋐则认为:"阳明崛起姚江,直接洙泗嫡传,尼山之奥,因之以穷;尼山之覆,因之以发。《传习录》一书,泄露天机尽矣。阳明之后,其道在念庵,念庵之后,其道在先生。"[②] 还说鹿善继"平生无书不读,而更深心于语录,尝欲纂诸儒论著,汇为一书而未竟也。所已抄者,阳明二册,象山一册,念庵二册,盖先生所北面者,阳明也,所比肩者,象山、念庵也"[③]。可见,

---

① 鹿传霖:《定兴鹿氏二续谱》卷四,清光绪二十三年(1897)刻本。
② 陈鋐:《鹿忠节公年谱》卷下,第55页。
③ 陈鋐:《鹿忠节公年谱》卷下,第56页。

鹿善继为王守仁之"嗣响"真传,承接罗洪先而得以成为晚明北方王学重镇。另外,鹿善继之学亦受到泰州学派和东林学派的影响。鹿善继认为"圣学只在常行中",这恰恰与王艮"百姓日用即道"相一致。《定兴县志》则谓其:"一意实践,神常内守,不屑与古今人角同异,滋议论,为一家言。"① 这与王艮唯贵心悟和唯重实践的传统尤为接近。诚然,并非二者完全相同,而是存在着一定的鸿沟。如泰州学派讲求平民儒学性格,而鹿善继则讲求应以事功报效国家。与其说鹿善继受东林士人学术影响,倒不如说是东林诸子之躬行实践,力矫时弊,试图以儒学力挽世风之精神深深地打动了他。我们从鹿善继主持正义、敢于任事等事功中即可窥见一斑。

鹿善继重实学、躬实践,其学术思想具有明显的王学特色。鹿善继反对空谈心性,主张不能将"学业"和"事功"分开,二者是一体的。他认为:"保民者以不忍人之心,行不忍人之政,不越富教二字。仲尼嫡传,非黜富强也,乃所以富强也。"② 儒学是不黜富强的。同时,他还认为财政是国家的根本,国家由穷困而转为富强,理财是其关键,"大约天下财力,有不足之处,必有有余之处,此造化自然之数,从来经国者,每于财殚兵敝之余,略施干理,转为富强,政以有余之处自在,特俟人措手耳"③。国家只要是下得了功夫和得以正确的方法就能够从穷困转变为"富强"。譬如在解决辽饷之时,他提出了放弃"派买"的传统办法,不再"藉手于官",而是采取市场经济手段,达到"商与民交有利无害"的最佳效果。可以说,鹿善继把"学业"与"事功"二者完美地结合在一起,并运用到具体实践当中。这一学术宗旨不但合乎阳明学旨,而且更是把

---

① 鹿传霖:《定兴鹿氏二续谱》卷十三。
② 鹿善继:《四书说约》(上孟)卷一,清道光二十四年(1844)刻本,第4页。
③ 鹿善继:《认真草》四,商务印书馆1936年版,第234页。

握住了儒家与时俱进的真精神。

鹿善继重实学、躬实践还体现在他努力办学与授徒方面。据史料记载，鹿善继一生中集中授徒讲学活动计有四次。第一次是明万历四十二年（1614）考中进士后待放归乡，至次年秋授户部山东司主事止。其时，"门人始进"，名字可考者计有陈范彭、杜越、张果中、贾三槐、王烨等。鹿善继"顾而乐之，朝夕提命，亹亹不倦"。第二次是万历四十五年至四十六年（1617—1618）丁母忧之时。"四方来学者益众，先生性严毅，是非好恶，未尝少徇于人，而同心者，则无不饮以和，迎以善，春风之座，嘘入肺腑，殆不独发彼群蒙也"。次年，"先生内弟太冲亦以是时入学，先生拈'做人'二字示之"。第三次是万历四十八年（1620），鹿善继因金花银事件辞官归里期间。"先生去国归里，海内争以孤凤似之，而先生教授如曩时，布衣草履，不敢以诤臣自异也"。第四次是天启六年（1626），再次辞官归里后，至崇祯九年（1636）守定兴遇害止，长达十二年之久。"先生抵里门后，教授生徒如待放时，而门人益进"。于崇祯四年（1631），"先生病渐瘳，教授如再归时，门人大进"。次年，孙奇逢"命其子立雅偕伯叔昆弟来从先生学"。崇祯六年（1633），"黄适甫集乐，自江右来从先生学"①。据《明代人物志·鹿太常传》载："里居教授生徒以百数，至舍不能容，……畿南之士，殖学修行，镞砺自好者，不问而知为鹿氏之徒也。"据相关资料统计，其弟子著姓名里籍者就达一百四十二人之多。由上可知，鹿善继一生授徒讲学不辍，为国家培养出一批有用人才。

鹿善继之所以能够做到这一点，是与其儒学思想特色密不可分的。换言之，鹿善继真正地把握住了儒家精神的精髓，也正因为如

---

① 陈鋐：《鹿忠节公年谱》卷下，第34页。

此，他无论是家居还是在外为官，皆能够做到"不动心"，能够"饮食起居不失常态"，始终能够做到表里如一。有一次，一学者请教孙奇逢："伯顺先生一段破惧之学是如何？"孙奇逢便以鹿善继被谪之时不失常态一事解释："伯顺曾以发金花银触神宗怒，遣中使召入，天威不测。时伯顺在贾孔澜寓，饮食起居不失常度，总缘平时见得分明，故临时不致错乱。惧是非，惧风波，惧利害，以至患难死生之际，有一毫疚心愧色，便不得无忧无惧。真正豪杰从战兢惕励中来，能戒慎恐惧，才能破惧。到得能破惧时，则喜怒哀乐亦无甚不中节处。"[①] 孙奇逢所语真正体现出了鹿善继长期修养历练和躬行实践的结果。有学者曾经总结鹿善继"躬实践"的原因有四：一"是鹿氏家学、家风皆笃实而敢于任事，这使得鹿善继自幼便以节义自期、以躬行自励"；二"是王学末流的空谈心性而疏于任事之弊积累已深，鹿善继深以为耻"；三"是明代兴起的重视伦理生活实践，高扬道德主体性的思潮，到了晚明发生了重大变化"；四"是明廷政局、世局的危亡与糜烂也大大地激发出作为儒者的鹿善继的责任感与使命感，从而使其全身心投入政治与道德的实践中，并将之与自己的思想学说高度融为一体"[②]。其分析是有道理的。

诚然，鹿善继所受为陆王心学，但他并没有深陷狭隘的学派攻讦之中，不持毫无意义的门户之争，具体问题具体分析，他对待程朱理学就是如此，既有批评亦有肯定。如他对朱熹《四书集注·论语》"棘子成曰"章中，关于"文"与"质"的讨论。鹿善继对朱注进行了驳正："文、质原是离不得的，离质而文不成个文，不止害质；离文而质，不成个质，不止害文。不离者文质之本体，强离者

---

① 孙奇逢：《夏峰先生集》卷十三，《语录》，中华书局 2004 年版，第 546 页。
② 贾乾初、陈寒鸣：《被忽略的晚明王学重镇：鹿善继及其儒学思想初论》，《燕山大学学报》2010 年第 3 期。

世人之意见。所谓合则双美，离则两伤也。当时文胜，故子成之说君子存质去文，其意亦好，特未识文质之本体。依他说时，亦自有病。文犹质也，文是质之文，非质无由生文；质犹文也，质是文之质，非文无由见质。子贡之说是彬彬之旨，何云'胥失'？"①而另一方面，他又认为"朱、陆未尝不同"，并且朱、陆相辅相成，"妙在有陆而朱乃不偏，孔子之道大明于天下"②，也正是由于这样，孔孟之学才能够得以发展下去，朱熹、陆九渊二人功绩皆不可磨灭。鹿善继学术思想之所以如此，也是与当时社会现实密切相关的。再如，他与东林党人之间关系尤为密切，也恰恰能够证明这一点。

总之，鹿善继的思想学说具有明显的时代特色，是北方阳明心学一大重镇，孙奇逢认为"接陆子静之传者，实惟阳明。鹿伯顺亦自谓读《传习录》而有得也，则接阳明之传者，实惟伯顺"③。方苞也认为："自明之季以至于今，燕南、河北、关西之学者能自竖立，而以志节事功振拔于一时，大抵闻阳明氏之风而兴起者也"④。可见，鹿善继在学术上和道统上有相当的地位与作用。门人陈鋐亦谈及："呜呼！世之谈学者，往往是古非今，托诸空言而不能见诸实事，遂目理学为迂阔无当之人，至阳明与我先生儒烈不虚若此，而人始晓然于德性之用，其用无穷也。"⑤由此可见，鹿善继学术被认为上接王守仁，更加强调躬行实践，并最终为国死节，这正是王守仁倡导的"知行合一"精神的体现。尽管在黄宗羲《明儒学案》中将其列入《诸儒学案》，未进入《北方王门学案》，但其学说体系却是北方王门后学总结时期的一大成就，其思想倾向亦与北方王门后学主张

---

① 鹿善继：《四书说约》（下论）卷十二，第 5 页。
② 鹿善继：《四书说约》（下孟）卷七，第 27 页。
③ 孙奇逢：《夏峰先生集》卷十三，《语录》，第 540 页。
④ 鹿传霖：《定兴鹿氏二续谱》卷十三。
⑤ 陈鋐：《鹿忠节公年谱》卷下，第 57 页。

并无二致。只是随着鹿善继的以身殉节，北方王学也随之迅速走向衰落。

综上所述，通过对于北方王门后学的简单梳理，我们可以清楚地看出，北方王门后学除却黄宗羲于《明儒学案·北方王门学案》中所开列诸学者外，似乎还应包括像王道、王汝训、逯中立、赵维新、张信民、吕维祺、冯奋庸等诸多后学，同时，还应包括像鹿善继及其弟子等稍后的北方诸学术大家。从地域来说，实际上应包括山东、河南、北京、河北、陕西、山西等广大的北方地区，也正是这广大的区域成了阳明心学在北方传播的沃壤，使得阳明心学在北方地区得以生根、发芽、成长起来。

第二章 《北方王门学案》传主传略

黄宗羲著《明儒学案》一书,于每一学案皆有叙论,对该学案传主的学术宗旨进行简单介绍,然后分列学者个人小传,介绍传主的生平、事迹、著述、思想和师承关系,还有主要的学术观点,并加以评说,最后则为节录传主重要著作或文集中的语录。《北方王门学案》开列学者不多,仅七人而已,即穆孔晖、张后觉、孟秋、尤时熙、孟化鲤、杨东明和南大吉。总体而言,黄宗羲对于他们的生平学行的介绍只是"个人小传",并不算详细和系统。因此,有必要把他们的生平学行分别予以系统、详细地梳理和介绍,以期能够更加充分地了解和掌握他们的生平事迹和归纳他们的师承渊源、学术思想之主旨和学术倾向。

第一节 穆孔晖

穆孔晖(1479—1539),字伯潜,号玄庵,聊城堂邑(今属聊城东昌府区)人,明代著名的史学家、文学家,历任翰林院检讨、南京礼部主事、翰林院侍讲学士、南京太常寺卿等官,当地人习称"穆阁老"。

穆孔晖出身于一个官宦之家,祖辈居住在堂邑,曾祖父穆弘曾做过潞州训导一职。祖父穆彪乃朴庵处士。父亲穆清也颇具文采,精通儒学。少年时期的穆孔晖深受父辈影响和书香浸淫，聪颖好学。据聊城本地人传说，穆孔晖尽管出生在官宦之家，但家境并不富裕，家里无资供他读书识字。可穆孔晖偏偏十分喜爱读书，他时常跑到村里私塾，站在窗外静静地偷听先生授课。久之，被先生发现，他的学习精神深深打动了先生。先生十分喜欢这个孩子，且当了解到穆孔晖的家庭状况时，便愉快地答应无偿收他为徒。于是，穆孔晖如鱼得水，他刻苦好学，也深得先生喜爱。先生常常开"小灶"，给他以启示和指导。经过几年的刻苦努力不懈学习，他的学问大有长进，每每"下笔即古奥绝"，人也变得更加"沉静端凝"、"外朴内辨"，遂以博学多识而闻名乡里。在他十八岁那年，母亲去世，穆孔晖则严格依照儒家丧葬之礼把母亲安葬，不敢有丝毫的违背。这一举动，深得乡里赞许。

穆孔晖从小受家庭环境的影响，耳濡目染，再加之自己的刻苦好学，遂精通儒家之学，出类拔萃。他不仅以通经博术为长，还能够根据自己的所见所闻发表独到见解，常常切中时弊，寓治国做人的道理于谏言之中。因此，他在政治上不畏权贵，留下了"长揖之勇"的佳话，成为美谈。据史料记载，穆孔晖"每上一疏，洒洒千言，议论风生，如见辛稼轩（即辛弃疾——引者）、陈同甫（即陈亮——引者）一流"①。穆孔晖平时对自己的行为要求十分严格，生活起居极为简朴。

弘治十七年（1504），王守仁任山东乡试主考官，是年，穆孔晖参加了科举考试。王守仁对穆孔晖的才华学识十分欣赏，以其"篇句时有发明"而擢为第一。由此，穆孔晖成了王守仁北方王学的早期弟子。次年，穆孔晖参加会试中式，赐进士出身，任庶吉士，后

---

① 王培荀著，蒲泽校：《乡园忆旧录》卷一，齐鲁书社1993年版，第6页。

由庶吉士除检讨。因此，穆孔晖在学术思想上，基本继承了王守仁的"良知"说，并把王守仁的心学与传统佛学结合在一起，发展了王守仁的心学学说，成为明代阳明心学在山东的主要传人。他与稍后的张后觉、孟秋、赵维新等人在山东聊城运河区域开办书院，主持讲席，大力传播和推广阳明心学，使东昌成为明代中后期王学在北方传播较早的重镇。他们的思想主张和行为亦对当时聊城及周边地区文运大兴做出了突出贡献。

堂邑是京杭大运河江北段著名的集散中心之一，由于京杭大运河南北贯通，形成了其独特的风俗习惯。穆孔晖有着鲁西人豪放豁达的性格，性情所致无所顾忌。穆孔晖嗜酒豪饮之风，即是明证。据史料记载，穆孔晖为诸生时，"每夜读，夫人温酒以俟。公且饮且读，得意时连进巨觥，声彻四邻，以是为常"①。正德二年（1507），穆孔晖为翰林院检讨，参与修撰《孝宗实录》一书。由于穆孔晖性格耿直，敢于直言和秉笔直书，因此，得罪了时任司礼秉笔太监的大宦官刘瑾。加之穆孔晖又是大学士王守仁的得意门生，王守仁亦与刘瑾交恶，自然而然又加重了彼此之间的厌恶情绪，最终，穆孔晖和大学士刘健、谢迁等五十余人遂被诬陷为"奸党"。穆孔晖遭到排挤，被贬外任，调往南京任南京吏部主事。直到后来刘瑾事发，被凌迟处死，穆孔晖才得以恢复旧职。此后，穆孔晖又曾历任南京国子监司业、左春坊左庶子兼翰林院侍讲学士、南京太常寺卿等职。

正德六年（1511），穆孔晖参与主持礼部会试，次年升任南京国子监司业，恰逢父亲不幸过世，穆孔晖归家丁父忧而未能赴任，丧满，补原职。正德八年（1513），改任翰林院侍讲，充任经筵日讲

---

① 王培荀著，蒲泽校：《乡园忆旧录》卷一，第6页。

官。经筵讲官即如同皇帝的老师，为皇帝讲解经传史鉴。到了嘉靖元年（1522），穆孔晖主持顺天乡试，后又参与纂修《武宗实录》。嘉靖三年（1524），《武宗实录》成，穆孔晖升任左春坊左庶子兼翰林院侍讲学士，掌管翰林院一应事务，并负责撰写诰敕之文，成为皇帝身旁的亲近大臣。次年，又主考武举。嘉靖九年（1530），为嘉靖帝讲解经书时，他取《孟子》最后一章，献言直切时弊，建议任用正直之人、广泛听取臣下意见，"闻者伟之"；他还倡议在文华殿奉先圣先师神位。总之，因穆孔晖学识渊博，阐理精辟，才华横溢，无与为偶，举朝叹服。

嘉靖十年（1531）春，一天早朝，穆孔晖因为昨夜读书太晚，再加之当时正下着大雨，误以为当天的早朝可能免了，因此，刚走到半途，便与其他大臣一道折返回了府邸。岂料想，皇上却早早已经在文华殿召见群臣，当穆孔晖再想赶回朝廷却是为时已晚。他悔恨不已，便"上章自劾"，请求皇上治罪。次日，皇上降下圣旨，因赴阙候讲误期，改任南京尚宝寺卿。后来，穆孔晖亦对自己的这次过失而常常自责。嘉靖十一年（1532），转任南京太仆寺少卿。一年之后，又升任南京太常寺卿。南京太常寺卿属正三品，掌管祭祀、朝会和丧葬等礼仪。嘉靖十三年（1534），穆孔晖因身体多病，上书请辞，皇上应允，遂告老还乡，回到了老家聊城堂邑。从此之后，穆孔晖便"杜门静养，与世相忘"①，著书立说，潜心研究理学。嘉靖十八年（1539），卒于家，享年六十。诰赠礼部右侍郎，谥"文简"。

综上所述，穆孔晖自幼天资聪慧，刻苦好学，博学多才，入仕后，多次参与国史修撰，先后数次主持乡试、会试和武举考试，总

---

① 《明文海》卷四三八，《文苑》，《文渊阁四库全书》（电子版），第74页。

之，他以处世干练、文笔厚重和思辨精到而著称，赢得时人的赞誉。他对理学研究尤为精深，"同时学者，无论趋向异同，一皆宗仰，以为莫及"。其一生著述颇丰，主要有《读易录》、《尚书困学》、《前汉通纪》、《诸史通编》、《游艺集》、《大学千虑》和《玄庵晚稿》等。

穆孔晖的学术思想，基本上继承了王守仁的"良知"说。刚入仕时，他还不肯听信王守仁心学学说，直到正德七年（1512），他在南京受业于王守仁，才开始对王学深信不疑，成为王守仁心学的热心拥戴者和在山东的第一个传播者，并逐渐放弃了多年从事的古文辞研究，"知其无益，弃不复为，乃笃志正学，研究义理，体之身心"①，终于成为王守仁心学在山东的重要传播者，对后来山东地区的心学学者有一定的影响。

穆孔晖反对程朱理学所宣扬的"天理至上"等观点，认为程朱理学多流于空谈，并不能反映儒学的真谛。他把王守仁的心学与传统的佛学有机地结合在一起，形成了自己系统的心学思想体系，发展了王守仁的心学学说。他认为心学的精华应是"空"和"寂"，如果掌握了心学，就能够"随应随寂，如鸟过空，空体弗得"，外物就不能给人以干扰，人也就能达到至高无上的精神境界。穆孔晖因把心学与佛学中的"顿悟说"结合起来而被认为是"学阳明而流于禅"，具有"空灵虚寂"的禅学化倾向。在这种禅学化倾向的影响之下，以聊城地区为中心的北方王学便带有超越与侧重悟性的心学特点。而这种偏重个体的心学特点，使得聊城地区世风发生改变，促使北方王学流传时间较长，心性功夫更加扎实。总体而言，穆孔晖所教授的弟子中除了王汝训外，再也没有十分显著者，可以考见，穆孔晖的心学思想并没有形成自己的特色而成为北方王学主流。诚

---

① 《明文海》卷四三八，《文苑》，第75页。

然，这一境况的形成无不与当时的社会和学术大环境密切相关。然而，也正是在这样的社会和学术大环境之中，才造就出了像穆孔晖这样具有明显禅学化倾向的学术思想特征的心学学者。总之，我们绝对不能否认穆孔晖对于王学北传起到的作用。

第二节　张后觉

张后觉（1503①—1578），字志仁，号弘山，山东聊城茌平县（今聊城茌平县北张楼村）人，明朝中叶儒学名士，后学尊称其为"弘山先生"。据相关史料记载，张后觉"生有异质，事亲孝，居丧哀毁，三年不御内"②。其父张文祥由乡举官至广昌知县，所以，张后觉早年跟随父亲在县学学习。他"状貌魁梧，美须髯，轩眉广颡，见者倾敛。其事亲孝，遇宗党有恩，与人交，恂恂恭让"③。他从教谕颜钥处接触到阳明心学，"闻良知之说"，并对其产生浓厚的兴趣，"遂精思力践，偕同志讲习"④。由于张后觉智力超群，聪明过人，勤奋好学，故颇得阳明心学之要旨。

嘉靖中期，江西贵溪徐樾任山东参政。张后觉得知徐樾为王守仁亲传弟子，于是"率同志往师之，学益有闻"，听徐樾讲"天聪明"之说，豁然开朗，"良知"学问益增。后来，张后觉选中贡生，任华阴县训导，且仕终华阴教谕。张后觉在华阴训导任上，"会地

---

① 关于张后觉生年，除此说外，尚有"1502 年"说，如《历代名人》、《东昌七贤祠中的明七贤》，聊城文化部落（http://whbl.lcxw.cn）。
② 《二十五史》（第十册），《明史》卷二八三，《列传》卷一七一，第 794 页。
③ 钱明主编：《北方王门集》，《张弘山集》卷四，《弘山张先生墓表》，第 669 页。
④ 《二十五史》（第十册），《明史》卷二八三，《列传》卷一七一，第 794 页。

大震，人多倾压死，上官令署县事，救灾扶伤，人胥悦服"①。在任内，恰巧赶上当地发生大的地震灾害，张后觉经得住严峻的考验，不辱使命。面对大灾难，张后觉并没有躲避和放弃，而是临危受命，被委以重任，代理县令。尽管是一个代理县令，他却能一心一意为华阴百姓着想，每每亲临灾情现场，救死扶伤，体恤百姓，不顾及自己的身体，积极参与到救灾当中。他的这些行为深深打动了身边的人，得到属吏和百姓们的一致好评。也正因此，在其仕满归乡之时，华阴县百姓皆夹道泣泪相送，恋恋不舍。

时任东昌知府罗汝芳、提学副使邹善二位皆宗尚陆王心学，与张后觉志同道合。后来，邹善建"愿学书院"，延聘张后觉为山长，自己并亲率六郡儒士师之。罗汝芳则建"见泰书院"，时常延请张后觉前往书院讲习陆王心学，并常常与之商讨学问。后来，张后觉"犹以取友未广"，乃毅然决定"北走京师，南游江左"②，以增广学识和见闻。每到一处，张后觉一定要登门拜访当地名流学士，与其切磋学问。同时，他还利用一切可能的机会，亲自登台讲学授业，传播阳明心学。也正因为这样的交游和研学，不仅自己学问大增，而且也是"门弟子日益进"，有一大批追随者紧随其后，信奉阳明心学，门人弟子可谓遍布大江南北，为国家培养出了一批有用人才。

据史料记载，张后觉仕满归乡之后，由于名声在外，所以，"凡吏于其土及道经荏平者，莫不造庐问业"③。如当时的巡抚李世达就曾经"两诣山居"，而张后觉则"病不能为礼，乃促席剧谈，饱蔬食而去"。在身体状况极其不佳的情况下，张后觉对待来访客人仍能一切从礼而行，不敢有丝毫懈怠，专意于学问的交流，最后尽管是饱

---

① 《二十五史》（第十册），《明史》卷二八三，《列传》卷一七一，第794页。
② 《二十五史》（第十册），《明史》卷二八三，《列传》卷一七一，第794页。
③ 《二十五史》（第十册），《明史》卷二八三，《列传》卷一七一，第794页。

食蔬菜，却仍能使来访者心满意足而归。由此可见，张后觉渊博的学识颇得时人认可。其论学："耳本天聪，目本天明，因物付物，人道乃成。"① 又："良知二字不可分，良就是知，知就是良。良外无知，知外无良，须要识得只是一个"②，"人心不死，无不动时，动而无动，是名主静。"③ 这些皆可以概见张后觉学术之宗旨为阳明心学。

张后觉一生之中不喜作诗，避而不谈禅，亦不事著述，却能够北走京师，南游江左，以亲贤讲学为事，其弟子门生遍布南北各地，成为阳明心学在山东地区的重要传播者之一。万历初，无论是达官贵人，还是文人学士，凡是于当地任以官职或者道经茌平者，莫不登门拜访，皆是满意而去。张后觉家居逾二十年，朝夕琢磨思虑，盖不知其身之不遇与老之将至。于万历六年（1578）七月三十日卒于家，时年七十有六。为纪念这位伟大的乡贤，时郡守李士登遂建专祠祀之。其弟子赵维新记录其问答之语，辑为《弘山教言》一书。可以说，赵维新和其师张后觉二人学脉相承，亦能够身体力行，为后人留下了诸多值得褒扬的东西。

第三节 孟秋

孟秋（1525—1589），字子成，号我疆，祖籍山东聊城茌平（今属山东茌平县）广平乡孟家庄，世祖孟通移居东阿县安平镇（今山东阳谷县张秋镇）孟家海子村。据史料记载，孟秋"生而有大

---

① 钱明主编：《北方王门集》，《张弘山集》卷一，《教言》，第 623 页。
② 钱明主编：《北方王门集》，《张弘山集》卷一，《教言》，第 637 页。
③ 黄宗羲著，沈芝盈点校：《明儒学案》卷二九，《北方王门学案》，第 636 页。

志，慧识过人，读书通大义"①，"赋性端凝"，因此，他"高朗贞介，专意圣学"，"读《诗》、《书》，即通大意，不为训诂所束缚"②，能够用脑子读书，颇有自己的想法和心得。他在少儿之时，便通读了《毛诗》、《尚书》等儒家经典。后来，闻名师邑人弘山先生（即张后觉——引者）夙志阳明心学，专事讲学而大悦，于嘉靖二十四年（1545）往从之，遂执弟子之礼，拜其为师，跟随张后觉学习王守仁的"致良知"之学。总之，孟秋早年因学习"《尚书》，得明目达聪，语洒然有悟。发愤下帷，谢绝一切，即家徒壁立，晏如也"③。后来，又慕名跟随张后觉学习阳明心学，并且成了张后觉最为得意的弟子之一。于隆庆三年（1569），入太学，其学问"日益进"。

隆庆五年（1571），孟秋考中进士，先后任昌黎知县、兵部郎中、刑部员外郎、大理寺评事、尚宝司司丞等职。在昌黎任内，孟秋关心百姓疾苦，真正做到了爱民如子。当时，"昌黎边邑，驿传徭役，粮马鞭甲繁兴，一切为民更始。为之器械以备之，为之警逻以候之，为之城池以御之"④。昌黎百姓被这些额外的负担搞得不得有片刻歇息，他们的日常生产和生活受到严重影响，其困苦状况可想而知。孟秋到任后，访明原委，随后制定具体措施，"省徭役，诘猾吏，察幽隐"，尽职尽责，从各方面来减轻百姓负担，制止胥吏无故扰民，还百姓以公平、公正。在孟秋的领导和治理之下，昌黎县逐渐有了起色，外逃百姓闻声纷纷归家还业。六年之后，当他离任之时，昌黎数以千计的百姓自发地聚集在衙门前，皆流泪挽留，并为他树碑以示纪念。孟秋的这些举措自然得到当地百姓的赞许，

---

① 焦竑：《国朝献征录》卷七七，《尚宝司司丞孟公秋墓碑》，明万历四十四年（1616）刻本，第58页。
② 邹元标：《愿学集》卷六，《奉训大夫尚宝司少卿我疆孟先生墓志铭》，四库全书本，第42页。
③ 焦竑：《国朝献征录》卷七七，《尚宝司司丞孟公秋墓碑》，第58页。
④ 焦竑：《国朝献征录》卷七七，《尚宝司司丞孟公秋墓碑》，第58页。

"掣二百年夙弊一旦,苗薅而发梳之,社稷之利也。父老胥相庆,曰:'吾邑侯其斯谓古之循良也与哉!'其得民之深有如此。"① 孟秋为官处事真的是为民着想。

万历五年(1577),孟秋到大理寺任廷尉,"署廷尉两载,以廷尉天下平谳狱"②,"悉心平反,贤声大著"③。他能够认真对待每一诉讼案件,力争达到最公正和公平。万历七年(1579),孟秋又以兵部职方员外郎的身份督视山海关。此时的大明王朝,已大不如前,朝廷腐败,贪污受贿成风,军纪废弛,关政大坏,守关者乘机以权谋私,对一切过往商旅敲诈勒索,过往百姓则是怨声载道。孟秋到达山海关后,大力整饬军纪,严格关禁纪律,裁减供应,秉公执法,使得"关政一清"。不过,孟秋为官清正廉洁,铁面无私,敢于直言不讳,自然也会得罪那些贪官污吏和不法分子。于万历九年(1581)的京察中,他被一些别有用心者恶意攻击,遂被贬秩,降为吏部考功司主事,舆论为之哗然,许多人为之愤愤不平。孟秋亦深知自己之所以有如此下场,是得罪了大学士内阁首辅张居正。原来,礼部题谥典疏:"(孟秋)尝以兵部主事管山海关。"张居正对孟秋说:"官清是好,但不可讲学。"孟秋随即回应:"惟讲学方能做官。"④ 孟秋义正词严地批驳了张居正的言辞,张居正十分难堪,心中大为不悦。但是,孟秋并没有因降职而产生怨恨,而是心平气和地接受辞官这一事实。回到家乡之后的孟秋,常常是端坐于南草堂中,平心静气,博览群书,并"多所著述"。

孟秋为官十几载,并没有积累下任何财富,可说是一穷二白。

---

① 焦竑:《国朝献征录》卷七七,《尚宝司司丞孟公秋墓碑》,第58页。
② 焦竑:《国朝献征录》卷七七,《尚宝司司丞孟公秋墓碑》,第59页。
③ 邹元标:《愿学集》卷六,《奉训大夫尚宝司少卿我疆孟先生墓志铭》,第42页。
④ 转引自孟传科《孟秋教育思想之管窥》,聊城市情网(http://www.lcsqw.com.cn),2015年1月15日。

康熙九年《山海关志》中记载:"孟秋,山东茌平人,由进士万历七年以兵部主事任。公研精理学,特立独行,蔬布自甘,不殊寒士,平生义利之辨尤严。"①即使在他任官期间,依然是吃青菜,穿布衣,和一般的平民百姓无异。《明史·孟秋传》亦有类似记载:"以职方员外郎督视山海关。关政久弛,奸人出入,自擅秋禁之严,中流言。万历九年,京察坐贬。归途,与妻孥共驾一牛车,道旁观者咸叹息。许孚远(时任福建巡抚都御史——引者)尝过张秋,造其庐,见茆屋数椽,书史狼藉其中,叹曰:'孟我疆风味,大江以南未有也。'"②同样,其《墓志铭》载:"公之归也,与妻孺人共驾一牛车,旁观者掩口笑曰:'昔镇是者黄金满载,身名俱亨。今自苦如此而不得安其位,廉吏安可为也?'公怡然归,陋巷箪瓢,若将终焉。"③后两则史料记载了同一件事,即孟秋在被罢官回归安平之时,竟然与妻子家人共驾一辆破牛车,而没有一件像样值钱的东西,就连平常百姓看罢,亦无不为之慨叹。当时的福建巡抚都御史、大学问家、好友许孚远前来拜访孟秋,看到其家中由几根破椽木支撑的破茅草屋,已经是破败不堪,几近倾倒。而满屋最多者则是大量的典籍,堆积其中,此外,基本上是一无所有。可以说,孟秋每天就是在故纸堆中度过的,许孚远见此,亦感慨万分。孟秋去世,家人竟然买不起一口棺材而无法入殓,最后,还是在其好友的资助下,买来棺材方得入土。天启元年(1621),赐谥号为"清宪"。这是皇帝给予孟秋的最高评价,诚然,这也是孟秋一生最真实的写照。明代著名学者焦竑赞誉孟秋:"笃学力行,苦节清修。以名儒特闻,

---

① 转引自孟传科《孟秋教育思想之管窥》,聊城市情网(http:www.lcsqw.com.cn),2015 年 1 月 15 日。
② 《二十五史》(第十册),《明史》卷二八三,《列传》卷一七一,第 795 页。
③ 邹元标:《愿学集》卷六,《奉训大夫尚宝司少卿我疆孟先生墓志铭》,第 42 页。

以廉吏令终。治县县治，治狱狱理，司马马蕃，司刑刑清，司玺玺慎。投之所向，恢恢乎游刃而解。"①

孟秋为官期间，他十分注重教化和"拔异才"。在昌黎任内，"暇则进诸生三十余人讲良知学，自以俸余馆谷，不费县官钱。谓昌黎（僻）乡先正，刻韩文（即唐代文学家、礼部侍郎韩愈——引者）以视诸生。先生心如太虚，视世界浮云，毫无芥蒂。虽居边围繁邑，未尝一日辍讲。与诸生盟，必先行而后文，制外以兼内。讲肆以端其习，考核以程其规，标的以大其业，宏博以邃其思，抑扬以厉其志，金玉以宣其情，夏楚以鼓其气。久之，士忾然若失也，勃而变，巳翕而从，翻然而革。先生忻忻曰：吾教行矣。又，恂恂与民休息，即不为巧宦犹不失令名。诸台荐以十数上，仅得大理评。去之日，父老泣留遮道，时有鹿衔先生裾，亦若有恋恋者。父老为树碑以识不忘，寻从祀名宦。先生小试于邑，邑皆弦歌也"②。孟秋在闲暇之时，向诸生讲授王阳明的"良知"之学，且常常是自己拿出费用，不费公家一分一毫。尽管如此，孟秋仍然十分喜悦，常常沾沾自喜，但令孟秋最为高兴的则是"邑皆弦歌"，风俗为之大变。

孟秋自幼聪明好学，长大之后更是以书相伴，专意于圣学，探讨学问。如前所述，贫困之时不能改其志，降职之时亦不能改其所愿。后起任刑部主事，仍旧不忘学问，"闭户力学，孜孜不倦"，在京城内名声大噪。他虽仅官居六品，但是朝中一些官阶较高的大官僚亦是"仰若山斗"。在改任尚宝寺丞后，抚台李公戴曾访孟秋于安平乡，竟然宿寺三日，与孟秋屈膝长谈，切磋学问。如"邹聚所、周讷溪官其地，相与印证，所至惟发明良知，改定《明儒经

---

① 焦竑：《国朝献征录》卷七七，《尚宝司司丞孟公秋墓碑》，第60页。
② 焦竑：《国朝献征录》卷七七，《尚宝司司丞孟公秋墓碑》，第59页。

翼》，去其驳杂者"①。总之，"今学士大夫言学者，皆曰齐鲁复有孟子，盖谓我疆先生"②。在学术思想方面，孟秋师承张后觉"现成良知说"，且受好友、同朝为官的孟化鲤影响颇深。所以，孟秋主张王守仁的"致良知说"，反对程朱理学的"存天理，灭人欲"。孟秋承其师，鉴其友，提出自己的思想观点，即"良知速成说"。孟秋不论为官期间，还是归乡闲居，时刻以讲学为己任，他和孟化鲤等人共同创办兴学会，聚徒讲学，使阳明心学在山东、河南等地得到广泛传播，大大加速了王学的北传。因此，孟秋可谓北方王学的领军人物之一。

孟秋一生通览群书，阅古问今，学识渊博，文诗过人，著作甚丰，计有《孟我疆先生集》八卷（明万历版）、《茌平三先生集合刻》（其中有《我疆集》六卷，清康熙年间刻版，行于世。其内容大体分理学、书信、诗词、政事等几个部分）、《潼关卫志》、《二明一脉经》、《明儒经翼》、《战国策略》、《昌黎文选》、《道脉说》、《大道吟》、《志气吟》等。其中，《潼关卫志》十卷，收录于《明史·艺文志》；而《书院学道说》和《观莲说》二书，则收录于《昌黎县志》中；还有"拟学小记录粹序"、"尤先生要语序"和"陕州创建尤先生祠记"三篇均收录于尤时熙《拟学小记续录》一书中③。

第四节　尤时熙

尤时熙（1503—1580），字季美，号西川，自称"西川居士"，

---

① 黄宗羲著，沈芝盈点校：《明儒学案》卷二九，《北方王门学案》，第 636 页。
② 焦竑：《国朝献征录》卷七七，《尚宝司司丞孟公秋墓碑》，第 58 页。
③ 参见钱明主编《北方王门集》，第 347、351、353 页。

人称"西川先生",河南洛阳人。尤时熙"生而警敏不群"①,据史料记载,他年少时秉性灵敏,虽然性格有点孤僻不合群,但却能够潜心刻苦读书。嘉靖元年(1522),乡试中举。此时,王守仁《传习录》一书刚刚问世,遭致许多士大夫的排斥和攻击,但尤时熙看罢,十分惊叹:"道不在是乎?向吾役志词章,末矣。"②对其推崇备至。

嘉靖十一年(1532),尤时熙授河北元氏县学教谕。嘉靖十三年(1534),丁父忧服除,补任山东章丘县学教谕。于教谕任内,尤时熙能够一心一意兴办教育,"一以良知为教,两邑士亦知新建(新建即指王守仁。正德十四年,即1519年,王守仁因平定宸濠之乱军功而被封为"新建伯"——引者)学"③,把自己的所学所思讲授给学子们。不久,尤时熙晋升任国子学正。尤时熙"然学无师,终不能有成",自己常常以不能亲自面受王守仁之教而感到十分遗憾,后来,当他闻听郎中泰和刘魁深得王守仁心学真传,于是,遂拜刘魁为师,系统学习阳明心学。哪曾想天有不测风云,后来,刘魁因直言亟谏获罪而被捕下狱,尤时熙并没有因刘魁遭祸而放弃学习,亦仍是从学不辍,于读书中遇到疑难问题还时常跑到狱中,一边探视恩师,一边向他求教。尤时熙在国子监时,徐阶为国子监祭酒,十分推崇其教学活动,遂命六馆士"咸取法焉"④。

嘉靖二十二年(1543),尤时熙调任户部浙江司主事。榷浒墅关(今属江苏)是明代著名的钞关之一,濒临运河,"上接瓜埠,中通大江,下汇吴会巨浸,以入于海",号称"十四省通衢之地",每

---

① 《二十五史》(第十册),《明史》卷二八三,《列传》卷一七一,第794页。
② 《二十五史》(第十册),《明史》卷二八三,《列传》卷一七一,第794页。
③ 《二十五史》(第十册),《明史》卷二八三,《列传》卷一七一,第794页。
④ 《二十五史》(第十册),《明史》卷二八三,《列传》卷一七一,第794页。

年商税收入十分可观。而户部浙江司主事，就专门负责榷浒墅关收取盐业等专卖税。于任内，他能够秉公办理，"课足而已"，一依规章制度办事。同时，自己亦能够做到清正廉洁，"一介不取"。这样，既保证了国家税收，还保证了工商业者的利益，同时，亦更加促进了当地工商业的发展，也正因如此，尤时熙不仅仅得到朝廷的认可，而且得到工商业主们的好评。当地老百姓甚至还编成了一首民谣，歌颂其德："浒墅滩头无浊水，苏州门外有青天。"嘉靖二十六年（1547），以母老辞官，归隐林泉，遂不复出，居家长达三十八年之久。尤时熙在家乡，"日以修己淑人为事"，且于书斋中"设守仁位，晨兴必焚香肃拜，来学者亦令展谒"①。从此，尤时熙一心一意潜心向学，明道修德，足不履公门，一心研讨学问。同时，他为了家乡的教育事业，设立学校，以聚徒讲学为乐。据史料记载，河洛之间拜其为师者不下数百人，"陕洛间闻其风，担簦而至者百数十人"②。万历八年（1580）九月二十七日，卒于家，终年七十有八。

　　尤时熙门人弟子众多，及门受业者较著名者计有李士元、谢江、陈麟、董尧封、孟化鲤等，而在这些弟子之中，尤以孟化鲤最著，有"后孟子"之称，是其门人后学中杰出代表人物之一。尤时熙平生著述不多，传世者有《拟学小记》六卷、《拟学小记续录》七卷。《拟学小记》为门人李根辑根据尤时熙语录与其著述结集而成，而《拟学小记续录》则为其门人孟化鲤将《拟学小记》中所未收入在内的尤时熙语录和相关文章结集而成。尤时熙另有《圣谕衍》一书，今已亡佚。据相关史料记载，《圣谕衍》一书主要围绕一个"礼"字展开，认为人的行为发乎己，是良知的自然发用。除上述著述之

---

① 《二十五史》（第十册），《明史》卷二八三，《列传》卷一七一，第794页。
② 孙奇逢：《中州人物考》卷一，《理学》，明文书局1991年影印本，第15页。

外，其言论还散见于明清一些文人文集中，其为学颇有质疑精神，"虽师友之言，亦只是培植灌溉我，我亦不以此为家当。……《质疑》，学问起头"①。深奉阳明之学，却不轻易盲从。他这种为学精神深得后人赞许，称其："青出于蓝蓝谢青，斯固王门之所不能囿。"②其学术主张特别强调："论议切于日用，不为空虚隐怪之谈。"③因此，他对一些人只知整日夸夸其谈而不注意自己的行为，甚至"越绳墨自恣"深感忧虑。可以说，尤时熙是阳明心学北传洛阳的第一人，也是完成明代洛阳学术转型的著名哲学家和教育家。

第五节　孟化鲤

孟化鲤（1545—1597），字叔龙，号云浦，河南新安（今属河南洛阳）人。孟化鲤的父亲赠南京户部广西清吏司主事，其为人朴实，刚方果断，善于持家，曾与里中长老立义社，平时对子弟要求尤为严格，孟化鲤就是在这样一个家庭环境中长大成人的。据史料记载，孟化鲤少有远志，"为儿时，嗜读《小学》。八岁读《孝经》、《论语》，十三读《易》，旁通经史，及《左》、《国》、秦、汉"④，八岁时，他就能够诵读《孝经》和《论语》，到十三岁时，便能够读懂《周易》，并且还接触到其他大量经史著述。不仅如此，他还于文庙学习举子之业，"初为文，即自心髓发出，不落蹊径"⑤。孟化鲤对于自己学习和阅读过的一些书本知识，不仅不会忘记，而且皆有自己

---

① 黄宗羲著，沈芝盈点校：《明儒学案》卷二九，《北方王门学案》，第644页。
② 张夏：《洛闽源流录》卷十六，康熙二十一年（1682）刻本，第276页。
③ 《二十五史》（第十册），《明史》卷二八三，《列传》卷一七一，第794页。
④ 钱明主编：《北方王门集》，《孟云浦先生集》，《理学云浦孟先生传》，第546页。
⑤ 孟昭德主编：《孟云浦集》，中国文联出版社2007年版，第5页。

的独到见解和体会,这说明了小小年纪的孟化鲤便知道如何用大脑去思考问题。"年十六,慨然以圣贤自期"①,可见,其具有远大的理想和抱负。

嘉靖三十七年(1558),孟化鲤开始"习举子业于文庙庑中",同时,他还到孟津拜"天中鸿儒"王书山②为师。十七岁时,"里试优其文,补邑学弟子员"。二十岁时,"岁试第一,进为廪善生"。此时,他来到洛阳,在表兄李根的引见之下,见到了仰慕已久的洛阳大儒尤时熙,并拜尤时熙为师,"闻西川尤先生质直力行,倡道淑人,遂往师事之"③。自此,开启了他的阳明心学学术道路。在这之后的十六年时间里,孟化鲤"虽未尝时时侍函丈,然侍之矣或二三日,或五六日,或十余日。聆真切之教,发蒙撤蔀,未易缕数也"④。在此后的许多年里,师徒二人关系可谓十分密切,常常在一起切磋和探讨学问。经过长期的学习和研讨,孟化鲤对阳明心学愈来愈产生了浓厚兴趣。对于王守仁的"良知"之学,他尤其上心,"自是精神打并归一,专心圣学,卓然独立,有欲罢不能,死而后已之意"⑤。

孟化鲤回到新安之后,相继建立了"兴学会"和"文峰会",聚徒讲学,成为当时洛阳一带讲会迅速发展的一个关键人物。可以说,兴学会是孟化鲤在新安创立的第一个讲会,为此后讲会的不断建立和兴盛开了个好头。在兴学会,他不仅亲自制订了《兴学会

---

① 《二十五史》(第十册),《明史》卷二八三,《列传》卷一七一,第794页。
② 王书山,原名王几坤,字惟简,号书山。《孟津县志》载其"负性聪颖,多异才,久试不售。从绛百余人,皆名流"。他虽多次赴试,终未考中,但经地方举荐,先后曾在东平任司训,再任聊城、华州掌教和济南教授,多有政绩。赋闲在家后,创办书院,教授生徒,传播学问。
③ 钱明主编:《北方王门集》,《孟云浦先生集》,《理学云浦孟先生传》,第546页。
④ 钱明主编:《北方王门集》,《孟云浦先生集》卷五,《祭西川尤先生文》,第478页。
⑤ 孟昭德主编:《孟云浦集》,第6页。

约》,同时,还为《兴学会约》写了《序言》:"予新安旧无会。嘉靖乙丑(1565),予获谒西川先生归,始创立以讲学。"① 他自始至终亦是参与讲会其中,"吾邑立会,讲洛阳之学,且十年,始讲于宝云寺,再讲于城南精舍,又再讲于陈仁甫书屋。月三举,未尝辍"②。在这期间,兴学会会址尽管不太稳定,一迁再迁,但孟化鲤始终如一,从没有松懈之志。同时,孟化鲤还在新安创立了文峰会。杨东明为孟化鲤所作《墓志铭》:"乙丑(1565),始拜西川先生门下,……吟弄而归。创文峰会讲,兴起斯文,远近趋门墙受业者甚众。"③ 此时的孟化鲤开始了自己的讲学授徒生涯,教授第一批弟子。在授徒讲学时,亦十分严格要求自己,"居恒度书斋中,不出游,不赴宴会,矩度严肃"。一切中规中矩,依礼而行,从未有违礼的行为。他的行为举止,真的起到了模范带头作用,一时间,新安斯文风起,远近趋之,受业者愈来愈多。看到此情此景,其师尤时熙发自内心地感慨道:"吾道大明于西方。"④

隆庆三年(1569),孟化鲤参加恩诏选贡,应试时,上峰爱其材,想要馈赠于他,却被他力拒:"发轫之始,秋毫无补于时,而损人益己,于心不安。"⑤ 次年,孟化鲤与尤时熙众弟子又作讲会于洛阳城南。十分可惜,其会名失考,只不过在其所撰《拟学小记续录序》中能够窥得一二消息。⑥ 孟化鲤最终以"廷试天下第二"的优异成绩得以"寻游太学"。在太学,孟化鲤结识了山东聊城名儒孟秋。二人相见如故,遂成为莫逆之交,联会讲学,时人号称"二孟"。

---

① 钱明主编:《北方王门集》,《孟云浦先生集》卷四,《兴学会约序》,第437页。
② 钱明主编:《北方王门集》,《孟云浦先生集》卷五,《乐吾刘先生墓表》,第472页。
③ 钱明主编:《北方王门集》,《孟云浦先生集》附录,《明理学云浦孟公墓志铭》,第552页。
④ 钱明主编:《北方王门集》,《孟云浦先生集》附录,《明理学云浦孟公墓志铭》,第552页。
⑤ 孟昭德主编:《孟云浦集》,第8页。
⑥ 钱明主编:《北方王门集》,《孟云浦先生集》卷四,《拟学小记续录序》,第433页。

万历元年（1573），孟化鲤京师游学三年之后，离京回到故乡新安，遂"与里中同志数人，立会讲学"①。就与里中同志数人，立会讲学于邑中城隍庙庭，前来问学者甚众，甚至于当地布衣贾竖也皆知向学，吟咏诗歌，声满函关，当地风俗大为改观。

万历二年（1574），孟化鲤参加了"河南乡试，名在第九"，成了高人一等的举人。此时的孟化鲤更加注重自身的修养，决不允许自己有任何的违礼行为，如先是拒绝任何的馈赠，后又拒绝了"联列科明"一事。万历八年（1580），再"入闱会试"，结果，孟化鲤进士及第。会试结束后，在已经任职山海关的好友孟秋处，又结识了山东聊城的赵空谷（即赵维新——引者），三人可谓志趣相投，常常"共聚论学"。三人相聚论学，使得孟化鲤学问大进，对于阳明心学有了更深刻的了解和认识。与此同时，孟化鲤还结识了时称"三解元"的魏昆溟、顾泾阳、刘仞化（魏昆溟，名允中，南乐人；顾泾阳，即顾宪成，字叔时，无锡人；刘仞化，名廷兰，漳浦人。万历八年，三人皆以解元会魁，联友为会，同志讲学，名重一时——引者）。在随后举行的殿试中，孟化鲤结果又"名在二甲，赐进士出身"。但不幸的是这年九月，恩师尤时熙去世，"先生（即孟化鲤——引者）闻讣，为位，朝夕泣奠，注籍不如公署"②。孟化鲤在家中立牌位祭奠老师，谢绝一切来访，竟然连"时相欲招致，辞不往"。在这期间，孟化鲤仅仅同山阴张阳和（即张元忭，字子盖，别号阳和，越之山阴人——引者）等人有过论学。随后，不幸的是孟化鲤"由进士授南京户部主事。陛辞赴任时，双台翁以疾卒于里"③，依照当时惯例，双亲大人去世，做儿子的是要辞职回

---

① 孟昭德主编：《孟云浦集》，第7页。
② 孟昭德主编：《孟云浦集》，第10页。
③ 孟昭德主编：《孟云浦集》，第6页。

家乡守丧的。于是，孟化鲤立即停止向南京进发，转向回家的路途。一路之上，孟化鲤"哀恸縈踊，绝而苏者再，扶服归，丧制一洗俗尚，尽哀尽礼"①。

万历十一年（1583），丁忧服除，孟化鲤补任户部主事，分管太仓银库。于任内，工作做得有声有色，库银来往账目一目了然；衙内上下皆能"始终相得甚欢"，关系融洽，和睦友善。后孟化鲤又榷税河西务，在任内，孟化鲤同样是尽职尽责，根据实际情况，一边"铲除宿蠹"，整顿吏治，革除旧弊，使其回归正常运转；一边对于那些不合理的旧有习俗亦加以纠正，简化程序，使业务不再像此前那么复杂。除日常政务外，他还利用一些空闲时间，大开讲学之门，与诸生讲授学问知识，传播阳明心学。此后，孟化鲤又先后在济南、直隶、淮阳、凤阳等地为官，同样亦皆有政声，深得当地百姓好评。

万历十四年（1586）冬，母亲去世，孟化鲤依照惯例要归家丁母忧三年。在家期间，他召集朋友弟子，建造"宗贤楼"。孟化鲤时常讲学其中，从学者云集，在一起谈经论道，"月夕日晡，歌声清远，响振溪谷，有春风沂水之趣"②，有如当年孔子讲学舞雩而乐道遂志之遗风。丁忧期满，孟化鲤诠选吏部文选司郎中。当时，朝中内阁权重，每每铨除必先白内阁，吏部则只能俯首听命，形同虚设，而孟化鲤却不如此，一改京察之陋规，中官请托复不应，因此，内阁权臣大为恼火。最终，孟化鲤以阁臣疏救，夺堂官俸，谪杂职，命以原品调外任。但他并没有因此而改变自己的性格与处事方式，不久，又因言官复交章救给事中张栋，"先生推栋补之。上怒，谪

---

① 孟昭德主编：《孟云浦集》，第10页。
② 转引自百城主人《云浦孟先生年谱》，"万历十六年四十五岁"条（http://www.360doc.com）。

先生杂职"①。万历二十年（1592），孟化鲤又被削职，斥为民，与顾宪成、邹元标（邹元标，字尔瞻，号南皋，江西吉水县人，明代东林党首领之一，与赵南星、顾宪成号为"三君"——引者）一起被遣回乡。孟化鲤得知去职消息，"容色宛如平日"，并无半点难色，遂办理好交接手续，起程返家。收拾完毕，回家行囊，仅有一驴一仆，闻者莫不嗟叹。一路上，常常"微服乘驴就民舍处"，近家之时，看到自己的弟子才渐渐"有喜色"："不得志于时，其徒亦足以相乐云。"②孟化鲤居家，未建一间房，未置一分地，依然居住在祖上所遗旧房三间，可谓家徒四壁，穷困潦倒。同僚张岐东过其宅，见其状，为之感动不已，遂赋诗一首："不见孟公宅，数椽风雨颓。犹闻携一仆，燕地骑驴回。朝看石藓碧，暮看石藓碧。有心碧外云，常留万顷白。"③时洛阳知府张问达见状，遂亦以四十金馈赠，让县里送达，孟化鲤则坚持不受，不得已贮之县库以备赈济之用。就连知府所送诗集亦坚决予以退还，他认为这也是"受不以义"，即一扇、一香、一茶、一果亦不能受，真正做到了一尘不染。他的这一做法，得到朝廷和儒林同道的高度赞扬，左都御史邹元标在《孟公墓碑》中称："皎皎我公，吾道冠冕。流风余韵，百世之师。"就连天启皇帝也称其"浑金璞玉，师表人伦"。

自此以后，"先生里居，日坐小斋中批阅坟籍，等闲不出户庭"④，大兴书院和讲会，聚徒讲授，"谭说圣真，炉锤后学"⑤。万历二十三年（1595），关中冯从吾（冯从吾，字仲好，号少墟，西安府长安人，万历十七年进士，与袁可立、高攀龙同科，官至工部尚书，

---

① 黄宗羲著，沈芝盈点校：《明儒学案》卷二九，《北方王门学案》，第647页。
② 孟昭德主编：《孟云浦集》，第14页。
③ 转引自百城主人《云浦孟先生年谱》，"万历二十二年五十岁"条（http://www.360doc.com）。
④ 孟昭德主编：《孟云浦集》，第14页。
⑤ 钱明主编：《北方王门集》，《孟云浦先生集》卷首，《刻孟云浦先生集叙》，第361页。

创办关中书院,人称"关西夫子"——引者)补官北上,路过新安时,专门拜访了孟化鲤。此后二人就"未发之中,发而中节之和"句,进行书信往来,不断进行切磋和探究。孟化鲤还创建了著名的川上书院,立讲会,建两贤祠,供奉曹端①与尤时熙二位先贤,聚集图书,网罗俊杰,与学者讲习不辍,以讲学传道为业。孟化鲤还专门为书院著《川上会簿序》一文,其中有云:"吾党每月会川上凡三日,可谓知讲学矣。试时一反观,不善果尽改乎?闻义果即徙乎?德果修乎?如是而讲,方谓之真讲;如是而学,方谓之真学;如是而会,方谓之真会。"②因此"四方之士闻风负笈,若陕、渑、嵩、永、洛、孟、汝、罗、秦、晋,联翩而至,无虑数百人"③,来自洛阳周边广大区域内的学者则达数百人,川上书院俨然成了洛阳地区的学术和教育中心。

万历二十五年(1597),孟化鲤因染疾不治而卒,终年五十有三。崇祯三年(1630),巡按河南监察御史李日宣具疏,奉旨照周(即周敦颐——引者)、程(即二程,程颢和程颐——引者)、张(即张载——引者)、朱(即朱熹——引者)专祠特祀。作为明代中后期北方王学的重要代表人物之一,与程颢、程颐、邵雍、司马光、曹端、尤时熙一起被尊称为"伊洛七贤"。总之,孟化鲤一生对出仕为官并没有多少兴趣,而大多时间和精力则是用在了以学会友,传道授业解惑,同时,还结交了许多志同道合的朋友,如与山东孟秋谈学论道,相交莫逆,二人"如冰壶秋水,两相辉映,以扶

---

① 曹端(1376—1434),字正夫,号月川,河南渑池人。明初著名的学者、理学家。其学以躬行实践为务,而以存养性理为大端,对理学重要命题多有修正、发挥,被论者推为"明初理学之冠"。
② 钱明主编:《北方王门集》,《孟云浦先生集》卷四,《川上会簿序》,第439页。
③ 钱明主编:《北方王门集》,《孟云浦先生集》,《理学云浦孟先生传》,第548页。

家传于不坠,可称北地联璧"①,学问相长。孟化鲤一生,亦培养出一批弟子,其中也不乏名士,如张信民、王以悟、上官捷科等亦能传其衣钵,他们或以名宦显世,或为河洛名儒,皆为国家和社会做出了应有的贡献。

孟化鲤以传授阳明心学为己任,尤时熙曾赞叹:"吾道西矣!"②名儒吕维祺:"在权则清贪墨之风,在铨则抑奔谒之途,在里则以恬淡古朴为里俗先。……溯源渊者,伊洛为洙泗嫡派,而先生崛起,上接月川(即曹端——引者)之钵,近振西川(即尤时熙——引者)之铎,程、邵以后,一人而已。"③作为"洛西三先生"之一的孟化鲤,在洛阳一带与同仁创建书院,大兴讲会,传播阳明之学,使洛阳成为当时王学北传两大主阵地之一。而在"洛西三先生"中,孟化鲤为尤时熙弟子,同时,又是吕维祺的老师,可以说,他在阳明心学北传洛阳过程中是一位承上启下的人物,起到了至关重要的作用。

孟化鲤一生著述甚丰,今存主要著作计有《尊闻录》、《孟化鲤文集》、《孟云浦先生文集》等。弟子王以悟著有《孟云浦先生年谱》一书。今人孟昭德主编有《孟云浦集》一书。据黄虞稷《千顷堂书目》记载,孟化鲤尚著有《读易呓言》、《春秋正旨》、《孝经要旨》、《理学功臣言行录》、《名贤卓行录》④、《诸儒要录》等典籍。另据吕维祺"理学孟云浦先生传"一文载,孟化鲤尚有《焚黄葬冠仪礼注》一书。惜今皆已亡佚,具体内容不得而知。

孟化鲤弟孟化鲸,名云潮,字鼎戊,亦是著名的理学家。早年,

---

① 黄宗羲著,沈芝盈点校:《明儒学案》卷首,《师说》,第11页。
② 钱明主编:《北方王门集》,《孟云浦先生集》,《理学云浦孟先生传》,第548页。
③ 钱明主编:《北方王门集》,《孟云浦先生集》,《理学云浦孟先生传》,第548—549页。
④ 钱明主编《北方王门集》一书《理学云浦孟先生传》中,所列几部著述为《读易寐言》、《理学功臣言行条》、《名贤卓行条》等,名字稍稍有些差别,第549页。

跟随兄长师事尤时熙，笃学力行，并与王以悟、吕新吾、张抱初等理学名儒相与论学。孟化鲤去世之后，"公继其志"，孟化鲸继续主持川上书院，搜刊遗书。去世时，年七十有四，配享川上书院。

第六节 杨东明

杨东明（1548—1624），字启昧，号晋庵，别号惜阴居士，归德府虞城（今属河南省商丘市）人，明朝著名理学家，有"理学的北方代表"之美誉。据史料记载，杨东明生而颖秀、沉毅、敦固，少年老成，六岁时开始读书，十八岁中秀才，二十九岁中举。到万历八年（1580），杨东明考中进士，授中书舍人。他一生除仕宦之外，还刻苦研读，究心于理学，"于俗儒训诂外别有玄悟，屹然理学大儒也"[①]。

万历十二年（1584），父亲去世，杨东明丁忧回家乡，三年服满，阙补原官，因遇考选，由于才干优异授礼科给事中。在任内，杨东明能够恪尽职守，曾经先后上《保安圣躬疏》和《慎终疏》等，皆能秉笔直言，只可惜最终皆未被采纳。这一结果，使得杨东明心灵上遭受到很大打击，他心灰意冷，遂萌生辞官之意，于万历十八年（1590），他毅然上疏，请求告假回乡。杨东明告假回乡，并非是自己懒惰，不愿意牺牲自己去为他人做实事，事实是在回家归隐之后，他一直以积极的心态为家乡做一些力所能及的事情。譬如他一边潜心学问，研讨理学，一边设立社仓，为民办实事；又先后成立"同善会"、"广仁会"；举办敬老活动，赈济灾民；倡导善德义

[①] 河南省虞城县志编纂委员会：《虞城县志》，中州古籍出版社1996年版，第130页。

行，布德施惠。杨东明先是在城内设立同善会，一年之后，又设立了广仁会。同善会设立初衷有二：其一为散财行善，其一为教化民众。万历三十年（1602），杨东明于冬季施粥时专门创作《训民俚言》，让家童在施粥时大声朗诵，唱给当地百姓们听，其中有："贫人听知，都要学好。为甚受贫，积福不早。"又："上天眼明，看得分晓。肯做好人，衣食不少。"① 想方设法对当地百姓进行道德教化。

万历二十一年（1593），杨东明东山再起，先任礼科给事中，后补吏科、刑科右给事中，礼科左给事中。其间，他直言敢谏，甚至冒着生命危险先后多次上疏朝廷，其中如《请停系逮疏》、《保全善类疏》、《优处良吏疏》、《条陈营务疏》、《救降夷山查疏》、《东事疏》、《播事疏》、《饥民图说疏》等。这些疏文大多是据实直言，切中时弊，益国益民，深受朝廷上下称道。是年，黄河突发大水，虞城张堤口岸决堤，使得齐、梁、淮、徐等地一片汪洋，水灾连连。灾区内出现了"人相食，骨相枕，民死十之七八"的悲惨景象，千里原野，荒无人烟。时朝中大臣、封疆大吏和言官们，为了保全自己，皆三缄其口，避而不谈，更不敢直言上疏皇帝。刚刚东山再起的杨东明看到此情此景，本性不改，再一次不顾及生命之安危，连夜起草奏章《饥民图说疏》，急切上奏皇帝。《饥民图说疏》共用十四幅生动形象的图解详细说明当时百姓生活状况，计有"水淹禾稼"、"河冲房屋"、"饥民逃荒"、"夫奔妻追"、"卖儿活命"、"弃子逃生"、"人食草木"、"全家缢死"、"刮食人肉"、"饿殍满路"、"杀二岁女"、"盗贼夜火"、"子丐母溺"等。每一幅图画主题鲜明，内容具体，生动形象，并配有简洁的文字来加以解释，以说明灾情真相。

---

① 钱明主编：《北方王门集》，《山居功课》卷一，《训民俚语》，第819页。

如"饥民逃荒"图:"这负行李涉水的,都是逃荒的饥民,他在途间风雨中安身,泥水里度日,将男抱女,身饿力疲,指望他乡或能存恤,不期流民甚众,到处难容。乞食而人不肯予,庸工而人不肯留;无奈匍匐还乡,大半死于道路。"①

如"全家缢死"图:"这几株树,乃是先臣马文升之林。有一起逃荒饥民,一家大小男女七口,走到林中歇息,肚饥力倦,不能前进。商量着将十五岁女儿卖了,女儿挽娘衣哭不忍舍。又要将一儿一妇卖了,儿妇跪倒地下,扯住父母痛哭不去,举家痛心抱头大哭一场,齐在树上缢死。丢下两岁孩儿,扒天扒地,声声叫娘,无人应答。"②

又如"饿殍满路"图:"这暴露的尸骸,都是冻饿死的饥民,缘系流寓,无人收埋,都拉在城郭外万人坑中,鸟食狗吞,肢骸散乱,甚可痛心。今春气透发,臭秽熏人,恐蒸为厉疫,死亡更多。这都是国家的赤子,赖他以为根本,耗伤若是,可无寒心。"③言辞凄凉悲惨,使人心痛难忍。"疏入,神宗恻然,传示两宫圣母、中宫皇后省览,莫不泣下"④。万历帝阅罢,好久沉默不语,最终还是恻隐之心大发,马上下达旨意,蠲免受灾百姓租税,并迅速调拨救济银三十万两,粮十万石,山东、河南等地百姓活命者达数十万口。

万历二十三年(1595),杨东明升任吏科都给事中。于任上,他能够"秉公自矢,激扬澄叙,不枉不阿"⑤。后来,因上疏弹劾右都御史沈思孝而与沈关系交恶,又因立持阅卷与总裁张相国不合而产生矛盾,恶人先告状,终于触怒皇帝,遂降为陕西布政司照磨。杨

---

① 转引自梁园处士《〈饥民图说疏〉惊醒神宗"醉梦"》(http://www.360doc.com)。
② 转引自梁园处士《〈饥民图说疏〉惊醒神宗"醉梦"》(http://www.360doc.com)。
③ 转引自梁园处士《〈饥民图说疏〉惊醒神宗"醉梦"》(http://www.360doc.com)。
④ 河南省虞城县志编纂委员会:《虞城县志》,第131页。
⑤ 河南省虞城县志编纂委员会:《虞城县志》,第131页。

东明则无怨无悔，"奉命躬往"，但因"关中当事者逆，止之于途，公始领差归"①。杨东明在途经新安时，受大儒孟化鲤之邀，讲学于川上书院，据说与会听讲者竟达七十余人。在川上书院，杨东明不仅与书院师生就"中行章"进行问辩，同时，他还把"虞城会会约"提供给川上书院，帮助其完善"兴学会"和"川上会"会约。

杨东明回归故里，从此，家居长达二十六年之久。杨东明"归而兴学讲道，弟子执经问字者百余人。所与往复问辩者，如邹南皋（即邹元标，字尔瞻，号南皋，江西吉水县人，明代东林党首领之一，与赵南星、顾宪成号为"三君"——引者）、冯少墟（即冯从吾——引者）、吕新吾（即吕坤，字叔简，号新吾，宁陵人，万历二年进士——引者）、孟我疆（即孟秋——引者）、刘兑阳（即刘应秋，字士和，号兑阳，明代探花，江西吉水县人——引者）、耿天台（即耿定向，字在伦，别号楚侗，人称天台先生，晚明黄安县人，明代著名理学家——引者）、张阳和②（即张元忭——引者）、魏见泉（即魏允贞，字懋忠，南乐人，万历五年进士——引者）、杨复所（即杨起元，字贞复，别号复所，祖籍广东归善，为晚明泰州学派代表人物——引者）、徐匡岳（即徐即登，字献和，又字德峻，号匡越——引者）、马见素诸君子，疑义相析，累千百言"③。杨东明在归里之后，和当地名儒一起出地捐资在虞城县西郊创办了一所学馆，名为"折柳亭"，以作为四方学子求学之所，由此，为家乡培养出了一批读书识字的有用人才。万历三十四年（1606），杨东明与弟弟杨东光再次捐资重新修葺县学，为学子的学习场所和学术

---

① 河南省虞城县志编纂委员会：《虞城县志》，第131页。
② 检核《虞城县城》，仅此处为"张和阳"。但在《孟云浦先生集》的"目录"和"正文"中皆为"张阳和"，同时在黄宗羲《明儒学案·浙中王门学案》中有"侍读张阳和先生元忭"一文。据此可以推知应为"张阳和"，而"张和阳"为误。
③ 河南省虞城县志编纂委员会：《虞城县志》，第131页。

文化的传播提供保障。总之，杨东明在家乡与诸君共同发展教育和研讨学问，名气大增。

万历二十九年（1601），河南一带大雨连绵不断，使得黄河水患连连不断，甚至河水几漫大堤，家乡虞城老城危在旦夕，时遭贬秩赋闲在家的杨东明亲自率领众乡亲，日夜守护在大堤之上，和百姓一起来加固大堤，"厉气而作"，"昼夜无间，猛风暴雨骤至，无所避"，连续奋战五昼夜，最终，保住了黄河大堤，没有发生溃坝而造成大的水灾。为了防止黄河水患再次发生，杨东明召集乡亲，出谋划策，决定利用黄河大堤两岸地理优势，兴利除弊。最终，决定新开一条防洪渠道。于是，在他的亲自带领之下，地方官吏和全县百姓一起，日夜奋战，开凿了一条自县境黄河大堤之下，长达三十多公里、流域面积达四百多平方公里的排洪除涝工程——虬龙沟，积极有效地防止了黄河水患。

万历三十九年（1611），杨东明响应大学士张居正的改革，推行"一条鞭法"。首先，在全县范围内清丈田地。据光绪《虞城县志》记载："乡绅杨晋庵（即杨东明——引者）……自万历三十九年腊月举事，抵次年五月终告竣，得地一千八百一十九区，而原额尽复。凡所称影射、蚕食诸弊，一扫而清矣。"① 其次，划定界限，杜绝争端。"先生又虑疆界不明，岁久弊作，乃宗宁陵《清田录》，令邑中地分为十四乡，各有定，在四隅各筑土墩，立界石，树榆柳杂木，彼疆此界，条理井然。"② 可见，这次清查土地取得了很好的效果。最后，杨东明还对役法进行改革。如其中的"软抬"，即"乃取前项诸大差役悉计应费若干，务足其用，令概县均摊，命曰软

---

① 光绪《虞城县志》卷八，《艺文志·均田清税说》，中州古籍出版社1996年版。
② 光绪《虞城县志》卷八，《艺文志·均田清税说》。

抬"①。此法,"始自(万历——引者)三十五年,迄(万历——引者)三十七年三岁间,民相安,差亦无累,举向所称赔累难支之弊,若扫而除矣"②。同样,这一举措收到良好的效果,民大悦之,皆相安无事,社会安定。

天启元年(1621),杨东明又创建"首善书院"。首善书院是在"折柳亭"基础之上建立而成的,规模大大超前。书院建成之后,杨东明不仅亲任书院讲席,而且为书院延聘名师,如宁陵吕新吾、吉水邹南皋、三原冯少墟、其弟杨东光等。当时著名学者皆曾前往助学,招揽后生前来学字、习文、读经,"接引后学犹如子弟",以至于"执经问字者数百人"③。同时,来首善书院与杨东明共同研讨学问、交流学术和思想的还有许多著名学者,如杨复所、孟我疆、耿天台、张阳和、魏见泉、徐匡岳、马见素等名士。因为众多名士和儒学传人在此聚会交流,首善书院成了明兴二百年后阳明学派北方活动的中心之一。明末诗人张宾王曾经著有《游都谏杨晋庵老师折柳亭诗》:"花到盛开知已至,酒因微醉交情和。"④即是当时学问和思想交流情景的真实写照。

杨东明反对空谈,注重实践,主张"言必行,教育者必先行",以身作则,严格要求自己。他的座右铭是:"植万古纲常,需立定自家地步;做两间事业,须推开物我藩篱。"⑤还有"道脉来千年,都不任,却教谁任;志趋由一念,肯加功,终有成功"⑥。杨东明居家,"不以杜门养性为高,而济人利物日无暇晷"⑦。杨东明在家乡并没有

---

① 光绪《虞城县志》卷八,《艺文志·软抬重差说》。
② 光绪《虞城县志》卷八,《艺文志·软抬重差说》。
③ 河南省虞城县志编纂委员会:《虞城县志》,第91页。
④ 转引自东亮《明代直臣杨东明》(http://blog.sina.com.cn)。
⑤ 转引自东亮《明代直臣杨东明》(http://blog.sina.com.cn)。
⑥ 转引自东亮《明代直臣杨东明》(http://blog.sina.com.cn)。
⑦ 河南省虞城县志编纂委员会:《虞城县志》,第132页。

养尊处优，而是积极兴利除弊，为百姓谋福利，做了不少的好事。如加固城墙、修葺学宫、巩固河堤、建立庙宇、开凿沟渠、设置义仓等，而且，如果"人有冤抑未伸者，必力为昭雪，不求其知"①，大公无私地积极为家乡百姓做出自己应有的贡献。

万历末年，崛起于东北的满族迅速发展壮大起来，满洲贵族率领清兵频频叩关，杨东明闻讯，慨然有请缨之志，积极上疏，仅经抚按疏荐达者就有二十余次之多，终于，在光宗泰昌元年（1620），升任太常驻寺少卿。从此，杨东明结束了这段在家乡归隐赋闲的恬淡生活。熹宗天启元年（1621），杨东明升任光禄寺卿。此后，又升任南京通政使、刑部右侍郎、刑部左侍郎等职。当时，宦官魏忠贤欲诛佟卜年，而杨东明署部事，拟坐其流放二千里。此时，给事中成明枢等人亦乘机摭他事连劾杨东明。无奈，杨东明不得已遂引疾乞归。天启四年（1624），卒于家，终年七十有七。崇祯元年（1628），追赠刑部尚书。

综上所述，可以清楚地看出杨东明一生大部分时间在京任谏官，天性使然，居官正直，从不计较个人得失，常常因性情耿直而得罪一些内外大臣，亦常常因敢于直谏而冒犯天颜，这使得他的仕途一路坎坷，两进两退。他把"君子于朝善政，居乡善俗"②作为自己的座右铭。在任礼科、刑科给事中时，杨东明曾先后向皇帝上书数十次，皆能够切中时弊，因而举朝仰望，赞其有"凛凛丰骨，如日月行天，有折槛碎阶之风"③。

杨东明一生著述甚丰，计有《性理辨疑》、《金台会语》、《青琐荩言》、《兴学问答》、《京营纪事》、《晋庵论性臆言》、《饥民图说

---

① 转引自东亮《明代直臣杨东明》（http://blog.sina.com.cn）。
② 河南省虞城县志编纂委员会：《虞城县志》，第 273 页。
③ 河南省虞城县志编纂委员会：《虞城县志》，第 131 页。

疏》、《山居功课》、《咏学十首》、《闲居咏怀》等。其中,《性理辨疑》、《兴学问答》、《金台会语》等皆已亡佚。他还先后校正《性理》、《太极》、《西铭》等儒家典籍。

第七节 南大吉

南大吉(1487—1541),字元善,号瑞泉,陕西渭南县人,明代关学重要学者之一,为心学大儒王阳明弟子。据史料记载,南大吉幼年时期颖敏好学,年龄稍长便能够读书为文,尤其通晓《礼》和《易》等儒家经典。正德五年(1510)中举,正德六年,考中进士,遂授户部主事,后历任员外郎、郎中、浙江绍兴府知府等职,但不久又致仕。在其入仕这段短短的时间内,南大吉亦能够尚友讲学,并"渐弃其辞章之习,志于圣道"①,孜孜以求圣贤之学。嘉靖二十年(1541),南大吉去世,终年五十有五。

南大吉出任绍兴知府的具体时间,相关史书语焉不详,而冯从吾所著《关学编》一书则有"嘉靖癸未知绍兴时"句,而"癸未"则为嘉靖二年(1523),由此,我们则可以推断,于嘉靖二年南大吉则已出任绍兴府知府。另外,王守仁所著"送南元善入觐序"一文则为"乙酉"所作,"乙酉"为嘉靖四年(1525),这年,南大吉仍在绍兴知府任。另外,乾隆《绍兴府志》中载:"南大吉,字元善,渭南人,嘉靖二年任。黄绾,字子贤,息县人,嘉靖五年任。"②由此可见,南大吉在绍兴府知府事至少有三年多的时间。绍兴府地处越地,据王守仁"送南元善入觐序"一文可明白知道,当时的越地,

---

① 冯从吾著,陈俊民、徐兴海点校:《关学编》卷四,中华书局1987年版,第51页。
② 平恕等撰:《绍兴府志》卷二十六,《职官志》,台湾成文出版社1975年版,第603页。

是"巨奸元憝,窟据根盘,良牧相寻,未之能去。政积事隳,俗因隳靡……凶恶贪残,禁不得行,而狡伪淫侈,游惰苟安之徒,亦皆拂戾失常"①。当地民风习俗彪悍,各种恶行肆虐,风气日下,以致"相与斐斐缉缉,构谗腾诽;城狐社鼠之奸,又从而党比翕张之,谤遂大行"②。面对这一情形,南大吉于绍兴知府任内,不顾气候恶劣和各种恶行肆虐,以及自己体弱多病的状况,励精图治。据《越中杂识》一书记载:南大吉于绍兴任内,能够锄奸兴利,政尚严猛,善任事,不避嫌怨。属吏有被诬者,必为洗雪;郡有大盗,素为郡要所庇,翻置之法;有学士侵吞王右军、谢太傅故地,悉剖归其主;运河被势家所侵,责令疏而复之。③总之,南大吉于任内解决了一干前任所没能解决的老大难问题,为当地老百姓做了诸多好事,受到朝廷和百姓褒扬和赞许。

南大吉于绍兴任内又尝倾心于当地的水利工程,如疏浚郡河,开通上灶溪,修筑陂塘以备旱涝,以遗福利于后世。绍兴府地处南方,境内河道纵横贯穿域内,为绍兴府境内的重要经济命脉所在,因此,历代善治越者皆以疏浚河道为急,视其为第一要务。南大吉到任后,看到当时的河道堵塞严重,船只常常滞留无法通行。究其原因,方知河道两岸被一些临河而居的人家不断侵占吞食,搭建庐舍等各种建筑,府河河道因此不断变窄,往来船只经常被堵塞于此,过往商人和当地百姓皆是怨声载道,渴望能够加以浚通,使河道畅通无阻。南大吉在经过实地考察充分了解实情之后,下令清除两岸违法建筑,疏浚河道。在实施行动之前,首先发布告示,公示于

---

① 王守仁原著,施邦曜辑评:《阳明先生集要》,《文章编》卷一,《送南元善入觐序》,第837—838页。
② 王守仁原著,施邦曜辑评:《阳明先生集要》,《文章编》卷一,《送南元善入觐序》,第838页。
③ 悔堂老人:《越中杂识》卷上,《名宦》,浙江人民出版社1983年版,第50页。

众，但并没有达到预期的效果和目的，反而遭受到一些别有用心者的毁谤和诬告。南大吉并没有因此而动摇和放弃，而是下严令疏浚河道，府河由此得到治理，过往船只畅通无阻。上灶溪是位于绍兴城的若耶溪上游的一条支流，为"万峰之瀑交注之处"，但河面由于长期得不到有效治理，使得舟楫难行，因此也和府河一样，被两岸的一些富豪们强行霸占，据为己有，如乱建埠头、踏道和篱舍等，这严重地影响了船只通行和两岸百姓生活，过往商旅船只和两岸百姓亦是怨声载道。南大吉下定决心对灶溪展开集中彻底整治，他不顾富豪的埋怨、詈骂和诽谤，限期自行拆除违建，恢复其原貌，否则，再由官府强制拆除。于绍兴府任内，南大吉又重修禹庙，兴建碑亭，立大禹陵碑，并亲自题"大禹陵"三字。

与此同时，在这几年期间，南大吉还与座师王守仁交往密切，通过交流与切磋学问，其思想发生了深刻变化，二人之间也建立起了深厚的友谊。南大吉于正德六年（1511）中进士，王守仁为其座主，又具有了师生之谊，关系更加密切。据说，当初南大吉并不相信王守仁学说，久之，乃被其学说深深吸引。嘉靖元年（1522）春，年已五十的王守仁辞官归居绍兴，于城西光相坊的阳明书院讲学。次年，南大吉任绍兴府知府，到任后，往复于府衙和阳明书院，殷勤问学。为了更好地使先生讲学和传播学术，南大吉到任后办的第一件大事即是重修稽山书院，以为老师王守仁讲习之所。

稽山书院原系北宋著名学者范仲淹知越州时所创立，此后，南宋理学大家朱熹曾经讲学于此，故稽山书院闻名遐迩。后来，书院年久失修，破败不堪。南大吉到任后，委派山阴县令吴瀛对其进行重修，并在书院后面筑"尊经阁"。阁成，南大吉请王守仁为之著"尊经阁记"一文。书院竣工之后，王守仁移至稽山书院讲学，南大吉则"聚八邑彦士,身率讲习以督之,而王公之门人日益进"①,如"萧谬、杨汝荣、杨绍芳等来自湖广,杨仕鸣、薛宗铠、黄梦星等来自广东,王艮、孟源、周冲等来自直隶,何秦、黄弘纲来自南赣,刘邦采、刘文敏等来自安福,魏良政、魏良器等来自新建,曾忭来自泰和。宫刹卑隘,至不能容。盖环坐而听者三百余人"②。建立尊经阁,其目的是在强调儒家学术:"经正,则庶民兴;庶民兴,斯无邪慝矣。"他坚信"民亦非无是非之心",从讲学入手,"启之以身心之学",令四方才俊后生读书其中。③

嘉靖元年(1522)春,王守仁辞官归居绍兴,专心从事授徒讲习。南大吉次年赴绍兴府任,经常到王守仁处求学和探讨学问,王守仁也不吝赐教。如王守仁告诫他说"政在亲民",于是,南大吉就把府署莅政之堂命名为"亲民堂",并且说:"吾以亲民为职者也,吾务亲吾之民,以求明吾之明德也夫!"④也正因此,当南大吉于浚河中被诬告之时,王守仁便写下《浚河记》一文为其正名:"未闻以佚道使民而或有怨之者也。"⑤后来,此文被刻石立于府河岸边。其文主要记载了南大吉治理城河的整个过程以及倡导、守护正义的议论,简明扼要,立意高远,把深刻的道理以通俗的语言表达出来,弘扬了正义,鞭挞了丑恶,针砭了时弊。

为了更好地学习和传播阳明学说,南大吉专门雕刻《传习录》一书。南大吉特别推崇王守仁《传习录》一书,对其文尝"朝观而

---

① 冯从吾著,陈俊民、徐兴海点校:《关学编》卷四,第52页。
② 束景南、查明昊辑编:《王阳明全集补编》卷四,《年谱》三,上海古籍出版社2016年版,第44页。
③ 王守仁原著,施邦曜辑评:《阳明先生集要》,《文章编》卷二,《稽山书院尊经阁记》,第860页。
④ 王守仁原著,施邦曜辑评:《阳明先生集要》,《文章编》卷二,《亲民堂记》,第860页。
⑤ 王守仁原著,施邦曜辑评:《阳明先生集要》,《文章编》卷二,《浚河记》,第883页。

夕玩，口诵而心求"①，对其"良知之说"也是"自信之笃"。他认为《传习录》一书所阐发的"道"，"置之而塞乎天地，溥之而横乎四海，施诸后世，无朝夕人心之所同然者也"②。于是，遂让弟弟南逢吉"校续而重刻之"，以传诸天下。于嘉靖三年（1524）十月，南逢吉校订续刻《传习录》，刻于浙江绍兴，分为上、下两册。上册即《初刻传习录》，下册则为王守仁论学书信九篇，即《答徐成之》二书、《答顾东桥论学书》、《启周道通书》、《答陆元静》二书、《答欧阳崇一》、《答罗整庵少宰书》、《答聂文蔚》等，后面尚附有"示弟立志说"和"训蒙大意"两个部分。当时，朝廷主程朱理学，贬抑陆王心学，南大吉"以身明道"，校订并续刻《传习录》，于王阳明心学传承之功则不言而喻。钱德洪曾经描述当时之状况："元善当时汹汹，乃能以身明斯道，卒至遭奸被斥，油油然惟以此生得闻斯学为庆，而绝有纤芥忿郁不平之气。斯录之刻，人见其有功于同志甚大，而不知其处时之甚艰也。"③也正是在南大吉的影响之下，"各邑之士亦渐以动，日有所觉而月有所悟"④，风气大为改变，绍兴当地科举由此兴盛。

南大吉因此也受到当地士绅乡人的广泛认可，称其"严父"、"慈母"、"真吾师矣"。在任内，由于一些改革和活动触犯了一些既得利益者，南大吉遭致报复，最终，腾谤京师，竟由是以罢官回归故里。南大吉于入觐临别之日，绍兴士民则自发聚集起来，沿街相送，满面垂泪，如同失去自己的老父母一样，久久不忍离去，有人甚至出谋划策，想通过其师王守仁来劝说以达到挽留他的目的。

---

① 王守仁：《王阳明全集》，《静心录》十，《序说·序跋增补》，学苑音像出版社2002年版，第119页。
② 王守仁：《王阳明全集》，《静心录》十，《序说·序跋增补》，第119页。
③ 王阳明著，阎韬注评：《传习录》中，《钱德洪序》，江苏古籍出版社2001年版，第123页。
④ 王守仁：《王阳明全集》，《悟真录》三，《外集》四，第966页。

回归家乡陕西渭南之后，南大吉创办了"湭西草堂"（即湭西书院——引者），大力传播阳明心学，以教四方来学之士，故南大吉可称之为将阳明心学传入关中的第一人。南大吉在湭西草堂讲授王守仁的"致良知"之学。后来，学子们多学有所成，据史料记载，大多数学者后来"位至方岳、文行名世，与人和而有容，当官任事则毅然有执，且性孝友，居丧执礼"①，得到时人的一致好评。王守仁亦如此评价："关中自古多豪杰，其忠信沉毅之质，明达英伟之器，四方之士，吾见亦多矣，未有如关中之盛者也。然自横渠之后，此学不讲，或亦与四方无异矣。自此关中之士有所振发兴起，进其文艺于道德之归，变其气节为圣贤之学，将必自吾元善昆季始也。今日之归，谓天为无意乎？谓天为无意乎？"②对于南大吉返回关中讲学，王守仁认为这是老天有意安排的。这是天意，天意是不可违背的。其弟逢吉、侄轩在其影响之下，亦"皆所教成立"。冯从吾认为："文成公门人虽盛，而世传其学者，东南则称安成邹氏，西北则称渭上南氏。"③冯从吾将邹守益和南大吉并列为王守仁之学在东南和西北的两位重要传承人，则是有其道理的。南大吉在回归家乡后的十几年里，一直都是在潜心研讨学问和从事教学活动，直至去世。

南大吉编撰有《渭南志》一书，这是渭南历史上的第一部县志，亦为明代关中八大方志之一。其手抄本现藏上海图书馆，刻本存于台北故宫博物院。除此之外，南大吉还著有《绍兴志》、《少陵纯音》和《瑞泉集》等书。

---

① 焦竑：《国朝献征录》卷八五，《绍兴府知府南大吉传》，第 26 页。
② 王守仁：《王阳明全集》，《静心录》三，《文录》三，第 63 页。
③ 转引自刘学智《南大吉与王阳明：兼谈阳明心学对关学的影响》，《中国哲学史》2010 年第 3 期。

第三章 北方王门后学之学术特色

北方王门后学皆为当时著名的理学家，是阳明心学的执着追随者，但他们并非纯粹为学术而学术，其最终目的是为了经世致用，以挽救明王朝的危亡。明中期以后，各种社会矛盾逐渐加剧，内阁倾轧，宦官专权，皇帝和一大批权贵带头兼并土地，致使全国土地高度集中，民屯、军屯遭受严重破坏。同时，财政危机不断加深，明政府也在不断加重各项赋税、徭役和地租。与之相适应，还有历代统治者想做好可又永远无法解决的流民问题等。这一切，使当时一些具有眼光的官僚和开明的士人知识分子痛心不已，纷纷为这个破败不堪的国家找寻着新的出路，北方王门后学即是他们其中著名的代表团体之一。

北方王门后学深刻地意识到，明王朝政治极其败坏，奢靡腐朽之风盛行，宦官、朋党等各种弊端显现，要想挽救日趋没落的明王朝，首先就必须要改革政治，改变腐朽的统治制度。而当时的北方王门后学，他们首先想到的是除通过自己的实际行动外，就是要利用思想文化观念来纠正时弊，讲究实学、实政，由学术而政治，从儒家经典中寻找理论依据，潜移默化，来改变这个社会局势。而北方王门后学清醒地意识到，此时占据思想统治地位的程朱理学，根本就起不到应有的指导作用，可以说传统的朱子学说已经走到了尽头。而这时正在蓬勃兴起的阳明心学学说，则恰恰适应了这一社会现实。于是，他们积极地学习和研讨阳明心学，努力倡导其发展了的"良知"之学,注重践履,以心学学说传布天下,以服务于当时的国家和社会,达到预期的理想目标和效果。

诚然,大多数北方王门后学有名于当世,一方面是得益于他们的学术建树,即他们对于王守仁"良知"说的承继与发展,他们对阳明心学北传做出的巨大贡献,改变了北方地区学术之风气。另一方面,他们大多于家乡或他处创办书院,建立讲会,广收门徒,或聘请知名学者,或亲自登席讲授阳明心学,大开讲学之风气。他们还通过讲会和书信往来切磋和研讨学问,传播阳明心学,为国家培养了一大批有用之才。同时,他们传授知识乃是以其扎实的学术研究为基础的,推动了北方学术的发展,以不同的方式影响和作用着国家与社会。而且,北方王门后学对后世的影响,以及其历史地位的奠定,更是离不开他们的学术研究和学术传承。

第一节 对"心"内涵的探索

"真心"即真实之心,指人本心内在的德性,具有真实性,为回归真实的世界提供理论上的可能,是儒家所要达到的"内圣外王"的伦理道德原则。陆九渊在其哲学思想中提出了"心即是理"的思想,认为"心"自身即是"理"。王守仁继承并发展了这一学说,进一步提出"心外无理"和"心外无物",并且,他进一步认为,"致良知之心"必须"诚切专一"[1],即指"诚意"而言。他又曾经说:"意,即是行之始矣。"[2] 心意不仅要"诚",而且要"专一"才

---

[1] 王守仁原著,施邦曜辑评:《阳明先生集要》,《理学编》卷四,《答魏师说书》,中华书局2008年版,第304页。
[2] 王守仁原著,施邦曜辑评:《阳明先生集要》,《理学编》卷三,《答顾东桥书》,第203页。

可，也才能够"行"，最终才能够开始做事情，才能够把事情做好。这即是王守仁所主张的"诚意说"。"真心诚意"是为人之根本，亦是做事之根本。同样，北方王门后学大都继承了王守仁这一思想，讲求"真心"、"正心"和"诚心"。

穆孔晖把人之心分为"肉心"、"心"和"心之体"等。他说："此肉心也，不可以语心之体。"又说："肉心者，神明之舍，非神明也。以其中虚者方寸，故神明居之。则其方寸中之虚而无形者，即心也。"① 由此可知，"肉心"为神明之舍，"心"为"肉心"中包藏神明的虚者方寸，而其对"心之体"，则未进行深入的阐述。但是，穆孔晖又曾经用镜子来比喻"心之体"，他说："鉴照妍媸而妍媸不着于鉴；心应事物而事物不染于心，自来自去，随应随寂，如鸟过空，空体弗碍。"② 这样看来，"心体"就如同镜子一样，应事物而不著于事物。总体而言，穆孔晖把王守仁的"心学"与传统的佛学结合在一起，发展了王守仁的心学学说；他把心学与佛学中的"顿悟说"结合起来，反对程朱理学所宣扬的"天理至上"的观点，认为程朱理学多流于空谈，并不能反映儒学的真谛。穆孔晖还认为心学的精华应是"空"和"寂"，如果掌握了心学，就能够"随应随寂"了，外物就不能给人以干扰，也就能达到至高无上的精神境界。在这种禅学化倾向的思想学说影响之下，以东昌为中心的北方王学带有超越与侧重悟性的心学特点，而这种偏重个性的心学特点，也使得当时聊城地区世风发生改变，促使北方王学流传时间较长，心性功夫更加扎实。

穆孔晖这一观点与佛教禅宗神秀所谓的"心如明镜台"尤为相

---

① 钱明主编：《北方王门集》，《大学千虑》，《论明明德》，第 7 页。
② 钱明主编：《北方王门集》，《大学千虑》，《论释正心修身章》，第 25 页。

似。也正因如此，黄宗羲于《明儒学案·北方王门学案》中如是评价穆孔晖："先生学阳明而流于禅，未尝经师门之锻炼，故《阳明集》中未有问答。"① 后人亦以此视之为王学"引禅入儒"的有力罪证之一。就此而言，亦恰恰说明了穆孔晖学术思想体现出了早期北方王门弟子的一些共同特点。在当时的北方，尤其是齐鲁大地，程朱理学的影响非同小可，北方学界刚刚接触到阳明心学，即处在一个初识期。在这一情形之下，他们并没有简单地跟风接受，而是亲身探索和体验，穆孔晖就是其中之一。比如穆孔晖在其所著《大学千虑》对"大学之道"的阐释，对"修身、齐家、治国、平天下"之要旨皆强调"格物致知"，他认为："见《大学》之道以'格物致知'为急也。盖能格物致知，则知所止矣。而后有定者，意诚矣。而后能静者，心正矣。而后能安者，身修矣。而后能虑者，齐家治国平天下之事审矣。而后能得者，始能止于至善，《大学》之能事毕矣。"② 可见，穆孔晖心学思想并不算十分浓厚，在很大程度上还处于"述朱"阶段，也正因如此，穆孔晖的理论成就和学术影响也是相当有限，但他毕竟开启了先河，为后来的学者完成学术转向发出了先声。

张后觉承继了王守仁所创立的"良即是知，知即是良"的"良"学思想体系，从而由"良"引发出其"真"来。他认为："今之所谓良即昔之所谓真，最是最是。但真有天人，真出于天，正是良。真自人为，都是妄。出于天者，此中光光净净，无分毫渣汁，物来则顺应之而不穷。真自人为，虽不虚诈，便有自以为是的意思在，

---

① 黄宗羲著，沈芝盈点校：《明儒学案》卷二九，《文简穆玄庵先生孔晖》，第635—636页。
② 钱明主编：《北方王门集》，《大学千虑》，《论'知止而后有定'一节总括一书大义》，第8—9页。

便不可以语良矣。"① 张后觉所语的"良",就是过去所讲的"真"。"真"与"良"一样,都是光光净净地来,是先天固有的,是现成的。如果人们自以为是,那么就不是"良",也就不"真"了。

如何才能够体察到"真心"呢,张后觉则认为就是要从"良心"上来体察。《弘山教言》卷一记载:有举"朱陆异同"之说者,先生回答:"汝辈且于自家良心上体察,莫在儒先上体察。良心之所同者,吾同之。良心之所异者,吾异之。儒先之同异,求之可也,不求可也。区区于朱陆之异同,乃于自家良心置之不顾,是自异也,非君子之学。"② 意思是说,要想体察一个人的"真心",首先就要从自家的良心上来体察,不要理会儒先的"真"。"君子之学"其实就是指"为学",张后觉认为"为学"就是要有"真心",心有不真,终日讲授,还是不真,而就是假的。

张后觉还用"真心"来解释孔子"仁"的思想。有一次,弟子问张后觉"出门之心",他回答道:"见大宾、承大祭不是加意敬谨,但此时只是真心。然出门无人是心之易纵时也,我去使民是心之易遑时也,故独以出门、使民言之。出门之心如见大宾之心之真,使民之心,如承大祭之心之真,时时处处,此心真切,将己所不愿欲的勿施于人身上,在邦无怨那邦人,在家无怨那家人,这个就是仁了。"③ 在这里,张后觉实际上是借鉴了"亚圣"孟子"仁是人心"的观点,但仍然是以"良学"来回答"仁"。"良"是本体,人能体此"良"字,自然本体灵明,人也就自然能够做到真心。在这里,张后觉的"真心"主要是指求儒家之道、行儒家伦理之心,虽然从表面上看来,其宗教性气息十分浓厚,但事实上仍未脱离儒家之本色。

---

① 钱明主编:《北方王门集》,《张弘山集》卷一,《山中会语》,第637页。
② 钱明主编:《北方王门集》,《张弘山集》卷一,《〈大学〉圣经议》,第632—633页。
③ 钱明主编:《北方王门集》,《张弘山集》卷二,《昌黎学道堂讲语》,第645—646页。

孟秋师从张后觉学习"良知"之学。后来在京城,他一以会友,讲学论道,潜心从事理学研究。当时,朝中孟秋有一同姓好友、吏部文选司郎中孟化鲤,二人过往甚密,经常在一起切磋学问,黄宗羲称其为"二孟"(即孟秋、孟化鲤——引者),说二人如"冰壶秋水,两相辉映,以扶家传于不堕,可称北地联璧"①。因此,孟秋的学问承袭其师,鉴其友,其撰写的学术著作汇集刊刻在《孟我疆先生集》一书中。从《孟我疆先生集》中亦能够充分体现出孟秋的思想特点。其中,最重要的是:"论心则嗤血肉非是,论未发则曰中节为中。谓志仁无恶乃作圣之准绳,谓克己复礼岂去欲之憧憬?"②于此,孟秋所说的"论心则嗤血肉非是",即是指"心无方无体,凡耳目视听,一切应感皆心也"③,"心"并非指血肉之躯,他们强调的是"端本澄源"和"会道以心"。孟秋认为"心"并非是血肉之心脏,而是"真心"、"赤子之心"。可以看出,他所指的"心"既非物质性的心脏,也不是气质之心,而是精神性的心。

孟秋所谓"论未发则曰中节为中",即他不同意程朱所提出的"存天理,灭人欲"和"一念不起"的观点,而是认为"人欲"是客观存在、覆灭不了的。"人欲无穷",表面上没有发生什么,而实际上已经存在了,"终身去欲,终身多欲",主张"致良知,去私欲",强调修身、正心、诚意、致知、格物,净化心灵。他说孔门学唯"志仁",不论"克己",他认为圣人之学就是心学也,"自身之神明谓之心,自心之发动谓之意,自意之灵觉谓之知,自知之感应谓之物。心、意、知、物,总而言之一身也。正者正其身之心也,诚者诚其心之意也,致者致其意之知也,格者格其知之物也。

---

① 黄宗羲著,沈芝盈点校:《明儒学案》卷首,《师说》,第 11 页。
② 钱明主编:《北方王门集》,《孟云浦先生集》卷五,《祭我疆先生文》,第 480 页。
③ 孙奇逢:《理学宗传》卷二五,山东友谊出版社 1989 年版,第 670 页。

格致诚正，总而言之修身也。道无二致，一时俱到，学无二功，一了百当，此一贯之道也"①。总之，孟秋是以其人品来立身，以其文章来立世的，皆为时人所称许。在学术思想上，他极力反对程朱理学的"存天理，灭人欲"，赞成王守仁"致良知"之学说，要求自己严格遵守其师张后觉所提出的"良即是知，知即是良，良外无知，知外无良"②之说。可见，孟秋对"良知"的追求，要求人们不必太苛刻，只要尽心地去领悟即可，"良知未有不现成者"，同意其师张后觉的"现成良知说"。他主张："人欲无穷，去一日，生一日；去一年，生一年；终身去欲，终身多欲，劳苦烦难，何日是清净宁一时耶！"③为了说明自己的观点，他举了一个防备盗贼的例子："家无长物，空空如也，吾且高枕而卧，盗贼自不吾扰，又何用未来则防，即来则逐乎？"④大致意思是：如果家中没有任何贵重物品，那自然就可以高枕无忧，又何必防备盗贼呢！可见，其追求的正是"良知速成说"。这一观点恰恰与佛教禅宗的"顿悟说"极其相似，也正因如此，后人称其学问为"禅学化的王学"⑤。

赵维新师承王守仁的再传弟子张后觉，万历十八年（1590），整理其师往日教学语录，以"述先生之意而传先生之神者也"⑥。由此亦可以看出，赵维新严格恪守先生之学，所以，他的心学观点具有浓厚的重"心体"和"透性"工夫论色彩。他认为"心体"包含"道心"、"本心"、"良心"和"人心"等。实际上，这些用一句话来概括，就是儒家的"道心"。而其"透性"功夫就是通过这种种的

---

① 黄宗羲著，沈芝盈点校：《明儒学案》卷二九，《尚宝司少卿孟公秋》，第638页。
② 黄宗羲著，沈芝盈点校：《明儒学案》卷二九，《尚宝司少卿孟公秋》，第637页。
③ 黄宗羲著，沈芝盈点校：《明儒学案》卷二九，《尚宝司少卿孟公秋》，第637页。
④ 黄宗羲著，沈芝盈点校：《明儒学案》卷二九，《尚宝司少卿孟公秋》，第638页。
⑤ 彭耀光：《明代中后期山东王学研究的回顾与前瞻》，《海岱学刊》2016年第1期。
⑥ 钱明主编：《北方王门集》，《感述录》卷首，《感述录序》，第683页。

"真"与"善"去除心中各种"杂念",让"心体"回复到一种"纯白"状态当中。他说:"本体无念也。随感而应,应而不留,念而无念也。如鉴之未照,初无妍媸之分也。及其既照,亦不留妍媸之迹也。与物俱化,鉴未尝有也,本体如鉴之无迹焉,则廓肤也。"①他又说:"本体纯白,无纤毫之翳。反观亦纯白无翳,便是不疚。即此不疚,内境坦然顺适,便是无恶。一点清明,惺惺常在,便是天体充融,便自人不可及。"②可见,赵维新意识到一个人所面对的社会环境是复杂多样的,既存有"正能量",同时,社会上也存有很多的"负能量",所以,这就要求人们必须"存天理,灭人欲",加强自身的道德修养,回复本心和至善的良知心体。

赵维新心学的亮点和精深之处还在于他把"真心"延伸到"善"上。他认为"真生命"、"真生活"、"真学问"就是"善"。他曾经指出:"不计事之有无,常是一尘不挂,则真体常在我矣。"③"学问只在本体做,不必在事端上模拟,不必在物理上揣量。本体精明,则事皆性之事,性明而事自理。"④"本体"即"心体","性体"是"心体"的工夫,目的是回复到人的天性,回复到至善上。此时的"心"就是"本心"、"心体"、"真心"、"善心",赵维新把道德主义的宗旨生活化和自然化了,这就自然而然地抬升了儒学生活的意蕴。后世诸多学者亦认为,赵维新之所以将"真"和"善"紧密相连或许和他长期生活在乡村有直接的关联,乡下自然生活的恬淡、贫苦、安闲,又远离世俗,很容易让他的思想带有儿童般的"天真",从而由"真"向"善"发生转化。这种真实存在的现实生活,让赵维新

---

① 钱明主编:《北方王门集》,《感述续录》卷一,《同春第一》,第742页。
② 钱明主编:《北方王门集》,《感述续录》卷一,《持己第三》,第750页。
③ 钱明主编:《北方王门集》,《感述续录》卷一,《同春第一》,第739页。
④ 钱明主编:《北方王门集》,《感述续录》卷一,《透性第二》,第747页。

的思想带有一层道家思想学说的色彩。

孟化鲤亦认为人之心即是"浩然之气",而"浩然之气"则是"集义"所成。他曾经这样说:"集义者,即乎心之所安,不学不虑,感而遂通者也。"①他又说:"人者天地之心,而人之心即浩然之气,浩然者感而遂通,不学不虑,真心之所溢而流也。"②他还认为"心即性","性即心","心性一也"。他说:"《大学》言心不言性,非遗性也,心即性也。若以其言心而遂目《大学》非尽性之书,可乎?《中庸》言性不言心,非遗心也,性即心也。若以其言性而遂目《中庸》非传心之书,可乎?推之《论》、《孟》、五经,或单言,或并言,词有攸当,理非二致。由是观之,心性之一彰彰矣,夫何疑?"③最后,孟化鲤总结道:"万物皆心也。"由此可见,人之"心"是万物之本原。他说:"孔门罕言心,其言孝、言仁、言行、言政学、言天地万物,莫非心也。"④诚然,所谓的"天地万物"则无所不包,既包括物质世界的一切,又涵括了人们的整个精神世界。这一切皆是由"圣人精神"之心所产生的,舍此无他。

王道初师事王守仁,"阳明以心学语之",但后来王守仁对其并不满意,说王道"自以为是,无求益之心"。⑤王道后又从学于湛若水,学习"随处体认天理",其学仍然"亦非师门之旨"。⑥因此,可以知道王道之学虽出于心学,却最终又脱离了心学,其论学不仅与其二位导师各不相同,却对师说又时有批判,在一定程度上挣脱了心学的藩篱。总之,王道之学不囿于师说,不存门户之见,能够

---

① 黄宗羲著,沈芝盈点校:《明儒学案》卷二九,《北方王门学案》,第648页。
② 黄宗羲著,沈芝盈点校:《明儒学案》卷二九,《北方王门学案》,第648页。
③ 钱明主编:《北方王门集》,《孟云浦先生集》卷一,《与孟我疆》,第379页。
④ 邵松年:《续中州名贤文表》,鸿文书局石印本,清光绪三十年(1904)。
⑤ 黄宗羲著,沈芝盈点校:《明儒学案》卷二九,《北方王门学案》,第635页。
⑥ 黄宗羲著,沈芝盈点校:《明儒学案》卷三七,《甘泉学案》,第1036页。

独立思考，博采众家之学。

第二节 对"良知"说的发展

"良知"人人皆有，这是一般人都认可的，而且可以找到经验上的依据。王守仁的"良知"范畴来自于孟子的"心性说"。孟子是我国先秦历史上最为著名的"性善论"者，他指出："恻隐之心，人皆有之；羞恶之心，人皆有之；恭敬之心，人皆有之；是非之心，人皆有之。"① 孟子认为人的道德品质如"仁"、"义"、"礼"、"智"等乃是人性中所固有的，是与生俱来的，即人生来就具有善心。孟子还说："人之所不学而能者，其良能也；所不虑而知者，其良知也。"② 他认为"人性"是善良的，"良知"、"良能"作为"不虑而知"、"不学而能"的东西，也是人性中先天固有的。王守仁的主要理论是"致良知"，所谓"致吾心之良知于事事物物"③，强调"致"的功夫。这一学说到了后来传到泰州学派那里，便被去掉了"致"字。如泰州学派创始人王艮则这样认为："天性之体本是活泼，鸢飞鱼跃。"④ 所谓"天性之体"亦即是"良知"。王艮把重点放到对"良知"本体的体悟上，可以说，这是一种强调自由发挥个人天然本性的人生观，是对阳明心学的一大发展。

北方王门后学亦讲"良知"，但情况却有所不同，因人而异。如穆孔晖也讲"良知"，但却极少提及，可见，"良知"在其思想体

---

① 杨伯峻译注：《孟子译注》卷十一，《告子章句上》，中华书局 1960 年版，第 259 页。
② 杨伯峻译注：《孟子译注》卷十三，《尽心章句上》，第 307 页。
③ 王阳明著，阎韬注评：《传习录》中，《答顾东桥六》，第 133 页。
④ 王艮：《重镌心斋王先生全集》卷三，《语录》，明万历刊本，海豚出版社 2018 年版，第 26 页。

系中并不占据多么重要的地位。他曾说:"盖本其所以生者,因其良知以启其心,又使知欲报之恩。"① 这是穆孔晖在论证圣王以"孝"治世时所语。他还指出:"此性之得于天者独切,非由于人为,故以之启其良知而欲推广之耳!"② 穆孔晖在这些论述中皆提及"良知",十分明显,这仍然主要是来源于先秦大儒孟子的"良知"、"良能",却并没有像阳明心学中对"良知"那样展开细致的讨论。

张后觉曾师从徐樾,而徐樾是王艮的得意门生,所以张后觉的"良知说"或多或少受到泰州学派的影响。张后觉又曾师从洛阳大儒尤时熙,尤时熙是北方王门学派中"洛阳学派"最主要的代表人物之一。经过不懈的努力学习和不断进取,张后觉学问日渐进步,曾有当代学者这样认为,张后觉创建起了"以良知为本体,在日常生活中践行良知"的"良学"体系。③ 张后觉学术上的造诣,也使得他影响益广、声望渐高。据史料记载,当年"凡吏于其土及道经茌平者,莫不造庐问业"④。他的得意门生赵维新将张后觉教学授徒所言汇编成《弘山教言》一书,其影响更加深刻地渗透到弟子门人的内心之中。隆庆五年(1571)的状元张元忭,有一天,专门拜访了张后觉的得意门生孟秋,二人促膝交谈,在交谈过程中,孟秋就曾先后引用老师的话多达十几次,这令张元忭十分吃惊,感慨不已。孟秋并且向张元忭推荐了《弘山教言》一书,张元忭读罢,不禁慨叹:张后觉在学问方面"不玄远、不牵强",真正得到了"心学"之要旨。由此可见,张后觉不仅汲取了泰州学派之精华,亦深得洛学之要旨,自感体悟,最终提出了自己的"现成良知说"。

---

① 钱明主编:《北方王门集》,《大学千虑》,《论释齐家治国章》,第32页。
② 钱明主编:《北方王门集》,《大学千虑》,《论释齐家治国章》,第31页。
③ 转引自《无一言不契于心学的张后觉》,聊城新闻网(http://www.lcxw.cn),2015年10月13日。
④ 《二十五史》(第十册),《明史》卷二八三,《列传》卷一七一,第794页。

张后觉的"现成良知说"来自于自然本体，且无所不包。张后觉认为："天然自有之谓良，良乃真我。"① 他又说："良是人心原来自然本体，光光净净，无丝毫人为的意思。一有心为善，就算不得良了。"② 由上我们可以清楚地看出：张后觉认为一个"良"字就可以包括所有一切了。他还说："'良知'二字不可分，良就是知，知就是良。良外无知，知外无良，须要识得只是一个。"③ 他认为只说一个"良"字，即必说"知"字，一说到"良"，而"知"一定就自在其中了。而"良知"是先天固有的，是现成的，也就是所谓的"现成良知说"。

比如：他以善待自己的父母和"事君"为例。有一次，门人向他问"贤贤"章。先生曰："此就良上看。吾人只良处见贤就贤，而轻易其好色之心，事父母就能竭尽其力以事之，事君就能委致其身以事之。二'能'字，良能也。诸云：'委致其身，谓不有其身也'，未稳。不有其身，何以事君？只是致极吾身以事之而已矣。'"④ 在这里，"致"字含有"保全"之意，意思是讲只有先保全住自己，才能在君主面前行事。那么，如何才能够保全自己，在君主面前行事呢？他认为只有竭尽自己的全力去孝顺父母，只有从"良"处着手，人能体此"良"字，自然本体灵明，日觉有益，自然就能够成为"贤"，能够做到"贤"了。当然，我们亦十分清楚，张后觉于此所讲到的，自然亦是为当时统治阶级政治服务的。大明王朝到了中后期，总体表现为一种衰败景象。政治腐败益烈，土地兼并加剧，边疆危机四伏。这一切皆加剧了社会风气的进一步恶

---

① 钱明主编：《北方王门集》，《张弘山集》卷一，《山中会语》，第636页。
② 钱明主编：《北方王门集》，《张弘山集》卷二，《语录》，第640页。
③ 钱明主编：《北方王门集》，《张弘山集》卷一，《山中会语》，第637页。
④ 钱明主编：《北方王门集》，《张弘山集》卷二，《语录》，第645页。

化，人们的社会价值观和伦理道德观念遭到极大的破坏。作为朝廷命官，要如何挽救愈来愈堕落的大明王朝，张后觉开始忧虑、焦急和深思。最终，他认为首先要从人们的头脑中，从人们的思想上，从人们的"良知"当中去寻找答案，以自己的"良知"、"良能"来辅佐贤明的皇帝，促使最高统治者加大对社会现实的改革决心，改变国家破败的局面；以自己的"良知"、"良能"来教化天下百姓，促使广大百姓竭力孝顺父母，去爱长辈和他人，来改变社会风气，使国家朝一个好的方向不断发展。总之，不管如何，张后觉的"现成良知说"还是具有一定的社会现实意义的。

另外，张后觉的"天理人欲"观也充分体现出了他的"现成良知说"。一次，有门人问张后觉："天理要存又存不来，人欲要去又推不去，如何？""存天理，灭人欲"原本是宋朝理学大家程颐、朱熹首先提出的。程颐说："人心，私欲，故危殆；道心，天理，故精微。灭私欲则天理明矣。"[①]朱熹亦认为："圣人千言万语，只是教人存天理，灭人欲。天理明，自不消讲学。"[②]他们二人皆认为人的一切欲望皆是罪恶的根源，因为一个人一旦有了欲望，就会产生各种邪恶的念想，然后才会去做不好的事情，所以人的欲望是违背"天理"的。为了不违背"天理"，就必须想方设法来消灭人的欲望，使人不至于做出不合"理"的事情来。面对这一问题，张后觉回答道："汝只在良上用工夫，久之，天理不待存而自无不存，人欲不待去而自无不去。若有心存天理、去人欲，则存者未必存，去者未必去，徒自憧憧往来耳，非学也。存天理、去人欲，只是一件

[①] 程颢、程颐：《二程遗书》卷二四，《文渊阁四库全书》（电子版），迪志文化出版有限公司2003年版，第50页。
[②] 黎靖德编：《朱子语类》卷十二，中华书局1986年版，第184页。

事，存得天理在，人欲自然去了。"① "天理"存，"人欲"去，只要存在了"天理"，"人欲"自然就会消失了。他还认为，"天理"即为"良"，只要在"良"这一"天理"本体上用工夫，那么，人的所有欲望就会化为乌有，人的行为也就符合"理"了。如此看来，这一解释多多少少带有形而上的色彩，但张后觉用"天理"与"人欲"的关系来阐述他的"现成良知说"，亦算是贴切恰当。

孟秋一生通览群书，阅古问今，才思敏捷，学识渊博，精通理学，著述甚丰。其学术思想方面，尤以"心"学而著称，提出了许多具有划时代意义的理论观点。相传，孟秋是亚圣孟子的第五十七代孙，他和老师张后觉一样遵从"亚圣"孟子的"性善论"学说，与北方王学之"洛阳学派"中的孟化鲤是同窗好友，又听其师讲授"天聪明"而洒然有悟，主张"克己去欲"，提出"良知速成说"。

在学术思想方面，孟秋能够精研儒家哲学思想，尤为致力于传承孟子学说，其见解十分深邃。孟秋特别强调道德的先天性，这与孟子的"性善"之说遥相呼应。孟子认为人性必须是有别于动物之性的，即"人之所以异于禽兽者"。他认为人生本来就具有"善端"，即在人的意识中有一种先验的"善"的萌芽，这是人之异于禽兽的本质特征，所以说"善"是人的本性。孟子认为，人的"善端"包括"恻隐之心"、"羞恶之心"、"恭敬之心"和"是非之心"。"四端"就如同人有"四肢"一样，是与生俱来的。比如你突然看到一个小孩子要掉到井里去，便会毫不犹豫上前去抢救。这样做并不是因为你和这个小孩的父母有什么交情，也不是为了获得什么好的名声，而只是出于一种对别人痛苦、危难的同情心。即所谓的"不忍人之心"或"恻隐之心"。据此，孟子认为，这种"善端"，

---

① 钱明主编：《北方王门集》，《张弘山集》卷二，《语录》，第641页。

是"仁"、"义"、"礼"、"智"等道德观念的萌芽。从这个意义上讲:"仁义礼智根于心",可见,仁义并不是后天学习、思虑的结果,而是与生俱来的。总体而言,孟秋一方面继承了先祖孟子的"性善论",另一方面又继承了其师张后觉的思想学说,尤其是他听到张后觉讲"天聪明"便洒然顿悟,心胸一下子豁然开朗。所谓"天聪明",就是说人一生下来就是耳聪目明、善于感悟一切的,只是后天的所见所闻、经历的事事物物蒙蔽了这一"灵明";反之,人们要想不受蒙蔽,那自然而然地就是要加强自己内心的道德修养,保持"善端"的不丧失。

孟秋在学问上可谓是继其祖,承其师,极力主张王守仁"致良知"说,反对程朱理学"存天理,灭人欲"。他认为:"人欲无穷,去一日,生一日;去一年,生一年;终身去欲,终身多欲,劳苦烦难,何日是清净宁一时耶?"① 他赞成"良知说",认为"良知未有不现成者"。为了说明自己的这一观点,他曾列举过一个防备盗贼的例子,他说道,如果"家无长物,空空如也,吾且高枕而卧,盗贼自不吾扰,又何用未来则防,即来则逐乎?"② 孟秋还曾经说:"仁者只在近处做,不在远处求;只在理上做,不在去欲上求。"③ 可见,关键之处只要把握住一个"良"字即可,也就不必再费力劳神地去克己去欲,即所谓的"良知速成论"。他认为人的欲望是无法消除的,因为每个人的欲望皆是无穷的,想要彻底消灭人的欲望是不可能的,而企图消灭欲望的人,却往往是欲望最多的人。孟秋承认人的欲望的存在,所以,他提出当个人的私欲和国家社会利益相冲突时,一定要客观对待,冷静思考,主张修身去欲。孟秋这一学说

---

① 黄宗羲著,沈芝盈点校:《明儒学案》卷二九,《尚宝司少卿孟公秋》,第 637 页。
② 黄宗羲著,沈芝盈点校:《明儒学案》卷二九,《尚宝司少卿孟公秋》,第 638 页。
③ 王传明:《孟秋》,转引自中共阳谷县委宣传部编《景阳冈》,2009 年第 1 期。

对于"存天理，灭人欲"的程朱理学是一大发展，对其师张后觉的"天理存，人欲自然去"的观点也有所突破。

总之，孟秋尊重事物的客观规律，实事求是地看待"天理"与"人欲"之间的关系，紧紧抓住一个"良"字，强调"良知"的"先天性"和"显在性"，主张发现"良知"并积极付诸行动，追求良知速成。他主张"存天理，去人欲"，承认人的欲望是存在的，对待人欲的观点是客观的，这对于打破当时程朱理学思想的束缚，与同时代那些虚伪的传统士人知识分子相比较而言，其思想具有一定的时代进步性。

同样，孟化鲤亦对"良知"一说进行了探索和思考。孟化鲤于"良知"方面，可以说是继承了程颢及王守仁的良知思想。他认为，"良知"是纯洁无瑕的，一个人由于私欲在作祟，于是，便出现了厌烦忧苦等诸多情绪，要扫除人们的私欲，就必须"复吾心体"，他说："易论天地，只曰大生广生。论天地之心，只曰复，盖天地大德曰生，复即生也。言生言复，而心见矣。"[1] 孟化鲤认为，人心，即是人的"良知"，本来是纯洁无瑕的，由于个人的私心欲望而产生污垢，需要加以清洗才行，即洗涤掉人心上的各种污垢，最终达到精神的最高境界。因此，他说："江汉以濯之，秋阳以暴之，圣人之洗心；日知其所亡，月无忘其所能，是贤人洗心；见善则迁，有过则改，是学者洗心。安勉不同，其归一也。"[2] 而在"格物致知"方面他认为要以求诸自身为主，他说："圣人之学，格物之学也。格物之学为己之学也。"他还认为："为己之学，格物之旨也。"[3] 要认识"良知"，不必外求，反求诸身可也，即从自身主观来找寻，不必

---

[1] 邵松年：《续中州名贤文表》。
[2] 邵松年：《续中州名贤文表》。
[3] 邵松年：《续中州名贤文表》。

求之于外部客观世界。可见,孟化鲤的"良知"之说,直接来源于其师尤时熙。时人曾评价:"溯渊源者,伊洛为洙泗嫡派,而先生(即孟化鲤——引者)崛起,上接月川(即曹端——引者)之钵,近振西川(即尤时熙——引者)之铎,程、邵(即程颢、程颐和邵雍——引者)以后,一人而已。"① 可见,孟化鲤能够阐明师道,对明朝后期王守仁心学的发展起到很大的推动和促进作用。②

王道则对王守仁的"致良知"说提出批评。他认为王守仁否认"闻见之知",提倡"为学之道,专求之心而已",是"执一而废百","固存省之一法,然便欲执此以尽"。③ 可以说,这种只向内寻求的"致知"功夫,置"学问思辨"之功于不顾,只能把人们的思想和知识引向沉寂,走向一条不归路。

第三节 理气统一说

"理"和"气"是中国古代思想史上一对极其重要的哲学范畴,在中国古代历史上,人们对这两个概念及其二者之间的关系有着不同的理解和看法。"理"往往除了是指事物的条理、规律外,还有一个重要的含义,即指人类社会的生活准则和道德标准。"气"最初是指自然界中一种普遍存在的极其细微的物质,有时候也指自然界变化的现象。到了汉代之后,人们也往往把气看作是万物产生的根源。

到了宋代,宋明理学产生,"理"和"气"便又成了一对高度概括的哲学范畴,"理"与"气"之间的关系也就成为当时思想家们

---

① 钱明主编:《北方王门集》,《孟云浦先生集》,《理学云浦孟先生传》,第 549 页。
② 卢广森、卢连章:《洛学及其中州后学》,河南大学出版社 1999 年版,第 282—288 页。
③ 黄宗羲著,沈芝盈点校:《明儒学案》卷三七,《甘泉学案》,第 1039 页。

争论的中心问题之一。程颐认为"理"是宇宙间的最高本体,世界上的万物都是由"气"变化而成的,但气化万物有其所以然之理,"气"是由"理"所主宰的。于理气关系上,二程则认为,理在气先,"有理则有气"。气有生有灭,而理则永恒常存。朱熹亦同样认为:"天地之间,有理有气。理也者,形而上之道也,生物之本也;气也者,形而下之器也,生物之具也。"①相对而言,陆王心学则对于"理"的探讨可谓更加深入,而对于"气"则探讨不多,同样,对于"理"与"气"二者之间关系的探讨亦不深入。陆王心学者以"心即理"为哲学基本命题,"理"不能离"心"而独自存在。陆九渊曾说:"塞宇宙一理耳。"②还说:"万物森然于方寸之间,满心而发,充塞宇宙,无非此理。"③在心的统帅之下,"理"与"气"没有本质的区别。王守仁亦说:"心一而已,……以其条理而言谓之理。"④又说:"……以其流行而言谓之气。"⑤"理"与"气"仅仅是心的不同表现形式而已。而对于"理"与"气"的认识,到了北方阳明后学那儿,则又是如何继承和发展的呢?

对于世界本体的认知方面,王道力主"气"论。他说:"盈天地间,本一气而已矣。方其混沦而未判也,名之曰太极。迨夫酝酿既久,升降始分,动而发用者,谓之阳,静而收敛者,谓之阴,流行往来而不已,即谓之道。因道之脉络分明而不紊也,则谓之理。数者名虽不同,本一气而已矣。"⑥盈天地之间,只不过是一气而已,别无他物。可见,王道对于世界本体的认识,即与朱熹的"理气并

---

① 朱熹:《朱子大全》(第九册),《朱文公文集》卷五八,《答黄道夫》,广陵书局2018年版,第11页。
② 陆九渊:《陆九渊集》卷十二,《与赵咏道》,中华书局1980年版,第161页。
③ 陆九渊:《陆九渊集》卷三四,《语录》,第423页。
④ 王阳明著,阎韬注评:《传习录》中,《答顾东桥四》,第129页。
⑤ 王阳明著,阎韬注评:《传习录》中,《答陆原静一》,第168页。
⑥ 黄宗羲著,沈芝盈点校:《明儒学案》卷四二,《甘泉学案》,第1036页。

行"、"理在气先"不同，亦与王阳明"心造万物"说大相径庭，诚然，亦与湛若水"心包乎万物之外，贯乎万物之中"的观念不一。总之，王道的"气论说"实际上是把整个物质世界视为不断运动变化着的客观存在。王道的这一理论，与杨东明的"以气为本"说极其相似。

在宇宙本源问题上，杨东明主张"以气为本"，他说："盈宇宙间只是一块浑沦元气，生天生地，生人物万殊，都是此气为之。"[1] 又说："天地间只是一元之气生人生物，而气之有条理便谓之理，非谓气外又有一个理与之俱来也。"[2] 由此可见，杨东明在宇宙本源问题上，既不同于程朱理学的"以理为本"，亦不同于陆王心学的"以心为本"。杨东明认为天地万物的总根源即是"太极"，而"太极"本来是"气"，而人也是禀受"太极"之"气"而生。人之所以是高级动物，只不过是人禀受的是"太极"的"全气"。其他生物禀受"太极"之"气"时，"有所限而不能相通也"[3]。之所以产生万物之异，则"皆分定而不可移者也，此所谓分之殊也"[4]。进而，杨东明阐述了"元气"产生万物的过程，大体为："一"→"二"→"五"→"万"。即宇宙未分化之前，只是一块混沌的元气；而元气充满着矛盾，进而分化出阴阳和五行，再由天地与阴阳结合，衍生出纷繁复杂的人类社会和五彩缤纷的自然界。

在"理"与"气"关系上，杨东明坚持陆王心学"理气一体"的基本观点，反对程朱的"理气为二物"的观点，提出"理气断非二物"、"气外无理"的理气观，主张"理气一也"。他通过形象的

---

[1] 黄宗羲著，沈芝盈点校：《明儒学案》卷二九，《北方王门学案》，第650页。
[2] 钱明主编：《北方王门集》，《山居功课》卷五，第870页。
[3] 钱明主编：《北方王门集》，《山居功课》卷六，第904页。
[4] 钱明主编：《北方王门集》，《山居功课》卷六，第904—905页。

比喻来论证"理"与"气"的关系,他说:"盖气犹水火,而理则其寒暑之性,气犹姜桂,而理则其辛辣之性,浑是一物,毫无分别。"①在此基础之上,进一步提出"理"与"气"是合而为一的,他说:"盖气者理之质也,理者气之灵也,譬犹铜镜生明,有时言铜,有时言明,不得不两称之也。然铜生乎明,明本乎铜,孰能分而为二哉?"②他曾说:"理气之说,……二名浑是一物。当初儒先亦只为识不透此气,故添个'理'字,以尽其妙。其实不消得。气即为理。"③还说:"天地间只是这些元气化生万物,这天地之气自然至巧至灵,千态万状,无所不有,不假安排,自然各足,是即所谓理也。气外无理也。"④黄宗羲对此予以高度评价:"先生此言,可谓一洗理气为二之谬矣。"⑤他还认为"气"之聚散生灭,即"理"之聚散生灭,"理"与"气"相即相融,体用一原,不可分割,他说:"理、气浑是一个。吾验之造化物理,信之已确。……故生聚者,气也,即理之生聚也。散灭者,气也,即理之散灭也。……故理气终是一个也。"⑥

总之,"杨东明晚年在理气问题上与程朱学派的辩论,属于唯物论反对唯心论的斗争。而他在心体问题上同阳明后学和东林学派的辩论,则属于心学内部的不同派别的分歧。这是两种不同性质的辩论。我们既要看到他从心学营垒中分化出来转向唯物论的基本事实,又要看到他与心学决裂过程中的某些不彻底性,才能对他的哲学性质和历史地位作出恰当的评价"⑦。

---

① 黄宗羲著,沈芝盈点校:《明儒学案》卷二九,《北方王门学案》,第 650 页。
② 黄宗羲著,沈芝盈点校:《明儒学案》卷二九,《北方王门学案》,第 650 页。
③ 钱明主编:《北方王门集》,《山居功课》卷七,第 983 页。
④ 钱明主编:《北方王门集》,《山居功课》卷六,第 907 页。
⑤ 黄宗羲著,沈芝盈点校:《明儒学案》卷二九,《北方王门学案》,第 649 页。
⑥ 钱明主编:《北方王门集》,《山居功课》卷七,第 972—973 页。
⑦ 葛荣晋:《杨东明的理气统一说》,《中州学刊》1987 年第 6 期。

第四节　万物一体论

在中国古代思想史上,"天人合一"论可谓源远流长。为了论证这一观点,先秦时期的各家各派从本体论与境界说相结合的高度,提出了"天地万物一体"论,人们对其进行了阐释,给予了不同的解释。名家惠施曾讲:"天与地卑,山与泽平","万物毕同毕异,此之谓大同异。"其人生理想则是:"泛爱万物,天地一体也。"① 而墨家学说的创始人墨子则主张:"视人之国,若视其国;视人之家,若视其家;视人之身,若视其身。"② 庄子亦明确提出:"天地与我并生,而万物与我为一。"③ 孟子亦认为:"万物皆备于我矣,反身而诚,乐莫大焉。"④ 可以说,对于"天地万物一体"论,当时的各家各派皆十分重视。此后,"天地万物一体"论亦成为后儒讨论的主要范畴之一。如张载、程颢、王守仁等皆对此进行了深入探讨,尤其是王守仁,继承和发挥了孟子等先圣先贤的思想,从心性本体上,全面地论述了"天地万物一体"说。

王守仁在"良知说"的基础之上从本体论、心性论和境界论等不同方面阐释了自己的"万物一体"说,这是阳明心学中的一个重要思想内容。从本体论方面而言,王守仁通过"气"来加以说明其"天地万物一体"说,他指出:"风雨露雷,日月星辰,禽兽草木,山川土石,与人原只一体。故五谷禽兽之类,皆可以养人,药石之

---

① 国学整理社:《诸子集成》(第三册),《庄子集解》卷八,《天下篇》,中华书局1954年版,第223页。
② 国学整理社:《诸子集成》(第四册),《墨子间诂》卷四,《兼爱中》,第65页。
③ 国学整理社:《诸子集成》(第三册),《庄子集解》卷一,《齐物论》,第13页。
④ 国学整理社:《诸子集成》(第一册),《孟子正义》卷十三,《尽心上》,第520页。

类，皆可以疗疾。只为同此一气，故能相通耳。"①他认为人与天地万物同源于一气，彼此之间构成一个息息相通的有机整体。

从心性论而言，他认为人心固有的仁爱之性可以加以扩展，最终把人与天地万物构成一个有机的整体。王守仁曾说："大人之能以天地万物为一体也，非意之也，其心之仁本若是，其与天地万物而为一也。岂惟大人，虽小人之心，亦莫不然，彼顾自小之耳。是故见孺子之入井，而必有怵惕恻隐之心焉，是其仁之与孺子而为一体也，孺子犹同类者也。见鸟兽之哀鸣觳觫，而必有不忍之心焉，是其仁之与鸟兽而为一体也。鸟兽犹有知觉者也，见草木之摧折，而必有悯恤之心焉，是其仁之与草木而为一体也。草木犹有生意者也，见瓦石之毁坏，而必有顾惜之心焉，是其仁之与瓦石而为一体也。是其一体之仁也，虽小人之心亦必有之，是乃根于天命之性，而自然灵昭不昧者也，是故谓之明德。"②他还认为"仁民"、"爱物"都是从"父子兄弟之爱"的"仁爱"本性中生发出来的。"仁"是一种生命力，是一种原动力，通过"仁"把"天地万物一体"说建立在他的"心性论"基础之上。

从境界论而言，"天地万物一体"说就是一种宽广无私的天地境界。在这种至高境界当中，王守仁认为："其视天下之人，无外内远近，凡有血气，皆其昆弟赤子之亲，莫不欲安全而教养之，以遂其万物一体之念。"③他还说："君臣也，夫妇也，朋友也，以至于山川鬼神，鸟兽草木也，莫不实有以亲之，以达吾一体之仁，然后吾之明德始无不明，而真能以天地万物为一体矣。"④人对他人和世界

---

① 王阳明著，阎韬注评：《传习录》下，《钱德洪、王畿录》，第288页。
② 王守仁原著，施邦曜辑评：《阳明先生集要》，《理学编》卷二，《大学问》，第145页。
③ 王阳明著，阎韬注评：《传习录》中，《答顾东桥书》，第151页。
④ 王守仁原著，施邦曜辑评：《阳明先生集要》，《理学编》卷二，《大学问》，第146页。

上的一切，都具有仁爱，都是"心之仁本若是"。① 总之，王守仁通过强调"心体"和"仁体"的无限关联，指出万物一体之仁的核心，即达到本体论、伦理观以及审美境界上的统一，以通达存在本体之真，体用道德伦理之善，体验心学实践之美。而事实上，王守仁这一思想，与先秦时期孟子所提出的"性善论"并无质的差别。也就是说，王守仁这一思想仍然是继承了孟子的"性善论"，只是在此基础之上更加细化了。其目的实际上也即是"以天地万物为一体"的"仁"者，从"仁爱"精神出发，对社会具有一种强烈的拯救意识。而王守仁以"天地万物为一体"的思想在北方阳明后学那里，体现得最为明显的则为尤时熙和赵维新二位。

尤时熙少年之时即能够潜心读书，深入思考。嘉靖元年（1522），乡试中举时，王守仁《传习录》一书刚刚问世，尤时熙看罢，惊叹不已，认为是书为"道"之所存，因此，不仅对该书推崇备至，而且对王守仁更是仰慕不已。尤时熙常常以不能面受王守仁之教而感到十分遗憾，后来，当他闻听郎中泰和刘魁深得王守仁心学真传，遂拜刘魁为师，学习阳明心学。王守仁认为"万物一体"，并强调天地万物是以人为中心，因此，王守仁在人与人、人与社会、人与万物、人与天地的关系问题上，形成了"万物一体"、"天下一家"和"中国一人"的观点。王守仁说："自圣人以至于愚人，自一人之心，以达于四海之远，自千古之前以至于万代之后，无有不同。是良知也者，是所谓'天下之大本'也。"② 所以，不同等级、不同地域、不同时代的人都具有共同的"本然良知"。在此基础上，尤时熙曾经指出："物我一体，知本相通故也。故致知必在通物情，物情通

---

① 上述本节内容参考了葛荣晋先生的《"天地万物一体说"与现代生态伦理学》(《孔子研究》1995年第3期)一文，谨表感谢。
② 王守仁：《王阳明全集》，《悟真录》二，《文录》五，第53页。

而后吾之良知始快足而无所壅遏，是以必物格而后知乃至也。"①

尤时熙还认为："道理于发见处始可见，学者于发动处用功。未发动，自无可见，自无着力处。""天地万物皆道之发见，此道不论人物皆各各有分。觉即为主，则千变万化皆由我出。"②他又说："圣人之学，以无我为至。学者未至于圣人，有我之私未尽耳。""仁者以天地万物为一体，无我也。以天地万物为一体，真我也。"③这是尤时熙针对王守仁世界上的万事万物皆"与人原只一体"之论所得出的结论，天地万物皆是由我心而发，实际上也就是说人们未"成圣"，是在于"私未尽"，反之，人们要想成为圣人，就必须把"我之私"去除干净才好。尤时熙说："夫子之道，若曰吾道只是一，因曾子之尚见于万也。才举起，即天地万物皆在，本吾一体，以此贯彼，尚是取次说，此象山所以讥有子之支离也。""本体无物，何一何万？应酬是本体发用，此处用工。"④他又说："道一而已，天地万物皆吾性之发用，而圣人先得我心之同然。蓍龟无言，圣人阐之，若非一体，何以相契？是故探赜者，探吾心之赜；索隐者，索吾心之隐；钩沉者，钩吾心之深；致远者，致吾心之远，审乎善恶之几，谨于念虑之微而已。"⑤人与圣人相同，可人与圣人又不相同，这就是人与圣人之间的差别，因此，我们应当有着一定的态度和立场，朝着理想，朝着圣人品格而努力奋斗。

但是，尤时熙的"万物一体说"与王守仁的"万物一体说"是稍有差别的。尤时熙说："愚意指一念无私说，自一念通于念念；

---

① 钱明主编：《北方王门集》，《拟学小记》卷三，《格训通解》，第150页。
② 钱明主编：《北方王门集》，《拟学小记》卷二，《余言》，第135页。
③ 钱明主编：《北方王门集》，《拟学小记》卷二，《余言》，第136页。
④ 钱明主编：《北方王门集》，《拟学小记》卷四，《质疑·伯生问"一贯""忠恕"》，第183页。
⑤ 钱明主编：《北方王门集》，《拟学小记》卷五，《杂著·长语质疑》，第201页。

先生似指万物一体说，自一人通于人人，皆自一念通之。先生说似是率性分上事，愚说是修道分上事，各就自己分上见，疑于相通。"① 他又说："'仁者以天地万物为一体'，若不在修己改过做实功，只如此说，亦是假意。"② 另外，相比较而言，尤时熙较王守仁则没有区分得那么细致，尤时熙只是笼统地讲道："此学是不识字的愚夫愚妇可知可能，只是将心比心，自觉万物一体，只在浅明处体察，则深远在其中矣。盖道理无浅深，一真一切真也。着意精微，易生意见。阳明先生古本之复，大旨已自明白。又祥著格物，只为学者为名目所误，或分内外，或分后先，甚至分知分行，不得已详说反约，种种方便，非别有一法也。"③ "毫无疑问，王阳明的价值观，强调个体服从整体，个体是缺乏近代意义上建立在私有财产基础上的'人格'之意义的独立性；他所憧憬的'天下一家，中国一人'的美好社会在当时的历史条件下是不可能实现的。而尤西川则没有上升到如此高的境界，尽管如此，作为一种思想体系、一种思维方式，他的心学是有其历史的意义和超历史的价值的。特别是他的'万物一体'论把中华传统文化的整体和谐观念提高到一个新的哲理高度，更加具有重要意义。"④

在哲学思想上，赵维新首先提出"心体"的范畴，"心体"是与"本体"、"本原"等观的。在他看来，"心体"主要包含有"道心"、"本心"、"良心"和"人心"等范畴。"本体"就如澄明的深水、如明镜，其主旨是对整个世界的真实与本原的反映。因此，"本体"所反映出的客观世界的一切现象都是没有任何的价值取向，是不会

---

① 钱明主编：《北方王门集》，《拟学小记续录》卷三，《质疑上·与近斋先生书》，第260页。
② 钱明主编：《北方王门集》，《拟学小记续录》卷三，《质疑上·与竹川窦先生》，第268页。
③ 钱明主编：《北方王门集》，《拟学小记续录》卷四，《质疑下·答殷先生》，第296页。
④ 王含青：《尤西川思想初探》，复旦大学2005年硕士学位论文。上述内容参考了王含青先生该文相关内容，谨表感谢。

记忆被反映的客体,即没有内在感情存在,是与天地万物相对独立而不被控制的客观性与独立性。从人与自然万物的关系而言,"心体"有"生物之心"、"正心"、"心神"等含义;而从人与社会的关系而言,由于人心所面对的社会习俗是各种各样、缤纷复杂的,因此,常常会受到遮蔽,难以让"心体"回复到"澄源"、"精白"的原始状态当中。由此可见,赵维新是试图突出心性功夫,想直接获得道德至善本体。

其次,赵维新提出"天体"、"真体"和"本体"等新的范畴,发展了"性体"功夫论。赵维新认为"性体"就是"善",所以,赵维新的一生当中,皆是以使人向善为目的,教人如何"为善"、"行善"和"勇于为善"。赵维新认为,"性体"是"心体"的功夫。其目的就是要人回复天性,也就是至善的"性体"上来,而这种善就是"真知"、"真学"。事实上,赵维新具有这一"真性"思想,是与其生活环境密切相关的。他生活在舒适的农村,过着自然、恬淡的生活,很容易使他的思想含有一种"天真"在里面。赵维新"把这种由真而善的转化,归结到'真闻'、'真睹'的学问方法,把握玄妙的'真机'和'真结果',回到真实和真诚的生活。这种性体,即天地人的'真宰'和'真旨',故可把素衷(即赵维新——引者)的学问特色归结为真性之学。性体即本性即性学即真性和善性"[1]。赵维新曾说:"四境朗朗清清,一尘不挂,便是真体常在。以此真体应事,亦一尘不挂,便是真体酬酢。从此不计事之有无,常是一尘不挂,则真体常在我矣。"[2] 他又说:"学问只在本体做,不必在事端上模拟,不必在物理上揣量。本体精明,则事皆性之事,性

---

[1] 黄巍魏、邹建锋:《晚明北方王门心学巨子赵维新哲学研究》,《山东理工大学学报》2009年第6期。
[2] 钱明主编:《北方王门集》,《感述续录》卷一,《同春第一》,第739页。

明而事自理；物皆性之物，性定而物自正。人己原是一个，成己成物工夫只是一件。才分人己，学问便不合一，真而非真矣。"① "性体"功夫首先就是要把握透性的含义和功夫，分清学术支离与学问精微的区别，坚持儒家道统与孔孟主旨的合法性，分清圣学大道的合理性。而日常生活的真实功夫，就需要勤俭的生活和甘于清苦做学问的态度，勇于为善，真实为善，本心便会自然地回复到"清明纯白"的状态。而事实上，赵维新把这种勤俭的日常生活归结为真诚的生活与真学问，实际上与程朱理学所讲的"惺惺"生活精神是一致的。从人与自然万物的关系而言，"真学"需要体会自然万物的生生不息与生机无限，体会"天道好生"的宇宙精神与天地境界，把天地之善与人之慈善相汇合。可以说，赵维新这一思想亦是与其生活经历密切相关。

最后，提出"天体"、"天理"和"天道"的重要性，主张心性"本体"回复到"天真"和"天和"状态。赵维新又重申"天理"的至上性，强调学问的公共性。无论是做学问，还是在教授学生上，绝对不能有一丝的独断和武断。而作为一名传授知识和道德教化的教师，平时亦一定要注意自己的道德修养，要不断地增强学问，要不断地与志同道合的朋友交流与讨论。只有这样，"性学"、"本末"、"和合"、"人己"才会互动，从而传播性学，进而实现性学的公共性与天地性。这不仅是自我与他者的相互开放，同时，也把自己与宇宙天地相开放，实现"天地万物一体"的胸怀，让自己虚灵之心涵养于至善之中，"约人心为己心，扩己心于人心"，善于行天下，从而真正实现和谐社会的内在意蕴。"随时涵养，随养默识，随识心体"，合于动静，心体常在，则天体亦常在。所以，在"天人

---

① 钱明主编：《北方王门集》，《感述续录》卷一，《透性第二》，第747页。

一理"的修行模式下,性命、体用、形神、言行、理气、生死等辩证哲学范畴都能得到有机的和谐统一。①

第五节 道一论

"道"作为中国哲学体系中的最高范畴,由来已久,最初可追溯到老子。老子所说的"道"是天地万物的总根源,也是支配世界万物的总规律,既包括自然之道,也包括社会之道。不仅仅是先秦道家学派讲求道,包括儒家在内的其他各个学派也都讲求道,如儒家创始人孔子曾经说:"道不同,不相为谋。"②总体而言,儒家所讲求的道内涵是极其丰富的,除了作为原始道路和引申为政治路线外,道也被进一步引申为学说、思想体系、政治主张以及世界观、人生观。同时,还有正当的方法、正确的途径等丰富含义。另外,在儒家典籍中,道还分为"天道"、"地道"和"人道"等观念。到后来,还有如把"道"与"理"合在一起称之为"道理"的,还有学者直接把二者统一起来的,"道"即是"理","理"即是"道"的。但不管如何,"道"就是天地万物的总根源,不仅支配世界万物,而且也支配着整个人类社会,不以人们的意志为转移。

到了中国封建社会中后期,宋明理学家和心学家们皆将"理"作为最高实体范畴。到了宋明时期,中国自古以来作为最高主宰的"天"让位给"理","理"成了主宰一切的至高无上的准则。朱熹认为天地万物由"理"和"气"构成,"气"是构成一切事物的

---

① 上述内容参考了黄巍魏、邹建锋《晚明北方王门心学巨子赵维新哲学研究》(《山东理工大学学报》2009年第6期)一文,谨表感谢!
② 杨伯峻译注:《论语译注》,《卫灵公篇》第十五,中华书局1980年版,第170页。

材料，而"理"则是事物的本质和规律。陆九渊也提出宇宙万物只有一个道理。到了明代，王守仁心学中将"良知"作为万物之主宰、造化之精灵，将"良知"视为万事万物的总和，强调的也是"理一"。与此同时，王守仁也提出"道一"论，他解释说："道无方体，不可执著，却拘滞于文义上求道，远矣。如今人只说天，其实何尝见天？谓日月风雷即天，不可；谓人物草木不是天，亦不可。道即是天，若识得时，何莫而非道？人但各以其一隅之见认定，以为道止如此，所以不同。若解向里寻求，见得自己心体，即无时无处不是此道，亘古亘今，无终无始，更有甚同异？心即道，道即天，知心则知道知天。"① 又："诸君要实见此道，须从自己心上体认，不假外求始得。"②

而到了明朝后期，北方阳明后学尤时熙则进一步发展了这一思想，提出了自己的"道一"论，他指出："凡物对立，则相形为有二也。道一而已，见即隐，无有见乎隐；显即微，无有显乎微。见显隐微，物相有然，道一而已，故谓之独。"③ 尤时熙思想中的"道"实际上也就是"理"、"道理"之意，更多的倾向社会道德标准和事物本质属性。尤时熙说："天地万物皆道之发见，此道不论人物，各各有分，觉即为主，则千变万化，皆由我出。"④ 他还曾说："天下道理，只是一个，学者工夫，亦只是一个。言知似不必说行，言行似不必说知，知行一也。故虽不能行者，其本心之明，原未尝息。今指未息之明，为知旁事，而以不能行处，为行旁事，遂分知行为二，不知其不能行者，只是此明未完复耳，而其所以能行者，乃其未尝

---

① 王阳明著，阎韬注评：《传习录》上，《陆澄录》，第 64 页。
② 王阳明著，阎韬注评：《传习录》上，《陆澄录》，第 64 页。
③ 黄宗羲著，沈芝盈点校：《明儒学案》卷二九，《北方王门学案》，第 640 页。
④ 黄宗羲著，沈芝盈点校：《明儒学案》卷二九，《北方王门学案》，第 642 页。

息者为之也。岂别有一物，能使之行耶？本体只是一个，知即行，行即知，原非有分合也。"① 尤时熙指出天下道理只是一个，学者功夫也只是一个，并且，最终落脚于本体的也只是一个，"知即是行，行即是知"。可以看出，尤时熙的"道一"论，归根结底还是对于"工夫"、"本体"关系的讨论。

王守仁心学以"致良知"为核心，并一直强调"知行合一"，以达到"致知"的境界。王守仁认为"良知"人人都有，关键是在一个"致"的过程。他把"致良知"当作"学问的大头脑"，并在教育弟子中不止一次地提及和强调"致良知"的重要性。譬如在他的代表作《传习录》中对"致良知"作解释："良知"是心的内在本体，人人都有，心自然而然会有良知，然而常人不可能不会被一些私心障碍所蒙蔽，所以就需要用"格物致知"来去除这些私心障碍，更要将这种"良知"扩充到全身。这种去除外界障碍，使"良知"扩充到全身的过程即是"致良知"。从这一角度而言，王守仁更强调"致"的这一行为和这一过程。也就是说，他更强调的是"工夫"二字。

尤时熙基本继承了王守仁的这一思想并有了进一步发挥，他曾经提出："道理于发见处始可见，学者只于发动处用功，故工夫即是本体，不当求其起处。"② 他指出"道理"不应讨论其源起之处，如果谈论其源起之处，那么关于其源起之处肯定会意见纷生，各人有各人的看法，便不能形成一个统一。关于"工夫"和"本体"的论证，尤时熙认为"工夫"和"本体"本无二异，"工夫"即是"本体"。"圣人言工夫，不言道体，工夫即道体也。随人分量所及，自

---

① 黄宗羲著，沈芝盈点校：《明儒学案》卷二九，《北方王门学案》，第642页。
② 黄宗羲著，沈芝盈点校：《明儒学案》卷二九，《北方王门学案》，第639页。

修自证，若别求道体，是意见也"①。这里不仅包含尤时熙对于"工夫"与"本体"关系的理解，同时也提出了"致知"不必外求，自修自证即可。"道理"在其源起之处即可见到，学者只是需要在自己"发动"之处用工夫即可见。"道理于发见处始可见，学者于发动处用功。未发动，自无可见，自无着力处"②。

他还说："道理只是一个，未发无形，不可名状，多于下字影出之。如人以魄载魂，可指可名者魄也，所以多重下一字。忠，心也，忠无可指。可指者信与恕，事与行也，皆就发用处说。"③在尤时熙看来，天下的"道理"只是一个，过去诸子论学，没有达到与圣人的统一境地，是后之学者没有达到论学精湛的境界。但是，绝不是成贤成圣另有途径，圣人的学问，与古之诸子相比，只是更"精一"而已，但并不是有其他的道理。他还曾经说："道理只是一个，诸子论学，谓之未精则可，谓别有一种道理则不可。圣人之学，较之诸子，只是精一，亦非别有一道也。"④"道一"、"精一"只是在某一事物上从一而终，有所坚持。心之本体只是一物，"道"自然也仅是一物。只是此"道"无方无体，各人有各人的理解，耳得之而为声，目遇之而成色，虽如此，"道"却并无定制。"道无方体，耳得之而为声，目遇之而成色，学者各以闻见所及立论，而道实非方体可拘也。"⑤

尤时熙"道一"论的提出，一方面是与王守仁以及其他心学家或理学家一样，为了确立一种天地万物"唯心"、"唯理"的体系，更进一步强调理之于万事万物，心之于万事万物的核心地位。归根

---

① 黄宗羲著，沈芝盈点校：《明儒学案》卷二九，《北方王门学案》，第642页。
② 黄宗羲著，沈芝盈点校：《明儒学案》卷二九，《北方王门学案》，第641页。
③ 黄宗羲著，沈芝盈点校：《明儒学案》卷二九，《北方王门学案》，第640页。
④ 黄宗羲著，沈芝盈点校：《明儒学案》卷二九，《北方王门学案》，第641页。
⑤ 黄宗羲著，沈芝盈点校：《明儒学案》卷二九，《北方王门学案》，第642页。

结底与王守仁将"良知"作为万事万物的主宰是一以贯之的。这也正如他说:"'吾道一以贯之',贯,该贯也,言吾道只是一。若谓一以贯万,是以此贯彼,是二也。道一而已,万即一之万也。"① 另一方面,尤时熙的"道一"论也为其治学方法提供了理论基础。社会发展到明朝中后期,学界空谈之风渐渐盛行,此时已至晚年的尤时熙对这股空谈之风尤为不满,主张治学需日履躬行。"道一"论也成为他治学主张很好的理论依托,尤时熙认为天下道理只有一个,古代圣贤求学治学尚且身体力行,作为道德垂范、道德楷模更是知行合一,以自己的躬身实践去教化他人,那么,后世之学者在对待学术和道德方面又岂能仅仅只是停留在言语的说教层面,除此之外,还必须要去躬行实践,去身体力行,才会达到最佳效果和最终目的。

孟化鲤作为尤时熙的及门弟子,其思想多承自老师尤时熙。孟化鲤继承其师"道无二致,道本一元"的思想内涵,但是,与其师尤时熙有所不同的是孟化鲤并不是将"道"确立为万事万物的总和,或事物的标准或属性,亦不是以"道"来探讨"工夫"与"本体"之间的关系,更多的是将"道"作为一种处事的外在方法,或者一种途径。其形式多样,但本质却只有一个。他曾说:"盖道理元无二致,而所见所言未可执一。尧言'执中',舜云'精一',禹、汤、文所言亦各不同。孔云'一贯',曾曰'忠恕'。孔云'求仁',孟曰'集义'。周曰'无欲',明道却说'定性'。程曰'识仁体',阳明却说'致良知'。不独此也。"② 道理原无二致,所见、所言却并不是唯一,这就同事物的本质和表象的关系相类。同一件事物,在不同的时间或条件之下,显现出来的状态和表象可能并不完全相同,但其本质却是一致的。孟化鲤的这一观点,虽在一定意

---

① 黄宗羲著,沈芝盈点校:《明儒学案》卷二九,《北方王门学案》,第640页。
② 钱明主编:《北方王门集》,《孟云浦先生集》卷二,《与孟我疆》,第380页。

义上具有辩证唯物主义色彩，但并未脱离阳明心学的范畴，因为在孟化鲤的"道一"论观点中，"道"的根源是来源于心之本体的"良知"。"良以因人因病，因病因药，因药因时，不得不然，而道实未尝有异。向使再答十数辈，定亦未必雷同，而其为仁则一。"①

"道一"论的提出，丰富和发展了阳明心学中"工夫"这一层面的内涵。阳明心学思想中一直强调"致知"这一动态实践的过程，强调"知行合一"的重要性，"致"作为一种方法途径，是到达"良知"的工夫。而在北方王门后学学者尤时熙和孟化鲤师徒思想中，继承了"良知"需实践这一本质内涵后，进而将"道"与"心"之本体的"良知"置于等同意义，"道一"则具有了作为实践层面工夫的含义。

第六节 儒道佛融通

随着儒家心性哲学思辨性、生命性和义理性的不断深入和发展，带有道德主义说教和生活礼仪化的儒学有可能会吸收和拓展儒学的学术空间，而道家、佛家哲学等有益的成分就会成为其很好的滋补营养品。而且，对于心学和佛学之间的关系，前贤早已论之，如侯外庐先生曾说："我们看得清楚，王守仁理学思想的某些论题，都或多或少有借于禅或暗用其旨。……举例说，王守仁'寂然不动，感而遂通'的'本体良知'类同于禅宗'三学六度'中的'定慧'；……'致吾心良知'类同于'见性成佛'；而禅学的'断烦恼即证菩提'则是王守仁的'去人欲即存天理'如此等等。"② 事实上也是如此，儒、佛、道经历了漫长时期的不断斗争、融合和发展，各

---

① 钱明主编：《北方王门集》，《孟云浦先生集》卷二，《与孟我疆》，第 380 页。
② 侯外庐等：《宋明理学史》（下），人民出版社 1987 年版，第 251 页。

种学说相互渗透和相互融合是在所难免,也是历史发展的必然。

明代儒、佛、道相融通亦是当时学术思想界的一大特色。儒、佛、道"三教合一"的思想特色,自盛唐就已有之,到明代更甚。但是明代的三教融通,似与唐代有着许多不同。盛唐时期,社会开放,文化方面更是兼容并包。因此,盛唐时期的儒、佛、道三教合一,可以看作是社会开明和文化进步的表现,而明代学术思想文化上的儒、佛、道三教融通,却有着特定的社会背景。

明初,朱元璋既已颁布程朱理学作为官方意识形态思想,确立了程朱理学的正统地位。明中期以前的社会,基本上处于一个稳定向前发展的时期,程朱理学的地位自然无可撼动。至明中期以后,随着明王朝社会的逐步走向下坡道,而作为官方意识形态和科举考试之模板的程朱理学,到了此时,亦已然渐渐禁锢僵化,严重缺乏创新和活力。学术思想上缺乏创新和活力是王守仁心学产生并能够发展的原因之一。另外,王守仁心学的产生,在一定程度上也受着佛教和道教思想的较大影响。

与明代中前期大多数学者一样,王守仁早年也是信奉朱子之学,并曾经天真地"格亭前之竹"达七日之久,以求能够找到成贤成圣的法门,但是,最终却无任何结果,遂不得不放弃程朱之说转而学习词章之句。王守仁再度遵循程朱"格物穷理"之路,已经是五六年之后的事情了。但是这次还是和此前一样,依旧是毫无心得,因此,他对程朱之说产生了怀疑。因为他发觉按照朱子的说法去"格物穷理",事物之理与自己的内心,终究为二,不能归于一。此后,王守仁偶遇一道士与之谈论养生之术,大有豁然开朗之感觉,随之渐渐有了修仙入道、研习佛学的想法,并且在阳明洞专心致志地研究起导引之术。汇集王守仁著作的《王阳明全集》一书中所记载王守仁用导引之术预测朋友的到来,似乎其修习之术有所成就,又似乎是偶然之事。"术"成与否并未可知，但这一时期的静修思考却使他对"心"与"理"是否为一有了更加深刻的理解。

阳明心学的产生，也是与其"出入于佛、老者久之"①不无关系，在一定程度上，阳明心学也含有佛、道的成分，而且，北方王门早期弟子穆孔晖的学术思想就带有较为浓厚的佛教色彩。黄宗羲在《明儒学案》中评价穆孔晖："先生学阳明而流于禅，未尝经师门之锻炼，故《阳明集》中未有问答。"②黄宗羲的评价可谓是中肯的，而且，从其学术著作《大学千虑》中所引用佛教典籍中佛教教义来用以解释儒家义理所占的比重之多，就不难看出其思想中所含有的禅学思想成分。

在穆孔晖看来，儒家所提倡的修身齐家之道，最根本之处就是正心。穆孔晖进一步将儒家所提倡的"正心"之说解释为佛家所说的"心为其主"③。"心为其主"是佛家所讲的人之五根（即指人的眼、耳、鼻、舌、身——引者）都需要以心为主，只有这样才能与人为善，修身齐家，"是以心检身，其功同也"④。穆孔晖特意指出，其解《大学》思想是参照佛家典籍《遗教经》，为此，他著"为解《大学》，默思《遗教经》有契因附著于此"⑤一章，其中："《大学》言修身本于正心，与佛《遗教经》所谓'心为其主'同意。"⑥此外，穆孔晖还用佛教思想来解释《大学》中"莫知其苗之硕"的含义。此

---

① 黄宗羲著，沈芝盈点校：《明儒学案》卷十，《姚江学案》，第180页。
② 黄宗羲著，沈芝盈点校：《明儒学案》卷二九，《北方王门学案》，第635—636页。
③ 钱明主编：《北方王门集》，《大学千虑》，《论修身齐家章》，《为解〈大学〉默思〈遗教经〉有契，因附著于此》，第29页。
④ 钱明主编：《北方王门集》，《大学千虑》，《论修身齐家章》，《为解〈大学〉默思〈遗教经〉有契，因附著于此》，第29页。
⑤ 钱明主编：《北方王门集》，《大学千虑》，《论修身齐家章》，《为解〈大学〉默思〈遗教经〉有契，因附著于此》，第29页。
⑥ 钱明主编：《北方王门集》，《大学千虑》，《论修身齐家章》，《为解〈大学〉默思〈遗教经〉有契，因附著于此》，第29页。

句含义重在阐释人的贪念的巨大破坏作用。贪念既起，家庭之仁、礼自然就谈不上了，修身、齐家之意不复存在，治国之事便不能成。"一人贪戾，一国作乱，外本内末，争民施夺，以身发财之祸，有不可胜言者。盖由心在于贪，莫之能知"①。这就是以小见大，一以贯之的问题。人们多说看不见禾苗小时候的壮硕，就认为这株禾苗以后对人没有多大益处，这就如看不见人之贪念的萌芽处，认识不到贪念的萌芽终究会造成大的祸端是一样的。人人都知道不可动贪念于国家，却很少有人知道不可动贪念于家室，因而酿成了很多祸端。这一阐释无疑是参照《佛遗教经》而来。诸如上述以佛教之意来解释儒家义理之例子，在穆孔晖《大学千虑》一书解经中可谓比比皆是。穆孔晖以佛家典籍来解释儒家义理，可以说，其学术思想是深受佛教影响，佛、儒相融之特点也是显露无遗。

除穆孔晖外，孟秋的学术思想也被看成是"禅学化"的王学。这与其学术思想中主张"顿悟"之说有着极大的关联。孟秋师从张后觉，张后觉学术思想很大程度上主张"现成之良知"。孟秋在其师思想基础上进一步提出"良知顿悟说"。"顿悟"原是佛教禅宗教义，是佛教关于使人成佛的一种过程和方法，与"渐悟"相对。"顿悟"，讲求顿悟成佛，认为若识自性一悟即至佛地。"前念迷即凡夫，后念悟即佛"。禅宗主张不立文字，教外别传，宣扬心净自悟。它认为佛并不在"西天"，而是在每个人的心中，"即心即佛"、"本性是佛，离性无别佛"。可见，顿悟成佛说指的是虽然没有经过长时间的刻苦修行，却在某一瞬间自己的所思所悟与佛法真谛完全相对应，从而达到一种顿悟真谛的境界。佛教"顿悟说"的产生有着特定的社会背景。佛教的发展，到了隋唐时期，"顿悟'、"渐悟"之

---

① 钱明主编：《北方王门集》，《大学千虑》，《论修身齐家章》，《莫知其苗之硕》，第30页。

争尤为激烈。禅宗主张"顿悟说",其余各个宗派都主张渐次修行的"渐悟"之说。

在佛教发展最为繁盛的时期,南宗慧能提出"顿悟"之说。慧能提出,普通凡人与"佛"并不具有太大的差别,关键在于一个"悟"字。只要凡人"悟"得禅机即可成佛。凡人能否成佛只在一念之间。慧能的这种"顿悟说",是与佛教的东山法门,也就是渐修之说相对的。渐修之说主张慢慢修行,循序渐进,有阶段地使弟子开悟。孟秋主张的"道须卓悟,学贵真修"①,颇有禅宗"顿悟"之说。尤其是其主张的"天道"无有一刻不感应,"地道"亦无有一刻不感应,"人心"亦是无有一刻不感应的学术思想。这与禅宗所讲凡人在任何一刻都有"顿悟"之可能是一致的。

禅宗的"顿悟"说产生之初,是针对时下渐修苦行之术影响佛教弟子之修行决心而来的。与之相类的是,孟秋所主张的"良知顿悟说"也是针对明末以来浮躁和拘泥于传统形式的学术风气。"良知顿悟说"恰恰是这种学术风气的一剂良药。既然"良知"时时皆感,那就不存在"良知"发现时间上的长短和形式上的有无。人人都可以在任意一时刻心体澄澈,致其良知,成贤成圣。但是,这样的学说思想不可避免地使人走向重视内心之体验而忽视现实之实践的另外一条道路。

同样,赵维新的学术思想也是援道入儒的典型代表。赵维新秉性纯良,"性纯孝,居丧,五味不入口,柴毁骨立,杖而后起。乡人欲举其孝行,力辞之。丧偶,五十年不再娶"②。对待其师张后觉更是一依于礼,毕恭毕敬,甚是尊重。赵维新一生并没有多少著述,所著大多是赵维新整理其师张后觉问答语录和学术思想,因此,

---

① 钱明主编:《北方王门集》,《孟云浦先生集》卷五,《我疆孟先生传》,第456页。
② 《二十五史》(第十册),《明史》卷二八三,《列传》卷一七一,第794页。

赵维新所整理的这些著述，不仅可见其学术思想之倾向，与此同时，亦可考见赵维新与其师张后觉之亲密关系，更能体现出对先生的尊重之情意。

在赵维新的学术思想中，道教思想成分十分浓厚。在道家思想体系中，"道"是世间万事万物运行的总规律，是万事万物之根本，是万事万物的本源，有着天地和其他任何事物都无可比拟的地位和作用。同样，在宋明理学的传统思想观念中，虽然"道"并不完全等同于道家思想中所提倡的含义，但是道体的存在，依旧有着不可忽视的作用。在理学发展的某一阶段，"道体"的地位就是宋明理学家所提倡的"天理"。如张后觉曾说："天地间无一物非性道。"①赵维新受其师影响，进一步阐释"道体"："道中本无一物，亦无物不有，空其境宇也。一于空，便害道。道可以兼空，空则不可名为道也。"②"道"本无一物，却又无物不有，而只有无物不有的"道体"，才可能称之为有用之"道"。可见，"道"在赵维新的心学体系中也是不可忽视的，具有极其重要的地位。

赵维新的心学思想虽然提倡"道"，但并非为了将"道体"抬升到一个很高的地位来抑制"心"的地位，而是将佛、道思想与儒家思想进行比较，以此来突出儒家思想的优越性。他在继承其师的心学思想之后进一步发展，将"心"分为"血气之心"与"义理之心"，提出"真心"、"真性"之说。"义理之心"就是儒家所讲的传统道德中的道德本心，也就是王守仁心学思想中所阐释之"心"。义理之心有别于佛、道所说的空虚、玄妄，而是实实在在之物，是有据可依的"真心"、"真性"。赵维新指出："真心以应事，如孝亲

---

① 钱明主编：《北方王门集》，《感述录》卷三，《论语上》，第 707 页。
② 钱明主编：《北方王门集》，《感述续录》卷一，《持己》，第 749 页。

弟长，谨言慎行。"①可以说是一样的水到渠成。"真心"、"真性"说是赵维新心学思想的核心，并且赵维新将他的"真心"、"真性"说扩展到日常生活中的躬亲孝悌，将"心体"的宗旨生活化，更加贴近儒家哲学修身齐家的生活化意蕴。赵维新援道入儒，并且融汇佛教思想，把道家的淡泊离世与佛家的空灵出世和儒家思想融合在一起，提出别具一格的"真心"、"真性"思想，以此来阐释儒家"修齐治平"的内圣外王的入世之道，完美地展现了儒、释、道融通境界。

赵维新的心学思想，将儒、释、道三家思想进行比较、融通，最后形成自己的思想体系，这与当时的社会环境、学术背景息息相关。他批评佛、道思想："以日用为幻妄而逃于空，以常行为肤浅而托于玄，不知日用常行皆至理，除日用非实用，除常行非正行。空不真实，玄不平易，谈奚益矣！"②这样的批判，在一定程度上也是在批判王阳明心学后期所具有的佛教之"空"和道教之"玄"的特点，而脱离了心学创立之初所重视的实践真知。

他一方面批判佛、道思想，而另一方面又吸收其合理和有用的成分，进一步丰富和发展了自己的思想体系，目的也是摆脱师门"现成良知说"的桎梏，力证其学术思想与王阳明心学初衷一致。他甚至作诗一首："我不学佛心自善，我不持斋志不昏，我不受戒行来是，我不谈空语更真。"③张后觉的"现成良知说"发展到后来，空谈心性与一味提倡"现成良知"的弊病更是严重，学术界对于"现成良知说"也是极为诟病。王学的空虚玄妄使其脱离社会现实，无法挽救当时的社会人心，从而引发了程朱理学的重新抬头和对于王学的批判，阳明心学面临着极大考验。可以说，赵维新学术思想的

---

① 钱明主编：《北方王门集》，《感述录》卷三，《论语上》，第701页。
② 钱明主编：《北方王门集》，《感述续录》卷一，《同春》，第740页。
③ 钱明主编：《北方王门集》，《感述续录》卷二，《涵养》，第776页。

形成，不仅是其心学思想中佛、儒、道融通的一大表现，更是对于阳明心学末流的一种挽救，阳明心学因而没有在批判的浪潮中湮没殆尽。

心学的产生即是王守仁兼融了儒、佛、道思想中某些积极的要义重新阐释儒家经典中"格物致知"的含义，更加关注人内心的"良知"，强调将人的"良知"作用到道德的行为或实践上去，反对程朱理学空疏的"天理人欲"思想，更加关注社会现实。北方王门后学思想中儒、佛、道兼融这一特色，实际是颇受王守仁心学本身的影响。尽管穆孔晖和张后觉的学术思想中所具有的佛道虚妄、空谈色彩较为浓厚，但是在北方王门后之学者赵维新的努力之下，终于纠正了王学的大旗，北方王学因而没有彻底走向空谈佛、道虚妄的道路。

总之，阳明心学作为明代中后期思想的主流，乐之者、好之者不绝，而恶之者、攻之者亦不乏其人。对其持否定态度者经常讥讽王学为"禅学"，虽然尚没有人批评阳明心学为道教，但在明代"三教合一"的时代洪流之中，阳明心学与道教、佛教之间还是有着十分密切的关系。北方王门后学亦是如此，他们与道教、佛教之间有着密不可分的关系。

首先，从学术著作来看，北方王门后学中许多学术著作的体裁形式便是模仿于佛教典籍。如张后觉的《弘山教言》、孟秋的《孟我疆先生集》，以及赵维新的《感述录》、《感述续录》二著述都是以问答体的形式来讲述自己的学术和政治思想，这种一问一答的"问答体"形式与当时流行的佛教"禅宗式"的问答式基本上相似，二者之间或许有某种联系。

其次，在学术思想上，北方王门后学有许多思想亦受到佛教影响。如张后觉的"现成良知说"和孟秋的"良知速成说"等等都或多或少受到佛教的影响。再如孟秋的"天理人欲观",他认为:"人欲无穷,去一日,生一日;去一年,生一年;终身去欲,终身多欲,劳苦烦难,何日是清净宁一时耶?"① 再如有人问孟秋如何防备盗贼,他回答说:家中没有东西,空空如也,盗贼自然不会来,自然不用防。这种"良知速成"显然掺和了佛教禅宗的"顿悟说",因此,有学者便认为孟秋与其师禅学倾向十分浓厚,其思想学说皆被称为"禅学化的王学"。而事实上,这也符合当时社会现实状况。

最后,北方王门后学中亦有以道援儒,汇通佛儒者。尤其著名者为赵维新,他把道家高邈的神秘之道与佛家空灵的出世之道和谐地融合起来,他提出以"真心"为"心体",以"真实"为"性体",以此来阐释古圣人所讲的"正心、修身、齐家、治国、平天下"的俗世之道,然后渗透于儒家的"诚意"与"真心",这种三教融合的主张是对中国传统哲学思想的融合与创新。换言之,其实用中国的哲学术语来解释就是"圆融","无声无臭",也即是儒家的道心。曾有当代学者评价赵维新:"居于乡野,不求闻达,潜心问学,得心学大要,以顿悟为教,以道援儒,汇通佛儒,透过对真心、真性等心体与形体哲学范畴的理解与重新建构,直指人心,抬升心的虚灵明觉品质,发展阳明'良知'学的知性层面,凸显觉悟和念头对外物的直觉把握能力,与阳明心学的直觉主义相契,体现出较为虚空高明的思维特色。"② 即明确指出赵维新于学术思想方面是"以道援儒,汇通佛儒"的。

---

① 黄宗羲著,沈芝盈点校:《明儒学案》卷二九,《北方王门学案》,第637页。
② 转引自刘洪山《走近聊城七贤》,聊城文化部落(http://whbl.lcxw.cn),2010年11月23日。

第七节 重实学 讲践履

明清时期,传统实学是以"经世致用"为核心,鄙弃宋明理学的空谈心性、以己意解经,在一切文化领域和社会领域中提倡一个"实"字,即实政、实事、实风等。这是在明中期以后出现的一种务实学风,学术界称之为"17世纪的启蒙思潮"。它的基本特征是"崇实黜虚,废虚求实"。它是以泛化的儒学为主要研究内容的一种学术新形态。这种新思想体系走上"经世致用"或讲求实学的道路,一方面与当时社会动荡、生灵涂炭、国家危亡的大环境密切相关,另一方面也是儒学内在发展逻辑规律使然。因为儒学发展到王守仁之时,尤其是此时占据统治地位的程朱理学,已经完成了它的理论化和哲学化,而它却更加空虚化,使得一些学者只是讲求"明心见性"而不问世事,这实在是让一些富有头脑的思想大家们所不能接受的。诸如王廷相、李贽、黄宗羲、顾炎武等诸学者,他们皆高举大旗,旗帜鲜明地主张实事求是、由虚返实。而在当时的北方王门后学中,亦有诸多学者和他们一样,讲求实政、实学和实风。

张后觉认为做学问必须要执着才可。据《弘山教言》记载:"学问只怕执着,若执着甚,就着在甚上。执着在应上用工夫,就着在应上了。执着在静上用工夫,就着在静上了。只是常静常应、常应常静而已矣。"[①] 这可谓是典型的实学学说,学问不论在"静"上,还是在"应"上用工夫,最怕的就是"执着"二字。或者说,一个人要想做好学问,就必须要执着,才能够实现自己的宏大目标,否则,就是空谈,任何学问也做不了。

---

① 钱明主编:《北方王门集》,《张弘山集》卷二,《语录》,第641页。

同时，张后觉还主张事事学、时时学。他曾经以圣人和我们一般人的相异之处来举例加以说明："圣人、吾人所以异处，只在学不学耳。圣人不是天生的，全是学成的。吾人学不如圣人，是故人品不如圣人。"① 张后觉认为，我们一般人在人品修养上比不上圣人的原因，就是我们学习方面远远不如圣人，不论是用于学习的时间上，还是自己思考的深度上皆不够。所以，他说："圣人一生只是学，干事也是学，如舜好问就是那学问的。孔子自少至老，无一事不是学，亦无一时不是学，诵诗读书是为学中之一事。"② 张后觉不仅主张事事学、时时学，而且圣人学习的范围亦和我们常人大不相同。因此，他则要求人们学习，应该从诵诗读书扩及生活实践，把学习范围逐渐扩大才可。学问不仅仅是从书本上才能够获得，更为重要的是大多数知识是从具体实践中获取的。如与朋友学，在工作中学，更能够学到为人处事的原则等。所以，一个人的学问和知识，是理论和实践二者完美的融合，书本知识只是提高一个人的知识层面，而一个人真正的品德修养，还是需要把书本知识在实践中加以运用，通过不断的积累和总结最终获得。以此看来，张后觉的"实学说"，不仅强调了学习的重要性，而且更加突出了实践的重要性，二者关系是非常明确的。

孟秋治学态度十分严谨，他摒弃掉当时高谈阔论和脱离实际的"虚学"，积极倡导求真务实、学以致用的"实学"，"尝述立人达人九经王道之论，以为学者必如是，而后为实学"③。立人、达人就要讲求九经王道之论，就必须讲求实学。他认为："学贵透性"，要真学、真修。其身体力行，从自身做起，"系力践与卓悟，诞道岸

---

① 钱明主编：《北方王门集》，《张弘山集》卷二，《语录》，第642页。
② 钱明主编：《北方王门集》，《张弘山集》卷二，《语录》，第646页。
③ 钱明主编：《北方王门集》，《孟云浦先生集》卷四，《孟我疆先生集序》，第435页。

之先登"①,最终实现了达天之学,济世之才之大成。为此,孟秋反对当时空谈心性的虚学,他曾说:"吾人须是朴实头做的去,始是实学。若只管讲说,却不躬行,岂不落在空言窠臼!"②他还认为:"绌虚谈,务实践,正今日固本回生要剂。"又说:"实心行实政,兴利除害以安民生者,上也。"③实学、实政才是救世之良药,也才能够兴利除害以安民生。同时,他还提出了自己的教育方针,他说:"必先行而后文,制外以兼内。讲肄以端其习,考核以程其规,标的以大其业,宏博以邃其思,抑扬以厉其志,金玉以宣其情,夏楚以鼓其气。"④总之,孟秋治学从"不为高深悬冥之论,至平至实,至易至简",极力反对王学末流的"自顿悟超识而不由阶级之说"。⑤可以说,他把自己的这一整套教育思想和教育原则和方针十分恰当地运用到自己的一切政事中,以实际行动践行了自己求真务实的实学学风。

赵维新则特别强调"善"与"真"的道德价值。在赵维新的日常生活、学术研究和教学实践中皆以"为善"、"行善"为生活准则而进行锻炼,进而,他认为"行"和"言"都是善的。这种"善",在赵维新看来,就是天真的、"真性"的、"真实"的,也就是"真知"、"真学"。换言之,赵维新所强调的"真性"、"真实"、"真知"和"真学",即是讲求实政、实学和实风。诚然,这从赵维新的行事当中亦真切体现出来。

尤时熙和其他北方王门后学一样,他亦深刻意识到做学问的目的就是为了学会如何做人,即如何成就一个人的理想人格,做一个

---

① 钱明主编:《北方王门集》,《孟云浦先生集》卷五,《祭我疆先生文》,第480页。
② 孟我疆:《孟我疆先生集》卷七,四库全书本,齐鲁书社1997年版。
③ 孟我疆:《孟我疆先生集》卷七。
④ 孟我疆:《孟我疆先生集》卷七。
⑤ 孟我疆:《孟我疆先生集》卷七。

道德高尚的人,做一个有益于社会的人。要想成为一个"好人"或者"君子"、"圣人",那么,对学问的践行显得尤为重要,因此,他十分重视躬行实践。尤时熙认为:"沿袭旧说,非讲说则不明。若吾心要求是当,则讲说即是躬行,非外讲说另有躬行也。若果洞然无疑,则不言亦是讲说,倘未洞然而废讲说,是鹘突也。"①"知"和"行"二者不可分离,"讲说"和"躬行"皆为"行",但却不能离开"吾心"之知这个根本而独自存在;而倘若"知"未洞然就废"行",也是不可以的。可见,尤时熙注重讲学,把其当作"行"的一个重要方面。

尤时熙在倡导"讲说"的同时,他还提出要躬行"职分"。如何才能够做到"职分"呢?他提出:"知命则于见在之位尽己之分,为所当为,成败利钝一安于命。行险侥幸之谋,自无所施,故无入而不自得。此平平简易之道,君子之所居身以俟命也,惟世味素淡者能之。"②能"知命"就能够安于"职分"。诚然,尤时熙所谓的"知命",和传统的"天命观"是不一样的,它并不是一种消极悲观的态度和行为,也不是一种怨天尤人的心理,而是儒家道德实践中一种积极向上的入世态度。他认为:"君子处盛衰之际,独有守礼安命,是职分当为,舍是而他求,皆无益妄作也。"③他还曾经说:"凡所有相,皆道之发见。学者能修自己职分,则万物皆备于我。无极太极,只是此心。此真道之起处,不必求之深幽玄远也。"④一个君子无论身处何样境地,皆要能够安于"职分",而"修己职分"始终是以"无极"和"太极"为本体的"此心"为依据的,"心"为

---

① 黄宗羲著,沈芝盈点校:《明儒学案》卷二九,《主事尤西川先生时熙》,第645页。
② 钱明主编:《北方王门集》,《拟学小记》卷一,《经疑》,第102—103页。
③ 黄宗羲著,沈芝盈点校:《明儒学案》卷二九,《主事尤西川先生时熙》,第643页。
④ 黄宗羲著,沈芝盈点校:《明儒学案》卷二九,《主事尤西川先生时熙》,第647页。

"真道之起处",别无他求。这和传统儒家所谓"道理只在日用常行间"①是一脉相承的,只有达到此,你才能够"尽心、知性、事天",最终成为一个道德高尚的君子。

孟化鲤师事尤时熙,他把老师尤时熙的"躬行职分"说进一步发扬光大。孟化鲤说:"先生教人,只要尽见在职分。"②他还曾说:"先辈论学,多言安分尽心是脚踏实地工夫。"③由此可见,孟化鲤对其师学说的继承与发扬。他还认为:"道理不当说起处,若说起处,便说从何处起,便生玄虚意见,且何以能先识得?舍却见在职分,只管推原道理起处,此晚宋谈学之弊也。"④"尽见在职分",不求"推原道理起处",以免生"意见",这些皆为其师尤时熙所语。同时,孟化鲤还认为:"吾人职分,自有见在日可用力之地。释此而悬空揣摩,就使逼真,亦属知识意见,无裨日用,只开玄虚之窦,启世之玩弄而刍狗之也。"⑤于上述两则史料中我们可以清楚地看到:孟化鲤不仅对晚宋儒者进行了批评,而且对于禅学亦进行了指责,认为当今儒学被目为"赘疣"的根本原因,就是因为他们并无真意为圣人之志,只是为了一己私利,因此,他倡导学者要站稳脚跟,安职尽分,不要被其所迷惑。不仅如此,孟化鲤还将其学说渗透到自己的实践当中,如在其处理钱谷等经济事务时,也常常是加以强调:"窃谓学要安分尽心,心诚安分,即搬柴运水,莫非实学,况钱谷乎?其不者,即从事讲习,非玄虚则粗鄙,况钱谷乎?"⑥总之,孟化鲤将其师尤时熙"职分"之说贯穿于自己思想学说和政治实践

---

① 黄宗羲著,沈芝盈点校:《明儒学案》卷二九,《主事尤西川先生时熙》,第645页。
② 钱明主编:《北方王门集》,《孟云浦先生集》卷一,《尊闻录》,第371页。
③ 钱明主编:《北方王门集》,《孟云浦先生集》卷二,《答诸敬阳》,第402页。
④ 钱明主编:《北方王门集》,《孟云浦先生集》卷一,《尊闻录》,第373页。
⑤ 钱明主编:《北方王门集》,《孟云浦先生集》卷二,《答杨晋庵》,第393—394页。
⑥ 钱明主编:《北方王门集》,《孟云浦先生集》卷二,《答石楚阳》,第404—405页。

的各个方面，并加以发扬光大。

　　北方王门后学的实学思想之所以能够得以讲说和传播，与当朝宰相张居正倡导实学有着密切关联。隆庆六年（1572），万历帝登基，张居正代高拱为首辅。当时，由于神宗朱翊钧年幼，一切军政大事皆由张居正主持裁决。张居正任内阁首辅十年，其间，实行了一系列改革措施。与其说张居正变法革新，倒不如说是一场轰轰烈烈的社会实践运动。张居正曾经声称："扫无用之虚词，求躬行之实效。"① 他所注重的始终是国计民生，如他引述《尚书》"民为邦本，本固邦宁"的思想时，讲道："惟百姓安乐，家给人足，则虽有外患，而邦本深固，自可无虞。"② 诚然，张居正是站在个人立场上来讲述的，但这也可以考见其思想倾向，反对无用之学，注重实学。如万历三年（1575），他假借皇帝的名义下诏："圣贤以经术垂训，国家以经术作人。若能体认经书，便是讲明学问，何必又别标门户，聚党空谈。今后各提学官督率教官生儒，务将平日所习经书义理，著实讲求，躬行实践，以需他日之用。"③ 总之，张居正虽然反对明朝中晚期的讲学之风，但在万历初期，张居正试图改变以儒家经典训育人才的老办法，力图以实学造就人才。他认为真正的学问必须在那些"琐细"的、"猥俗"的现实生活中探求，必须体现在日常生活的视、听、言、动之中，这样的学问，需要的是将做学问与做人、做事有机地结合起来。作为中国历史上著名的政治家和改革家，他的经世实学思想虽然缺少理论的创造性，但他能够身体力行地实践这种哲学，也对北方王门后学的实学主张起到了某种启迪作用。

　　北方王门后学以"良知"为本，以"性善"为旨，以修身为要，

---

① 张舜徽主编：《张居正集》卷一，《奏疏一》，《陈六事疏》，荆楚书社1987年版，第3页。
② 张舜徽主编：《张居正集》卷一，《奏疏一》，《陈六事疏》，第7页。
③ 张舜徽主编：《张居正集》卷四，《奏疏四》，《请申旧章饬学政以振兴人才疏》，第174页。

其学说不仅体现了孔孟之道所倡导和追求的"仁"的精神实质,同时也表明了其世界观朝着既重视"天理",又重视人们现实存在的自然欲望与情感的人性化、民主化;既承认人欲的存在,又强调去除私欲,修身养性,净化心灵的方向变化和发展。北方王门后学的理学思想与其始祖孟子"以人为本",注重"愉悦"、"和谐"的"性善"学说是一脉相承的,他们的思想对于儒学新思潮的形成和理学思想的革新有着重大影响,在明代乃至整个儒家学术发展史上具有不可替代的作用。

总之,北方王门后学之所以皆一生能够为百姓办实事,能够勤政、廉政、德政,正是他们的学术思想研究使然,其学术思想决定了他们的政治主张,从而服务于他们的政治决策和实际行动。换言之,他们的学术思想研究,本身就是为了其政治实践活动,来指导他们的行动,为国家、为百姓谋福利。

与读书作文相比,王守仁更加注重"行著习察"[1],他认为:"今学者看书,只要归到自己身心上用。"[2]也就是说,行为实践才是首要问题。但阳明心学经过泰州学派之后,王学流弊便逐渐凸显出来,尤其是到明朝万历年间,阳明心学陷入"空谈误国"的泥沼当中。北方王门后学针对这一现实状况,对阳明心学极力进行修正,如他们提出"践履"之行,提出当今所急在务实、在躬行、在笃实。

张后觉曾经引用圣人的为学之道来证明实践的重要性。一次,弟子问:"有专事讲说者?"张后觉回答说:"学问不在讲说,只在实践。实践得,则讲说亦是真功;实践不得,纵所言悉当,空谈而已。孔子云:'耻躬之不逮。'正是吾党药石。"[3]张后觉还主张为学

---

[1] 王阳明著,阎韬注评:《传习录》中,《答罗整庵少宰书》,第196页。
[2] 陈荣捷:《王阳明传习录详注集评》,《传习录拾遗》第15条,学生书局1986年版,第398页。
[3] 钱明主编:《北方王门集》,《张弘山集》卷一,《〈大学〉圣经议》,第633页。

要用工夫,"工夫"即"致",也就是实践。他说:"孔子一生实是学知,不是谦辞。观其言,不曰'为之不厌',则曰'丘之好学'。不曰'好古敏求',则曰'择善而从,多见而识'。分明是学知工夫。"① 孔子学识渊博,为了实现自己的远大理想,亲自率领弟子们周游在各诸侯国之间,游说各诸侯王,以此来践行自己的"学知",即"仁政"思想。事实上,张后觉在实践过程中亦是这样做的,他一生奔走各地,到处传道授业讲学,为民办实事,但平生不喜作诗,不喜谈禅,不事著述,而是用实际行动践行了自己的思想。

同样,孟秋亦是这样做的。孟秋认为:"践行就是尽性,就是修身,就是格物。后世不知践行之学,遂有内外之论,是远人以为道也。"② 他明确指出实践就是检验"心体",是修身格物的根本。孟秋还说:"若只管讲说,却不躬行,岂不落在空言窠臼!"③ 所以必须"绌虚谈,务实践,正今日固本生要剂"④。孟秋提倡实学,反对虚学,提倡实践,讲求"良知","用此学治昌黎,迄今有声"⑤。

赵维新以"心体"透"性体",学"良知"要旨,讲求"真性"、"真实"和"真学",他主张:"盖学,学问也;文,文章也,一也。践履之成章,亦文也;出话之真实,亦行也,非二也。"也正如夫子所说:"行有余力,则以学文。"⑥ 他认为:"古人八岁以上,日事诵读,但专以为善为事,当行而行。无事则读书以养德,当读而读。有事则真心以应事,如孝亲悌长,谨言慎行,容众尊贤,行之从容而有条,适顺而成章,即此便是学问。"⑦ 可见,赵维新的这

---

① 钱明主编:《北方王门集》,《张弘山集》卷二,《语录》,第 655 页。
② 孟我疆:《孟我疆先生集》卷七。
③ 孟我疆:《孟我疆先生集》卷七。
④ 孟我疆:《孟我疆先生集》卷七。
⑤ 孟我疆:《孟我疆先生集》卷一。
⑥ 钱明主编:《北方王门集》,《感述录》卷三,《论语上》,第 701—702 页。
⑦ 钱明主编:《北方王门集》,《感述录》卷三,《论语上》,第 701 页。

一观点则更加直截了当，他要求人们在无事的时候就多读书，通过读书来修养自己的道德品质；遇有事之时，则当行则行，敢作敢为。他既讲求读书学习的重要性，同时也注重实践的首要性。

综上所述，北方王门后学皆生于明代中后期，此时，明王朝各种社会矛盾逐渐尖锐激化，封建危机日益加深，农民起义开始不断出现。与此同时，新的生产关系开始萌芽，商品经济更加活跃，也在不断地冲击和破坏着传统的封建秩序。另外一方面，最高统治集团内部也出现了藩王离心、宦官擅权、党争不断等各种严重问题。再加之西北各少数民族不断地进逼和骚扰，边患威胁日益加剧。这一切，都在严重威胁着明王朝的统治，使得整个明王朝内外交困，陷入危机四伏的绝境。北方王门后学能够与阳明心学的直觉主义相契合，在自己力所能及的范围之内，力争、力践、力行，坚守信念，洁身自好，关心百姓疾苦，把任内政务处理得井井有条，真正把自己的学问付诸实际，从行动上实践了阳明心学思想理念。总之，他们居于乡野，不求富贵，不求闻达，潜心问学，得心学大要，以"顿悟"为教，以道援儒，汇通佛儒，透过对"真心"、"真性"等"心体"与"性体"哲学范畴的理解与重新建构，直指人心，抬升心的虚灵明觉品质，发展王守仁"良知"之学的知性层面，凸显觉悟和念头对外物的直觉把握能力，体现出较为虚空镜明的思维特色。

第四章　北方王门后学之政治倾向

任何一个时代的思想家，无论是他们的学术研究和活动还是其教育实践，都具有一定的社会政治基础，也就是说他们的一切学术研究和教育活动皆是为了服务于国家政治和社会现实。同样，北方王门后学也无一例外，他们的政治思想倾向决定着他们的一切学术研究和教育活动。面对当时的社会现实状况，北方王门后学都曾经认真总结历史上王朝更替的经验和教训，从封建地主阶级的长远利益出发，为巩固大明王朝的统治而寻求理论根据。北方王门后学绝大多数生活在明朝中晚期，此时的大明王朝，在建国初期的长期积累之下，社会经济得以向前发展，商品经济迅速发展，在江南大片地区和江北沿运河区域一带出现了新的生产关系萌芽，即资本主义生产关系萌芽。相较而言，那时在中国北方广大区域内，社会经济比江南地区要落后许多，与此同时，于思想文化领域内，程朱理学仍然占据绝对的统治地位。尽管阳明心学早已在江右、浙中等许多地区传播开来，但在北方地区，仍局限于河南、山东等相对狭小的区域内。所以，信奉阳明心学的北方王门后学，他们极力打破僵化的程朱理学，在自己的家乡及周边地区将阳明心学的"良知说"与"心性论"进一步传承和发扬光大。他们面对当时的社会现实，献身讲学，大讲"良知"；努力刻苦研讨学问，积极讲求"明体达用"之学；注重"慎独"、敢于直言，崇尚德政；讲求孝悌、注重亲民；主张励精图治、革新除弊；为官淡泊名利、清正廉洁；注重实践，能够为百姓做实事。

第一节　崇尚德政

"德政"是儒家政治思想的中心内容之一，是自中国先秦之时就已经被视为施政准则的政治学说。其思想渊源可以上溯至殷商时期，商王盘庚就曾经提出"施实德于民"①的主张。到了西周初年，统治阶级更加注重德政，认为殷人之所以失去"天命"，是因为其失"德"，同样，认为自己能够取代殷人而拥有天下，是因为自己具有"德"。到了春秋之时，统治者越礼违德之事日趋严重，面对这样一个"礼崩乐坏"的社会现实，孔子继承了西周以来"敬德保民"思想，大力提倡"为政以德"的德政学说，试图挽救这一失序了的社会，回归到原来的礼制社会。从此，德政便成了儒家倡导的施政准则，其内涵随着时间的推移亦越来越丰富，成为后世儒者研讨学习和为政实践的主要标准和原则。北方王门后学亦是如此，他们不仅继承了先儒的优良传统，而且还把仁政德治作为自己研讨学习和为政实践过程中的原则和标准，积极践行一个儒者伟大而艰巨的职责。

张后觉中年之时曾任华阴（今属陕西西安）训导，恰巧，当时华阴地区发生了强烈的地震，灾区百姓伤亡十分惨重。张后觉临危受命，被任命为华阴代理县令，担负起境内救灾事宜。他每每亲临现场，实地勘察受灾情况，积极救死扶伤，体恤百姓。这一举动，深受当地百姓赞许，后来，张后觉仕满归乡之时，华阴百姓皆扶老

---

① 《十三经注疏》二，《尚书正义》卷九，《商书·盘庚上》，第169页。

携幼夹道泣泪相送。

孟秋于隆庆五年（1571）考中进士后，曾任昌黎知县。在昌黎任内，孟秋关心百姓疾苦，倡导和实行德政，勤政爱民，视民如子，深得当地百姓爱戴。据史料记载，当时，"昌黎甫经寇大创，疮痍未起，逋亡且多"[①]，同时，各种赋税徭役不断，再加之地方官吏营私舞弊，使得当地百姓生活困苦不堪。孟秋到任后，立即"省徭役，诘猾吏，察幽隐"，尽职尽责，"为之器械以备之，为之警逻以候之，为之城池以御之"，大力实行德政，从各方面来减轻百姓负担，制止胥吏无故的扰民行为，还百姓以公平和清静。在孟秋的努力治理之下，昌黎地方渐有起色，百姓乐业，甚至于一些外逃百姓闻听这一消息之后，纷纷携老扶幼还业归家。六年之后，当他离任时，昌黎数千百姓聚集衙前，流泪挽留，并为他树碑以示纪念。总之，孟秋于任内，"六载焦劳，未尝废讲。间阎且知歌咏，庶几哉武城遗风乎"[②]！孟秋的这些举措，使得百姓安居乐业，更是得到当地百姓的赞许，"公署黉宫则修，掣二百年夙弊一旦，苗薅而发栉之，社稷之利也。父老胥相庆，曰：'吾邑侯其斯谓古之循良也与哉！'其得民之深有如此。"[③]孟秋于任内为官处事皆体现出了儒家德政理念，因此深得民心。

孟秋为官期间，他十分注意教化和"拔异才"，诚然，这也是其政治理念之一。通过培养和教育，把一大批优秀士子选拔出来，让他们在不同的地区、不同的职位，于各自的职责范围内积极推行儒家传统德政，造福于各地方百姓。据史料记载，孟秋在昌黎任内，闲暇之日，常常聚集诸多生徒，"讲良知学"，不仅"自以俸余馆谷，

[①] 钱明主编：《北方王门集》，《孟云浦先生集》卷五，《我疆孟先生传》，第457页。
[②] 钱明主编：《北方王门集》，《孟云浦先生集》卷五，《我疆孟先生传》，第457页。
[③] 焦竑：《国朝献征录》卷七七，《尚宝司司丞孟公秋墓碑》，第58页。

不费县钱",而且"刻韩文以视诸生","未尝一日辍讲",并且谆谆教导诸生,"必先行而后文,制外以兼内",经过长期不懈的努力,使得小小边邑风俗大变,"邑皆弦歌也"。①事实上亦是如此,孟秋在闲暇之余,向诸生讲授王守仁的"良知"之学,且常常是自己拿出费用,不费公家一分一毫,用自己的实际行动去影响、去感染士子们,希望他们都能够成长为对国家、对社会、对百姓的有用之才。也正因为如此,孟秋十分喜悦,常常是沾沾自喜,但令孟秋最为高兴的则是"邑皆弦歌",风俗为之大变。

孟秋一生曾历任县令、兵部郎中、刑部员外郎、尚宝寺少卿等职,为人正直,政务不求人知,不阿谀谄媚上司;崇尚德政,能够关心百姓疾苦,爱民如子。总之,孟秋一生能够为当地百姓办实事,亲民、爱民,施行仁政,为了百姓的安居乐业或建构或重修地方设施,体现了他从政为官的历史意识。譬如,孟秋在任昌黎知县期间,曾经先后主持在城池上构筑重墙、增添重门、建设南北二桥;在公署重筑狱墙垣、岳神庙一间;重修城北水岩寺内迎仙亭,并改称"后乐亭"(今名"得月亭");于城西三十华里处建筑静观亭;还有他在畅游城西南龙潭王庙前的观莲亭,有感而发,遂著有"观莲说"一文,并重新命名为"浩然台";在城南修筑风云雷雨山川坛;在城北一华里处修筑了社稷坛;于城北关修筑厉坛;在公务之余,孟秋尚创作出《井峪松风》诗二首和《水岩》诗一首,后均收录于《昌黎县志》一书内。

孟化鲤在其所著《孟我疆先生集序》一文中记载:"客岁,先生(孟秋——引者)起官,过河西,愚复得读《治平》、《安边》诸策。比入京,又得读《里居稿》。已复尽取先生生平之作读之。其

---

① 焦竑:《国朝献征录》卷七七,《尚宝司司丞孟公秋墓碑》,第59页。

曰《理学辨疑》，盖惧邹鲁微言浸解浸远，而直指宗旨也。其曰《政事要略》，盖悯苍赤重困，因病立方，而力救末流也。至答人诸柬，及所为曰诗曰文，皆发挥道要，写吾真机，而匪以文也。"① 大概意思是说：万历七年（1579），孟我疆先生罢官居家后被重新起用，赴任路过天津河西务时，孟化鲤得读其《治平》、《安边》等诸篇策略性的著作。等到孟秋入京时，孟化鲤再次得读孟秋的《里居稿》。先生撰写的《理学辨疑》一书，精深微妙，直指宗旨，这恐怕在山东是最为深刻、最为深远的。他撰写的《政事要略》一书，为民着想，针对民生问题因病立方，对症下药。无论是孟秋所写的书信，还是其所作的诗歌或文章，都"发挥道要，写吾真机"，绝不是一般的文章。现在看来，孟秋这些流传于世的作品或著作，都可以称之为文化遗产，来作为教育和教化人们心灵的教材。我们不能不感叹当时尚宝司少卿我疆先生超前的文化意识。

逯中立关于德政方面没有直接的资料来加以证明，但我们从其言行当中，亦足以看出逯中立崇尚德政的思想倾向。逯中立一生当中最大的亮点就在于他的三篇著名的奏议，其中一篇即《论修史用人疏》，而此篇奏疏也使得逯中立"见忌辅臣"。逯中立进兵科给事中一职后，恰逢皇帝下令诏修国史，重臣王锡爵举荐其门生刘虞夔为总裁官，因为此前刘虞夔曾"受劾罢官"，依照惯例是不能担当此任的，于是，许多大臣上疏，认为不妥，其中，以逯中立反对尤甚，逯中立上《论修史用人疏》："今未能进一君子，而先遗一邪臣，辅臣又将何词以谢天下乎？"② 他认为刘虞夔是一邪臣而不是君子，不能担当总裁一职。按照古人的标准，所谓的"君子"，正是指有道德修养之人。儒家将君子的标准定位于"德"，也即是孔子的理想

---

① 钱明主编：《北方王门集》，《孟云浦先生集》卷四，《孟我疆先生集序》，第434—435页。
② 逯中立：《两垣奏议》，《论修史用人疏》，丛书集成初编本，第6页。

化人格。君子要敦善行而不怠，食无求饱，居无求安，敏于事而慎于言，就有道而正焉。内心真正充满了正能量，不患得患失，不汲汲于富贵，不做金钱和声誉的奴隶，胸中怀有远大志向，能够心怀天下，"为天地立心，为生民立命，为往圣继绝学，为万世开太平"。可以说，逯中立所谓的"君子"，也正是儒家所要求达到的君子人格。只有重用君子，崇尚德政，整个社会也才会安定和谐，整个国家才会得以向前发展。因此逯中立大胆上疏，要求皇上："谕臣及吏部严行谘访，务求端方直亮，博闻有道术之士，毋得滥及匪人，以污清朝盛举，则仕路肃清，而国史可传不朽矣。"[①]只有访求到"端方直亮，博闻有道术之士"，才能为修一部好的国史打下坚实的基础，进而也能够为后世留下一批宝贵的财富。自然，也能从一个侧面充分了解到逯中立的政治思想倾向，他依然是依儒家君子人格来作为其标准行事的。

  尤时熙于政治上提倡德政，认为德政包括"爱民"、"养民"和"理财"三个方面。所谓"爱民"，即是孔子所说的"泛爱众而亲仁"，不仅要爱自己，而且也要更爱他人。如果说利君不利民，利己不利国，利诸侯而不利天子，这一切都不能称之为"仁"。所谓"养民"，就是作为一位从政者，不仅要体味到百姓生活的艰难困苦，而且在行动上还要能够做到薄赋敛，重农桑。所谓的"理财"，则要做到节俭，同时，还不能见利忘义。因此，在学术思想上他提出了"心为万物之主"的主张，即心为万物之源，同时，他还认为"人欲天理，本无二体"，承认"天理"、"人欲"的存在，而"人欲"就是"天理"，因此，"人欲"过了头是恶，恰到好处便是善。所以，他要求人们努力加强道德修养，克制自己的欲望，不使之过

[①] 逯中立：《两垣奏议》，《论修史用人疏》，第7页。

头而使之恰到好处。尤时熙也正是这样做的，他任户部主事，受命到浒墅关负责收取盐业等专卖税，他能够秉公办事，"课足而已"，不多收不乱收一分一毫，做到了清正廉洁，德惠当地，获得朝廷和当地工商业主的好评。

张信民于万历三十三年（1605）选授陇西知县。莅任之初，便能够崇尚德政。首先，他深入民间，访民疾苦，为了解当地情况，于县衙仪门口，设立了"兴利"、"革弊"二匦，允许百姓前来言政得失和喊冤申诉。待真相大明之后，他会毫不犹豫地铲除违法乱纪的地方豪绅，优抚无辜百姓，对弊政一一予以纠正。其次，大力兴修水利。他亲自带领百姓挖渠十数里，把阔羊河水引入城内，供百姓饮用和灌溉，为了保证百姓的长久利益，还设置水老一职，专门负责管理和维护渠道。最后，他积极兴办学校，并且经常至先天书院讲学，刊刻《洛西三先生要言》，启迪民智。一年后，张信民改任山西大同府怀仁县知县。同样，张信民到任后，亲眼看到当地百姓流亡、土地荒芜的凄惨景象，就决心要改变这一状况。随后，张信民下令减役免赋，布告乡里，并且给百姓发放耕牛、种子等物品，招徕流民一千八百多户，开垦荒地达一千五百余顷。在百姓解决温饱问题之后，他又开始致力于教育，建明善书院以供受教，使怀仁很快"四境乐利，百姓雍雍"，放眼远望，充满生机，不再是先前那种荒无人烟的凄惨景象。为了更好地传播儒家思想，他又刊刻《四礼述解》等典籍，通俗易懂，以弘扬理学。怀仁因而"土俗民风，翕然改观"①。据史料记载，此前的怀仁县，于六十年内皆无科第，在张信民复兴教育之后，怀仁县竟然出现了"一榜双魁"的景象。总之，张信民于任内，敢于惩治豪绅，大力推行德政，兴办学校，讲

---

① 转引自杜建成、陈留成《河洛真儒张信民》，仰韶今古（http://www.ysjg.com），2008年8月22日。

学书院，陶铸后学，开启民智，反复忘倦，真的践行了一位儒者崇尚德政的政治诺言。

万历初年，王汝训升任刑部主事，后改任兵部主事。当时，他把家中祖传家业尽数分给远近亲朋，仅留数亩薄田自给。一天晚上，有盗贼入户盗窃。结果，被王汝训发现，他并没有大声喊人抓贼，而是把家中钥匙随手交给盗贼，任其自取。这贼实在是没有想到，王汝训在外为官多年，家中仅有铜钱千余、粮食数石而已。王汝训为官如此清正，盗贼很是佩服，竟谢罪而去。对于此贼后来的情况我们不得而知，但我们可以设想，假如王汝训叫人把贼捉拿交给官府，依照当时的法律进行惩治也实属正常，且也符合常规，但王汝训却偏偏没有如此做，而是用自己的智慧，用自己的德念来感化他。王汝训于万历三十七年（1609）任南京刑部右侍郎，后又到工部任职。据史料记载，当时"矿税兴，以助大工为名，后悉输内帑，不以供营膳，而四方采木之需多至千万，费益不訾"[①]。矿监税使往往以贡献朝廷为名，为非作歹，贪赃枉法，横行乡里，鱼肉百姓。王汝训看到百姓深受这一弊政之苦，于是多次请求发帑佐工，限制矿监税使，给百姓以实惠。诚然，王汝训的惠政也和其他思想家和政治家一样，仅仅是一种手段而已，其最终目的不过还是为了稳固封建政权。但不管怎样，在这一过程中，所属百姓确实得到一些实惠，这不能不说是一种进步。作为一位封建政权的官吏，能够做到这一步实属不易，是值得褒扬的。

[①] 《二十五史》（第十册），《明史》卷二三五，《列传》卷一二三，第657页。

第二节 敢直言 重慎独

爱国主义在中华民族历史上历来就是一种巨大的精神力量,他给予中华民族的历史发展以重大影响。"天下兴亡,匹夫有责",表现出了中国古代历史上的志士仁人勇于担当的责任感、使命感和爱国热情。其中,直言敢谏则是这一高尚品格的具体体现之一。可见,爱国主义是我们中华民族古代志士仁人所注重的一种高尚行为。同时,儒家学者历来强调"慎独"精神,慎独所讲求的是个人道德水平的修养,看重的是个人品行的操守,是个人风范的最高境界,即当一个人独处无人觉察之时,仍能谨慎地使自己的行为符合所要求的道德标准。"慎独"一词来源于儒家经典《礼记》。在《礼记·中庸》中说:"天命之谓性,率性之谓道,修道之谓教。……是故君子戒慎乎其所不睹,恐惧乎其所不闻,莫见乎隐,莫显乎微,故君子慎其独也。"[①] 即隐蔽的东西没有不被发现的,细微的东西没有不显露出来的,所以,君子在一个人独处之时亦要十分谨慎,时刻注意保持自我警惕,加强自己的思想道德修养,防止发生一些不符合"义"的行为。显然,君子慎其独,把"慎独"看成是一种自律工夫。尽管后世儒者对"慎独"内涵的诠释有各种不同,但总的方向是一致的,是儒家学者们一以贯之的至高无上的修养方法和途径之一。总之,"慎独"历来是儒家倡导的为人所应达到的道德行为境界,也是历代仁人志士所极力推崇的一种理想人格。诚然,敢直言、重慎独在北方王门后学那里同样是一种高尚的理想人格和行为准则。

---

① 《十三经注疏》六,《礼记正义》卷五二,《中庸》三一,第 1625 页。

穆孔晖曾历任翰林院编修、南京礼部主事、翰林院侍讲学士、南京太常寺卿等职，于任内，无论是上疏，还是进讲，皆能够发表自己独到的见解，常常能够切中时弊，寓治国做人的道理于谏言中，"每上一疏，洒洒千言"。嘉靖九年（1530）冬，穆孔晖取《孟子》最后一章，阐述对"见知闻知"之见解。穆孔晖认为，目前国家对于人才的选拔，存在着很大的不公平，出现了一种"使私求者易进，直道者难容"的怪现象，这极大地破坏了社会风气。因此，他主张："欲用人之得其当，在听言之致其审，偏听则蔽，兼听则明。以一人爱憎之口□人才邪正之据，此用舍之际或有未究于理者矣。"① 穆孔晖直切主旨，明确向嘉靖帝讲明现实中人才选拔存在着的极大问题，是必须要加以改正的。同样，穆孔晖对自己要求也是极其严格。嘉靖十年（1531）春天的一次早朝，由于天气不好，阴雨霏霏，以为例行早朝可能免了，因此，走到半路之上便与其他大臣一道又返回府邸。他哪曾料到，嘉靖皇帝已是早早在文华殿召见诸位大臣，他得知情况之后急驰回赶，可为时已晚。尽管皇帝并没有因此而怪罪，可穆孔晖却深深自责，为自己的过失后悔不已，随即"上章自劾"。

孟秋为官亦是清正廉洁，敢于直言。孟秋在大理寺任廷尉两年，后又以职方员外郎身份督视山海关。面对当时朝政腐败、官兵纪律废弛、关禁不严的弊端，孟秋到任之后，立即对守关边军进行整顿，严格军纪和关禁，使守关边军面貌大为改观。孟秋忠于职守、严谨敢为的作风，得罪了一些心术不正的朝廷大员。于万历九年（1581），被贬外调，朝内舆论为之大哗。但孟秋自己却心平气和，罢官回到家乡安平，端坐南草堂，博览群书，思有所得。著名

---

① 钱明主编：《北方王门集》，《附录》，《穆孔晖》，第1160页。

学者焦竑曾总结孟秋一生功绩:"治县县治,治狱狱治,司马马蕃,司刑刑清,司玺玺慎。"可谓是孟秋一生的真实写照。孟秋回到安平之后,"端坐南草堂","苦节清修",即使是在这独处之时,亦是严格依儒家标准来要求自己,不敢有丝毫的违礼行为,真正践行了一位儒者的信条和诺言。

孟化鲤十分重视"慎独",他曾说:"五经、《论》、《孟》之训,莫非慎独。惟《学》、《庸》则明言之。独不止人所不见处,日用云为,何者非独?此是为学要紧工夫,此处忽,无学也。"① 在他看来,这些儒家经典别无他言,皆是以一"慎独"为宗旨。因此,孟化鲤对于读书学习是从未敢有丝毫放松。万历二年(1574),孟化鲤参加了"河南乡试,名在第九"。到了此时,他除了努力读书之外,还不断地问学他人,与友人相互切磋交流问难,使其学问大增,不仅对"致良知"思想进行了发挥,而且对修行的方式亦提出独到见解,逐渐形成了自己的独特思想体系。

一次,他在和孟秋的讨论中说:"斯道至大而精,不悟何由会得?若一时聪明识见,偶然能得,却不能时时涵养,实实体验,究竟亦落空谈。此近日学者通病,非实得也。然吃紧工夫,只在慎独。"② 他认为"良知"之道,只学而不思,固然能见,但若"不能时时涵养",终是无用。他对当时社会上存在着的空谈现象进行了严厉的批判和指责,同时,孟化鲤也为解决这一现象找到一个办法,即"慎独"。诚然,孟化鲤是从治学和修养的理论层面而言的。当然,他不仅仅从理论上如此来说,而且从其行动上来看亦可谓真正践行了慎独思想。作为心学的继承者,孟化鲤认为将"慎独"贯穿于一个人的一切行为当中,是为己功夫,诸如在自己的日常生活和

---

① 钱明主编:《北方王门集》,《孟云浦先生集》卷六,《书徐仲云便面》,第495页。
② 孟昭德主编:《孟云浦集》,第19页。

学习中，"子臣弟友为实际"，以及在同朋友交往和切磋学问的过程中，皆要时时刻刻保持"慎独"功夫。如万历八年（1580），"西川老师卒于洛，先生闻讣，为位，朝夕泣奠，注籍不如公署"①。孟化鲤谢绝一切来访，在家中祭奠老师。还有，他"由进士授南京户部主事"，在"陛辞赴任时，双台翁以疾卒于里"②，噩耗传来，立即停止向南京进发，转而回家。一路之上，"哀恸繁踊，绝而苏者再，扶服归，丧制一洗俗尚，尽哀尽礼"③，三年庐居，一依古代丧礼。万历十一年（1583），服除，补户部主事，分管太仓库银。据说，这是一个"肥差"，且正副职之间的关系不太好处，而孟化鲤在副职这一位置上干得有声有色，他们之间"始终相得甚欢"。这个中原因也只有孟化鲤个人心知肚明。对于此，好友孟秋称之为"达亦独善其身"。总之，孟化鲤对于"慎独"功夫，不仅在思想上能够严格执行，而且在其日常行为和学习上亦是贯彻到底，不敢有丝毫的违礼行为。

孟化鲤的高足吕维祺相对于其师而言，有过之而无不及。万历四十一年（1613），吕维祺进士及第，后更历四司，"光宗崩，皇长子未践阼，内侍导幸小南城。维祺谒见慈庆宫，言梓宫在殡，乘舆不得轻动，乃止"④。崇祯元年（1628），吕维祺"迁太常少卿，督四夷馆。明年四月，廷议军饷，维祺陈奏十五事。其冬，奏防微八事"⑤。"三年，擢南京户部右侍郎，总督粮储。设会计簿，……条上六议。……帝称善，即行之"⑥。据《明史》记载："常洵日闭阁饮醇

---

① 孟昭德主编：《孟云浦集》，第10页。
② 孟昭德主编：《孟云浦集》，第6页。
③ 孟昭德主编：《孟云浦集》，第10页。
④ 《二十五史》（第十册），《明史》卷二六四，《列传》卷一五二，第740页。
⑤ 《二十五史》（第十册），《明史》卷二六四，《列传》卷一五二，第740页。
⑥ 《二十五史》（第十册），《明史》卷二六四，《列传》卷一五二，第740页。

酒，所好惟妇女倡乐。"①官员们对河南地区因接连不断的旱、蝗大灾引起的农民大起义视而不顾，此时，派去前往镇压农民起义的军队官兵也存有严重的不满情绪，形势危急，随时可能会酿成大的国家灾难。吕维祺竟径直进入宫中向福王面谏，福王却"不为意"。总之，吕维祺作为一介学者和官吏，存有强烈的济世和救国情怀，无论是担任地方小吏还是位居朝廷要职，无论是居庙堂之高还是处江湖之远，他皆怀有报国之志，忠君护国，敢直言，重慎独，力求造福一方。还有孟化鲤的得意门生张信民也是如此，可以说得其师傅之衣钵。张信民由明经授怀陇令，"善启迪多士，以不避权贵谪检校"，但自己并不气馁，依然和从前一样，心平气和，与关中大儒冯从吾"商订学问，日夜不懈"。②

王道一生为官高洁，颇负盛誉。他在任吏部主事、员外郎中时，负责选任、考核官员，敢于直言，"选法公平，门无私谒"。当时，权臣严嵩当道，一向刚直正派的王道，对严氏父子十分不满，为了不同流合污，曾经数次上书朝廷请求辞职，在高官厚禄与道义正气之间，他总是选择后者。但恰恰具有讽刺意味的是，在王道不幸去世之时，严嵩受命为王道撰写碑志。在王道的墓志中，严嵩也不得不违心地写道："端教表率人才，期于俗变风美，入官中久，自奉如寒素，……而柄用以福生民、利国家。"③在铁的事实面前，甚至连专横跋扈的严嵩也不得不如实地写来加以表彰王道，而当地百姓则更是把王道当成神仙一样来供奉，祈求保佑一方平安。逯中立也是为人正直，敢作敢为，有胆有识。其中他"忤旨停俸"，"见忌

---

① 《二十五史》（第十册），《明史》卷一二〇，《列传》卷八，第376页。
② 转引自杜建成、陈留成《河洛真儒张信民》，仰韶今古（http://www.ysjg.com），2008年8月22日。
③ 焦竑：《国朝献征录》卷二六，《吏部右侍郎王公道神道碑》，第39页。

辅臣"以及"被贬外授"皆因直言敢谏。据《明史》载，给事中仅仅为七品官阶，其职责是"掌侍从规谏，补阙拾遗稽察六部百司之事"，官阶极低，地位卑微，但逯中立遇事敢言，多次置个人得失于不顾，刚直奏议，故此遭受到重大挫折。逯中立明知不可为而为之，为了国家社稷，直言敢谏，最终触怒皇上，被贬为陕西按察司知事。但可能还是其性格所致，他并没有因此而感恩戴德去赴任，而是直接上书，称病辞职归里。

万历五年（1577），王汝训升任刑部主事，后改任兵部主事、给事中等职。此间，礼部尚书兼文渊阁大学士陈与郊，仰仗首辅、次辅横行朝野。王汝训挺身而出，直言抗疏数列其罪，进而斥责时政"默默者显，谔谔者绌"，出现了极其不正常的现象。结果可想而知，王汝训被调往南京。只是在陈与郊去世之后，王汝训才又入京任太常寺少卿。即使是皇帝有违礼之处，他也敢于"极谏"。后他于浙江巡抚任内，敢于除霸安良，再次被夺职，被削职为民。万历三十七年（1609）复出，任南京刑部右侍郎，后到工部"署部事"，但仍不改前志。当时，太监擅权，大兴矿税，榨取民脂民膏，"汝训屡请废帑佐工"。即使太监手执章奏相威胁，王汝训也坚决不予妥协。王汝训一生三起三落，仕途坎坷，但始终不改己志。

南大吉为政，能够时时反省，颇有"自诲之真"。嘉靖三年（1524）正月，南大吉与王守仁就其自诲其"为政多过"与"良知"的对话，其中："越郡守南大吉见先生，自陈其临政多过，问先生：'何无一言教我？'先生曰：'吾已言之久矣。'大吉未解。先生问曰：'吾不言，汝何以知？'对曰：'此某之良知也。'先生曰：'良知非我常言而何？'大吉笑谢而去。越数日，再来，请曰：'某过后甚悔，虽亟思改图，然不若得人预言，不犯为佳。'先生曰：'人言不如自悔真切。'越数日，又来请：'身过可勉，心过奈何？'先生曰：'昔镜未开明，可以藏垢。今镜明矣，一尘之落，亦难住脚，此入圣之机也，勉之。'"① 从中可以清楚地看出，南大吉悟出在每个人的内心深处都存有一"良知"，一个人如果想要达到圣贤境界，不必去别处寻求，只要他不断地进行自我反省，使他的内心深处没有丝毫丑恶可以藏身的地方就可以了。因此，南大吉能够经常审慎反思自己为政之过失，并以"慎独改过"为其"为学致知"之工夫。同时，王守仁亦通过南大吉有"自悔之真"而证明"良知"人人本具，只要"镜明"已开，则"良知"自现。可以说，南大吉在王守仁的点拨下明白了"入圣之机"在于保持心之"镜明"，以了悟本有的"良知"。也正因为这样，南大吉才能够做到不为功名利禄所动摇，不为贫贱忧戚所迁移，能把贫贱、忧戚、得失等置之度外，也才使得南大吉于实践中能够"惟以得闻道为喜，急问学为事"，即使在受到贬谪之时写给王守仁"千数百言"的信中，也"略无一字及于得丧荣辱之间"，可见其胸怀是如此的宽广，心底是如此的无私，这与他一以贯之的"慎独"精神不无关联。

杨东明为官一生，多任朝廷谏官。他坦坦荡荡，尽心尽责，敢于犯颜直谏，为民请命。他在礼部和刑部任职的二十多年时间里，奏请皇帝的重大奏疏就达数十起之多，诸如《请朝疏》、《慎终疏》、《保全善良疏》和《弹劾依仗权势贪赃枉法的大百疏》等。概括而论，这些疏文皆能切中时弊，为大政所急。正因如此，有朝臣称赞他："凛凛风骨如日月行天，有折槛碎阶之风。"② 万历三十一年，杨东明时任刑部右给事中，夏天，黄河突发大水，"齐、梁、淮、徐广大地区数十县遭受大水灾"，土地淹没，房屋倒塌，出现了"人相

---

① 王守仁著，施邦曜辑评：《阳明先生集要》，《年谱》，第20页。
② 《杨东明和他的〈饥民图说〉》，《文物掌故·名人史迹》，河南文物网（http://www.haww.gov.cn），2006年9月19日。

食,骨相枕,民死十之七八"的悲惨景象。面对这样的情景,很多朝中大臣、封疆大吏和言官们皆三缄其口。次年,杨东明则上《饥民图说疏》给皇帝。杨东明所上疏与图,使得朝野上下震惊不已,就连神宗皇帝看罢也是惊恐惶惧,随即下令蠲免受灾地区的租税。可以说,杨东明是一位忠于国家和忠于皇帝的臣子,他居官正直,不畏权势,敢于直谏,这是在冒死为百姓请命,可谓当时士大夫们的楷模。诚然,即使今天看来,他这种敢于直言不计后果的拼命精神,也是值得我们称道的。

第三节 讲孝悌 重亲民

"孝悌"观念是儒家伦理道德的重要范畴之一。"孝"是指子女对父母长辈的尊敬与赡养,"悌"是指弟对兄的敬爱。仁是儒家思想的核心内容之一,而孝悌则是仁之根本。如何才算作孝呢?春秋末期的孔子针对当时社会上的各种现象,曾经指出:"今之孝者,是谓能养。至于犬马,皆能有养;不敬,何以别乎?"[①] 实际上,孔子所谓的孝是包含两方面的含义:一个是物质层面的;一个是精神层面的。对于父母长辈的赡养,只有养而没有敬,是与养犬和马等动物没有区别,这是不对的,必须是二者兼备才可。孔子一再地强调对父母的孝敬,是有深刻目的的。一个人能够尽心尽意地侍奉自己的双亲,敬爱自己的兄长,那么,他自然就是一个具有强烈责任心和敬爱之心的人,会在侍奉双亲和敬爱兄长的过程中培养其良好的品质,最终成为一位仁人,成为一位会爱他人的人,进而同样也

---

① 杨伯峻译注:《论语译注》,《为政篇》,第14页。

会成为一位对社会、对国家能够负责任的人。孔子弟子有子亦讲："其为人也孝弟，而好犯上者，鲜矣；不好犯上，而好作乱者，未之有也。君子务本，本立而道生。孝弟也者，其为仁之本与！"①儒家学者认为，一个人如果在家能够对父母长辈尽孝，能够对兄长顺从，那么，他在社会上就能够忠于国家。因为，在中国古代社会里，家国一体，忠孝一致。在家中能够尽孝悌之心，那么，统治者内部就不会发生"犯上作乱"的事情。因此，提倡孝悌，就是治国的根本。再把孝悌推广到广大的劳动人民中去，即推广到社会下层，那就是亲民。尤其是作为社会上层的士大夫，在为官从政过程中，能够关注社会下层，关注普通百姓，他就会得到百姓的拥戴和称颂。那么，广大百姓也会心悦诚服，绝对服从，感恩戴德，而不会起而造反，这样，基础就会稳固，就可维护国家和社会的安定和谐。因此，讲孝悌、重亲民就成了儒家后学所研习和遵从的一种美好品质。

众所周知，在整个明王朝中晚期的思想界，讲学之风可谓盛行不止。王守仁一生中，广收门徒，聚众讲学，作为王守仁弟子及再传弟子的北方王门后学则大多一生几乎献身讲学，研习学问，重视学校教育，重视为国家培养德才兼备的治国人才。张后觉终仕华阴训导，赵维新终仕长山训导，孟秋从政亦多为地方官，如在昌黎、山海关任期内，他"虽居边围繁邑，未尝一日辍讲"②。而且，北方王门后学皆能亲贤讲学，倡"良知"之要，以讲孝悌，讲亲民为主要内容，大力推广先儒的仁政德治。

据《张弘山集》卷二记载："先生初至学道书院，即讲'孝弟忠信'四字，谓'吾辈在天地间，只四个字终身用不尽了。外此言

---

① 杨伯峻译注：《论语译注》，《学而篇》，第2页。
② 董耀会：《永平府志》卷五五，清光绪二年本，四库存目丛书，齐鲁书社1983年版。

学，便不是学，尧舜之道亦曰孝弟而已。孝弟只在徐行后长，岂难事哉？'"① 他又说："我辈学无他，孝弟忠信是已。人于他事或伪为，独孝弟乃是真心。观之孩提爱亲敬长，有何装饰？不过率性之良，自然爱敬。古之圣人做的事业光明俊伟，亦是此孝弟之真心发见尔。"② 还有，在《感述录》卷三，亦有类似记载，如其中有人问："'孝弟为仁之本。仁本做人，首言其为人也孝弟，终言孝弟为人之本，见孝弟是人之根本，以见当务，如何？'先生曰：'近之。'"③ 他还说："学必以忠信为主，求益友辅此忠信者，速改过去之不忠信者。"④ 孝、悌、忠、信，意为孝顺父母，敬爱兄长，忠于君王，取信于朋友，这是中国古代社会所倡导的道德标准，也是中华民族五千年道德传统的精华结晶。凡是一个朝代，从君王到臣民，如果不讲孝悌，那必定有亡国之难；有孝悌之心的国君，他必定是亲民、爱民的，就像孝顺自己的父母一样。正如孟秋在昌黎任时，"昌黎甫经寇大创，疮痍未起，逋亡且多，先生极力拊摩，还定安集。……尝行部见盲者、废疾无依者，恻然收而养之。邻封皆至，则寓书其尹为之养。有谓迂者，先生曰：'我非渠父母耶'？"⑤ 可见，他们皆深刻意识到了孝、悌、忠、信的重大意义。

北方王门后学亦十分注重孝悌与亲民之间的关系。这正是针对当时明朝中晚期政治风气而言的。此时的封建王朝，官场腐败，贿赂成风，经济濒临崩溃的边缘，再加之"南倭北虏"，边防连连告急，许多官员做官的目的就只是为了捞银子，入朝视事，循例取索。北方王门后学或作朝廷大臣，或为地方官吏，如训导或县令等，为

---

① 钱明主编：《北方王门集》，《张弘山集》卷二，第646页。
② 钱明主编：《北方王门集》，《张弘山集》卷二，第651—652页。
③ 钱明主编：《北方王门集》，《感述录》卷三，第700页。
④ 钱明主编：《北方王门集》，《感述录》卷三，第702页。
⑤ 钱明主编：《北方王门集》，《孟云浦先生集》卷五，《孟我疆先生传》，第457页。

扭转世风和政局，皆能够从自身做起，大力宣扬心学思想，倡良知，讲孝悌，重亲民，施德政，通过教化民众来挽救摇摇欲坠的大明王朝。从这一点可以看出，北方王门后学的讲学与当时政治是紧密联系的，他们是服务于现实政治的。

北方王门后学潜心学问，律己慎独，恪守孝道，清心寡欲，将其亲民、爱民思想贯穿于自己的整个仕途生涯之中。张后觉"中岁授华阴训，寻致仕归。居山中，论慎独则曰：'在天谓之无声无臭，在人谓之不睹不闻，在《中庸》谓之中和，在《大学》谓之至善，一而已矣。故君子慎之'"①，"当在华阴时，会大震，殒者亡算，先生独无恙。奉檄视篆，未匝月起仆弭乱，境赖以安。"②。当时华阴地震，张后觉临危受命，他每每亲临现场，救灾扶伤，体恤百姓，活者无数。当张后觉任满归乡之时，华阴百姓皆夹道泣泪相送。

孟秋拜张后觉为师，学业大有长进，进士及第后，被授予昌黎县令。孟秋倡导求真务实的实学、实讲，坚持学贵真修的实心、实德，主张学以致用的实政、实绩。"实心行实政，兴利除害以安民生者，上也"③。这正肯定了实学、实政乃是救世良药。孟秋如此说，也是如此做的。明朝邹元标在为孟秋作的《奉训大夫尚宝司少卿我疆孟先生墓志铭》一文中写道："辛未（隆庆五年，1571年）成进士，授昌黎令。昌黎疲而残于兵。公一意和惠煦育，兴条编，修城堡，振文教，收孤独，皆德政遗意。初，人或诮其迂，久而曰：'公固大儒也。'上下交相信慕。"④当时，昌黎境内因为战争而造成的焚烧破坏等灾害相当严重，老百姓大多流离失所，孟秋上任后极力

---

① 钱明主编：《北方王门集》，《张弘山集》卷四，《张弘山先生传》，第666—667页。
② 钱明主编：《北方王门集》，《张弘山集》卷四，《张弘山先生墓表》，第669页。
③ 孟秋：《孟我疆先生集》卷七。
④ 邹元标：《愿学集》，《奉训大夫尚宝司少卿我疆孟先生墓志铭》，第42页。

安抚百姓，尽除旧弊，很快使昌黎百姓恢复正常的生产和生活。孟秋在巡视部署、考察刑政之时，见到残疾孤苦无依的百姓，就收养他们，邻县的百姓则闻风投靠，孟秋就致信邻县知县为其代为收养。有同僚认为他这样的做法有些迂腐，不值得，孟秋则说："我虽然不是他们的父母官，但在任期内，我是不会停止资助他们的。不管他人如何，我认定的事情是不会后悔的。"

对待自己的子民，就像孝顺自己的父母一样，这正是孟秋的为官之道。孟秋以德政爱民，政声卓著，屡荐于朝，然而官场黑暗，仅升大理寺评事。其墓碑云："署廷尉两载，以廷尉天下平谳狱，惟允赠父如其官，母孺人。"①《明史·孟秋传》记载："举隆庆五年进士，为昌黎知县，有善政。迁大理评事，去之日，老稚载道泣留。"②孟秋坚守"良知"，积极行事，严于律己。他对自己的要求是为天地立心，为生民立命，为往圣继绝学，为万世开太平，以此担当起齐家、治国、平天下的重任。《国朝献征录》也对其评价说：孟秋在昌黎县，"治县县治"；在大理寺，"治狱狱理"；在山海关，"司马马蕃"；在刑部，"司刑刑清"；在尚宝司，"司玺玺慎"。总之，无论在任何位置上，孟秋都能够"巨帅掣肘"，"投之所向，恢恢乎游刃而解"。③全心全意为百姓、为国家服务。

孟秋为官从政期间，关心百姓，爱民如子，同时，还注意"拔异才"，用自己的俸禄为学、讲学。实际上，这也是孟秋亲民的体现之一。孟秋认为："接人则必掖以学。"④因此，他把兴学施教看成是自己从政亲民的重要职责。任知县时，如有闲暇时间一定会聚

---

① 焦竑：《国朝献征录》卷七七，《尚宝司少卿孟公秋墓碑》，第 59 页。
② 《二十五史》（第十册），《明史》卷二八三，《列传》卷一七一，第 795 页。
③ 焦竑：《国朝献征录》卷七七，《尚宝司少卿孟公秋墓碑》，第 60 页。
④ 钱明主编：《北方王门集》，《孟云浦先生集》卷四，《孟我疆先生集序》，第 435 页。

集诸生讲授王守仁"良知"之学。而且，孟秋还善于发现和挖掘人才，至今昌黎还流传着他发现和培养人才的一段佳话：据说有一次，孟秋到古塔寺拜庙，忽然传来一阵朗朗的读书声。他转身寻着声音走去，发现一位衣着粗劣的年青人正专心致志地蹲在地上，一边背诵诗文，一边用手指在地上写写画画，十分认真，连他的到来都毫无察觉。孟秋经过询问之后才知道此后生名叫张国祥。通过交谈，孟秋发现张国祥十分聪明，于是，便痛快地收他为徒。张国祥从此便和孟秋的儿子一起在县衙跟随孟秋学习。后来，张国祥学问大增，并考取了功名，被授予甘肃渭源县知县，有政声。

赵维新官长山县教谕，所撰《感述录》四卷，是记述其师张后觉讲授四书之义。由于赵维新从政资料的缺乏，所以也只能从他的著作中窥见其政治思想。赵维新遵从弘山先生，学"良知"之言，讲孝悌之义。"或问：'孝弟为仁之本。仁本作人，首言其为人也孝弟，终言孝弟为人之本，见孝弟是人之根本，以见当务，何如？'先生曰：'近之'。""问：'弟子职'章通是孝弟贯，谨是行孝弟而有常，信是言孝弟而有实。众即同胞，爱众是由孝弟而遍及于人，推广此心也。仁即亲长，亲仁是本孝弟而上交于贤，培养此心也。学文是体察孝弟之当否，印证此心也。先生曰：'然'。"① 赵维新认为"仁"的根本就是讲求"孝悌"，而"仁"又是做人的首要，所以"孝悌"则是做人的根本。赵维新仕终长山训导，一生讲学，他谨遵孔子儒家"仁"的思想，承袭王守仁的"良知"学说，师从弘山先生，把握"良知"之精髓，"爱众是由孝悌而传及"，体现出了赵维新的亲民思想。赵维新对心学的探究，以"律己慎独、恪守孝道、清心寡欲"等特征体现于他的日常生活中。赵维新居丧之时，能够

---

① 钱明主编：《北方王门集》，《感述录》卷三，第 700—701 页。

"五味不入"。他真正地将"孝悌"与"亲民"贯穿于自己的授徒讲学和行为实践之中,能够以身示范,教化民众,为后世执政官吏树立了榜样。

嘉靖四年(1525),南大吉治越。在这期间,他曾经向王守仁问政,王守仁回答说"政在亲民",继之,又言及"亲民"与"明德"、"至善"之间的关系。王守仁在其《亲民堂记》中记录了他们这次谈话的内容。从中可以看出,王守仁所谈主要精神是:为政的根本在于"亲民",而所以"亲民"则在于"明明德";"明德"与"亲民"是统一的,"明明德必在于亲民,而亲民乃所以明其明德也。故曰一也";而"至善也者,明德亲民之极则"。王守仁不仅论述了三者一体的关系,同时,他还指出,"天命之性,粹然至善。其灵昭不昧者,皆其至善之发见,是皆明德之本体,而所谓良知者也。至善之发见,是而是焉,非而非焉,固吾心天然自有之则,而不容有所拟议加损于其间也"。即以"至善"为"明德之本体",为"良知"。而"良知"则是"吾心天然自有之则",对此既不可加,亦不可损。通过本次谈话,使南大吉彻底明白了"天地万物为一体"之旨,于是,乃喟然叹曰:"甚哉,大人之学,若是其简易也。吾乃今知天地万物之一体矣,吾乃今知天下之为一家,中国之为一人矣。一夫不被其泽,若己推而内诸沟中,伊尹其先得我心之同然乎?"南大吉遂把其大堂匾额名之曰"亲民堂",并且解释说:"吾以亲民为职者也。吾务亲吾之民,以求明吾之明德也夫!"[①] 也正因如此,南大吉在越,疏运河、浚郡河、开上灶溪、筑陂塘,这一切皆以为民办实事为本,最终赢得当地百姓爱戴,当他罢官而归之时,当地"士民垂涕若失父母"。回到家乡,依然本性未改,"与人和而有

---

① 王守仁原著,施邦曜辑评:《阳明先生集要》,《文章编》卷二,《亲民堂记》,第858—860页。

容","性孝友","居丧执礼",也深刻体现出了南大吉性本孝、重亲民的传统性格。

王道在北方王门后学中堪称大孝子。他在中进士后选为翰林院庶吉士,当时,山东地方盗贼猖獗,为了赡养避难江南的祖母和继母,最终王道选择了辞职。次年,任应天府学学官,他又再次上疏乞奏赡养老人。尤时熙亦能够做到"事母至孝"。他是一个孝子,感念母亲年事已高,需要有人来照顾,遂主动请求解官回家。回到洛阳之后,他闭门谢客,不再出游,一边精心伺候母亲,一边"日以修己淑人为事",在家乡从事讲学,传播阳明心学。为了自己的至亲,王道、尤时熙宁可放弃自己的前程也在所不惜,可见,王道、尤时熙尤为注重孝道。

尤时熙的再传弟子吕维祺一生所学,以《孝经》为宗。他曾说:"一生精神,结聚在《孝经》,二十年潜玩躬行,未尝少怠。"①吕维祺之所以一生宗《孝经》,与其父亲吕孔学有很大的关系。吕孔学为洛阳名儒,有"仁孝公"之美誉。在父亲言传身教之下,吕维祺对孝的理解更为深刻。在他看来,《孝经》是"盖尧舜以来,帝王相传之心法,而治天下之大经、大本也。此义不明,而于下无学术矣。学术荒而天下无德教矣"②。因此,他认为《孝经》比其他儒家经典更为重要,是一切学问的基础,所以,他专门为《孝经》作注,名之曰《孝经本义》。在《孝经本义·序》中指出:"人之行有百,而孝为原,大哉乎!天不得无以为经,地不得无以为义,人不得无以为行,帝王不得无以治天下国家。"③其中还讲道:"孔子本

---

① 黄宗羲著,沈芝盈点校:《明儒学案》卷五四,《诸儒学案下二》,第 1310 页。
② 转引自《吕维祺:久负盛名的理学名家》,洛阳网(http://news.lyd.com.cn),2014 年 11 月 6 日。
③ 转引自《吕维祺:久负盛名的理学名家》,洛阳网(http://news.lyd.com.cn),2014 年 11 月 6 日。

欲以孝治天下，一生精神蕴结，全在于此。"① 此外，吕维祺还著有《孝经大全》、《孝经翼》和《节孝义忠集》等关于孝的论著。可见，吕维祺对于孝的理解并非是一般人所理解的孝。同时，吕维祺在其行为中亦践行了孝行为，做到了"知行合一"。在家中，吕维祺对父亲极其孝顺，当老父病重之时，他皆能够做到"口尝汤药，衣不解带"，日夜侍奉在身旁，不离左右。吕维祺的学问和言行不仅仅影响到其门徒，而且更加深刻地影响到新安吕氏家族成员，使得他们也能够代代推崇理学，讲求孝道。吕维祺的儿子吕兆琳，能够忠孝性成，友恭慈让。吕兆琳的儿子吕履恒，也能够身体力行，践行家传理学。吕履恒之子吕宣曾，也"治经，尤邃三礼"。吕宣曾之子吕公滋研习家传理学，精于考据，著有《春秋本义》一书。可见，新安吕氏家族自吕维祺始，一脉相承，数代人坚持涉猎理学，研习经典，身体力行，讲求孝道，以孝传家，使得理学传家成为吕氏家族的优良传统，并对整个吕氏家族产生了重要影响。

　　孟化鲤于万历十四年（1586）改验封主事，"会卫太安人卒，先生两丁内外艰，哀毁骨立，丧制一准《家礼》，斟酌合宜，可为法式。居丧不茹荤，不入内，不妄言笑。盖先生天性孝，事两尊人无间。或愠，则率妇长跪请过。双台公易篑，先生之留都任在途，以两叔父视含敛。比襄事，每朔必稽颡，曰：'见两叔父，即见吾父母也'"②。孟化鲤不仅对长辈能够尽孝，而且对百姓、对乡亲亦能够尽心尽力，深得百姓爱戴和认可。"先生所至，人皆化之"。有人说："大抵先生之学以无欲为宗，其教人则专以孝弟忠信慎独为要，

---

① 转引自《吕维祺：久负盛名的理学名家》，洛阳网（http://news.lyd.com.cn），2014 年 11 月 6 日。
② 钱明主编：《北方王门集》，《孟云浦先生集》，《理学云浦孟先生传》，第 547 页。

不为高深玄冥之论,至平至实,至易至简,至纯至粹。"① 其弟子王以悟称赞先生:"仕以达道,学本无欲。"② 孟化鲤对待亲人和对待他人一样,皆一依于礼,丝毫不敢有违礼行为,真正践行了一位儒者品格。

杨东明一生注重教学实践,反对空谈,在贬官回乡之后,他还念念不忘为家乡谋福利,主张置社仓,以备饥馑;设义庄,周助婚丧;隆冬施袄,颠连得所;灾疫施药,疾病赖以生;人有冤抑未伸者,必为昭雪。为了城内百姓的安危,他带头捐资,把破败的城墙由原来的土墙砖垛全部换成砖墙,进行加固,崇祯八年(1635),流寇围攻数日,终不能破,城内百姓安然无恙。为了百姓的利益,他还多次亲率村民冒着暴风骤雨抢险护堤,昼夜无间,最终战胜困难。为了永久改变这一状况,他与知县王纳言倡议,在县城南五里处开挖一条新的沟渠,防止水患。后百姓名此沟为"惠民沟",至今未改。我们从万历三十二年(1604)杨东明所上《饥民图说疏》,亦可以清楚地看到他能够体察民情,不畏权贵,敢于为民请命之举,从而拯救了千万灾民之生命,更使国家也得到安定,不仅堪称封建士大夫们的楷模,即使在今天看来,也值得万民称道。

第四节　淡泊名利　清正廉洁

"义"与"利"的关系,是中国古代伦理思想史上的一个重要范畴。"义利之辨"是讨论伦理道德原则与物质利益之间关系的问题,各家各派的思想家们围绕这一概念进行了长久的辩论,并在辩

---

① 钱明主编:《北方王门集》,《孟云浦先生集》,《理学云浦孟先生传》,第 548 页。
② 钱明主编:《北方王门集》,《孟云浦先生集》,《理学云浦孟先生像赞》,第 550 页。

论过程中形成了各自不同的义利观。如老庄一派倡导"无欲";杨朱"拔一毛利天下不为也"。他们各执一端,未免失之偏颇,而以孔子为代表的儒家学者则认为两者之间存在着既矛盾又统一的关系,能够比较全面地对待义和利的关系问题。可以说儒家的这一义利观也即代表着我们现代中国人的义利观,仍然对现代人们的社会生活、行为选择和道德评价产生着重要影响。也正是因为如此,孔子及其儒家的义利观在中国传统文化中的影响也最为深远。

所谓的"义",一般是指人们的思想和行为合乎公认的社会道德准则。在儒家创始人孔子那里,主要是一种从"仁"的思想中进一步引申出来的与"礼"的要求相一致的道德规范。所谓的"利",主要是指物质利益或功利。不少人认为孔子的义利思想是重义轻利,以义排斥和否定利,把义与利绝对对立起来。实际上,这种说法有失偏颇。孔子是重义轻利的,但同时他又讲义与利是统一的,肯定了人们追求物质利益的合理性。总之,在义利问题上,孔子主张重义轻利,先义后利,同时又注重人们对物质利益的获得和满足,肯定人们对物质利益的关心和追求,强调利益的获取要以"义"为度,反对在对个人利益的追求中不择手段,见利忘义。

正是在这种思想影响下,历史上一些仁人志士能够置个人利益和生死于不顾,为了实现自己所追求的社会理想和道德理想前仆后继,宁死不屈;当个人利益与他人利益发生冲突和矛盾时,能够舍弃个人利益成全他人利益;在各种功名利禄的诱惑面前,能够刚正不阿,信守道义;或者当民族处在生死存亡的紧急关头时,能够不顾及个人安危,舍弃个人利益而服从整个民族利益,甚至舍生赴死,用自己的鲜血和生命维护民族尊严和国家统一。所有这些,在中国社会历史发展中都具有积极意义。北方王门后学的为官之道则与先儒是一脉相承的,即他们皆能够淡泊名利,心系百姓,心系王朝,舍弃自己的利益而为百姓谋利益，名留千古。

穆孔晖生性豪放豁达，性情所致，无所顾忌，典型的鲁西人性格。在庭堂之上，不仅敢于直言，敢于"上章自劾"，而且还敢于得罪当时"八虎"之一的司礼秉笔太监刘瑾。回归家乡后，穆孔晖亦是"杜门静养，与世相忘"，每日的生活起居亦极其简朴。正因为他为官时清正廉洁，并没有什么积蓄，他在老家也并没有修建豪宅深院，他居住的房屋与当地普通老百姓家无异，"居官三十年，茅茨仅蔽风雨"，尽管如此，他还常常拿出自己的薪金资助邻里乡亲，因慈善而扬名乡里。可以考见，穆孔晖一生淡泊名利，清正廉洁，算得上是一位清官、好官。

张后觉曾说："尝观天下事，八九不如意。若要事如意，此心百倍费。何如静味书，免却闲杂累。古今多少人，几个知义利？义利辨不明，读书不识字。君子正路由，小人垄断立。正路终坦平，垄断多颠踬。营营逞机关，荒却方寸地。冉冉老更催，子孙难耕治。区区数年来，着力去斯弊。穷达已在天，温饱非吾志。"① 张后觉把"义利"与"读书"相对比而言，一个人如果要读书做学问，首先必须要辨清义利，淡泊名利，否则，读书是无用的。君子是正义之路的建立者，而小人恰恰相反，如果正义之路平坦无阻，那么就会使得小人之私利难以得逞。因此，他自己一生潜心修学，教授弟子树立正义之路，深究学术，去除私弊，淡泊名利，实现自己的伟大理想。张后觉定居茌平后，凡任仕于茌平或途经茌平之官吏、儒生，莫不慕名前来造访问业，交流思想。甚至于当时的山东巡抚李世达，也曾两诣山居，与其促膝长谈，李世达虽"饱食蔬菜"，却心满意足而去。

---

① 钱明主编：《北方王门集》，《张弘山集》卷三，《书屏》，第659页。

孟秋居官任内，清正廉明，克己奉公，洁身自好，虽曾官至五品，但一生始终贯穿一个"穷"字。孟秋自幼凝重端淳，读诗书即通其大意。接触到张后觉，听他讲阳明心学之后，孟秋尤为心向往之，随"执弟子礼受业，发愤慨慕修"①，然而"家贫甚"，于是就"撤屋瓦鬻之，以供膏薪"②。隆庆五年（1572），孟秋进士及第，授任昌黎知县。上任伊始，他就访贫问苦，施行德政，还用自己的俸禄供养了三十多位贫寒的学子，收养了许多孤残的百姓，深受百姓爱戴。万历五年（1577），调任大理评事。在离任之时，他将俸禄全部赠予了周围贫穷的老百姓，这样，县民得到可以三年不纳粮的实惠。可见，孟秋之所以"穷"的根本原因即是为民着想，亲民爱民，而把自己的利益放在一边。到达京城之后，孟秋生活依然处于食不果腹的境况，即便如此，仍然每日咏歌而自得："谁泛渔舟系柳荫，江湖春水荡尘襟。丈夫自有经纶事，物外逍遥亦放心。"③悠闲自得，苦中自乐。万历七年（1579），孟秋迁职方司主事，"以职方员外郎督师山海关。关政久弛，奸人出入自擅，秋禁之严，中流言。万历九年（1581），京察坐贬，归途与妻孥共驾一牛车，道旁观者咸叹息。"④孟秋在归家途中，仅仅是与妻儿共驾一牛车，其他则一无所有，百姓观之，无不为之慨叹。《尚宝司司丞孟秋墓志铭》中也称颂道："公之归也，与妻孺人共驾一牛车，旁观者掩口笑曰：'昔镇是者黄金满载，身名俱亨。今自苦如此而不得安其位，廉吏

---

① 转引自《孟秋：固穷之荣——走近"聊城七贤"》，聊城新闻网（http://www.lcxw.cn），2010年11月9日。
② 转引自《孟秋：固穷之荣——走近"聊城七贤"》，聊城新闻网（http://www.lcxw.cn），2010年11月9日。
③ 孟秋：《茌平县志》，《艺术志》，《诗集篇》，《幽居》，民国二十四年（1935）修，济南五三美术印刷社承印，第72页。
④ 《二十五史》（第十册），《明史》卷二八三，《列传》卷一七一，第795页。

安可为也?'公怡然归，陋巷箪瓢，若将终焉。"① 在归家之时，孟秋与妻子家人共驾一辆牛车，没有一件像样值钱的东西。归乡后，孟秋依然故我，"陋巷箪瓢，若将终焉"，大有亚圣孟子之气概。他与兄弟们共处的房屋常常是"不蔽风雨"，家中无积蓄，唯有大批书籍堆置房中。万历十二年（1584），孟秋重被起用，五年后升任尚宝寺少卿，后卒于任上。据史料记载，孟秋"卒之日不及殓"，"穷"至临终。

  一介五品高官，在归乡之时，竟然乘坐一牛车，所带行李没有一件值钱的物品，委实可歌可叹。而当时的孟秋却不在意，一路悠然，心境坦荡，自己作歌吟唱："黄金满载非吾愿，白手还家未足羞。独来独往原自我，浩然天地一虚舟。"② 浮沉仕途概十余年，孟秋始终廉洁从政，不畏权贵，淡泊名利，两袖清风，视金钱如粪土。孟秋在归乡之后，他与兄弟共处的房屋"不蔽风雨"，破败不堪，依然过着"陋巷箪瓢，若将终焉"的清苦生活。也正因为如此，孟秋才得以尽交海内朋友。"许孚远（时任福建巡抚都御使——引者）尝过张秋，造其庐，见茅屋数椽，书史狼藉其中，叹曰：'孟我疆风味，大江以南未有也。'"③。孟秋为官清廉于此可见一斑。这也恰恰是其一生志向真实生动的写照，值得人们深思。孟秋在百年之后，家中竟然连买一口棺材的钱也拿不出来，最终，还是在友人的募捐之下才得以治棺入葬的，真正做到了"以廉吏令终"④。清朝康熙年间的江西吉安推官陆业桂在《孟我疆先生文集》一书的序中写道："孟秋以理学教天下，以清白遗子孙，足矣！"⑤ 后廷臣为其请

---

① 焦竑：《国朝献征录》，卷七七，《尚宝司司丞孟公秋墓碑》，第 59 页。
② 孟秋：《茌平县志》，《艺术志》，《诗集篇》，《自山海关归·又》，第 72 页。
③ 《二十五史》（第十册），《明史》卷二八三，《列传》卷一七一，第 795 页。
④ 焦竑：《国朝献征录》，卷七七，《尚宝司司丞孟公秋墓碑》，第 59 页。
⑤ 转引自孟传科《孟秋教育思想之管窥》，聊城文化部落（http://whbl.lcxw.cn），2011 年 2 月 13 日。

谥者奏章竟多达数十以上。天启二年，赐谥号"清宪"，其意为清正廉明之官。

与张后觉、孟秋相比，赵维新更是将名利置之于身外。同窗好友孙月峰曾评价赵维新："先生潜心性学，品格孤高。经史不释于手，名利不入其心。"①赵维新一生最喜欢的事情就是讲学，而对于名利从"不入其心"。在他考取岁贡生之后，只任长山教谕一职，官衔虽不高，但他并不在意，而是从中自得其乐，对功名利禄不放于心上。随师弘山先生学习"良知"之说，探求心学之奥旨，并将其传授给自己的弟子。其一生献身教学，置名利于身外不顾，对于金钱玉帛之物，视而不见。据《明史》记载：赵维新居丧之时，五味不入口，柴毁骨立，杖而后起。乡亲们想推举他的孝行，他极力辞谢。丧偶后，五十年不再续娶。据说有一次，他家雇工在垒筑院墙的时候，于旧墙基中"得金一篋，工人持之去，维新不问"②。总之，赵维新家境贫寒，有时候还要"并时而食"，尽管如此，他仍能够超然自得，乐在其中而不改其志。赵维新以九十二岁高龄无疾而终，也可从一个侧面考见他心胸之宽广。

隆庆五年（1571），王汝训中进士后任元城（今河北大名）知县，赴任前将自己家产大部分分给乡里贫穷亲故，仅留数亩薄田为生。③于任内，一次盗贼入室，被王汝训发现，他并没有大声喊捉贼，反而把家中钥匙交出，任贼自取，可最终贼人只看到些破衣散钱和几袋粮食，失望至极，贼人连声叹息并叩头谢罪而去。④我们再反观王汝训一生。王汝训生当明朝没落之时，政治极其腐败。神宗继

---

① 钱明主编：《北方王门集》，《感述续录》卷四，《名公评附》，第795页。
② 《二十五史》（第十册），《明史》卷二八三，《列传》卷一七一，第794页。
③ 转引自刘洪山《走近"聊城七贤"》，聊城文化部落（http://whbl.lcxw.cn），2010年11月23日。
④ 转引自刘洪山《走近"聊城七贤"》，聊城文化部落（http://whbl.lcxw.cn），2010年11月23日。

位之后,长期深居宫内,纵情声色,不问政事。而当时的朝臣结党营私,争斗不已。在这种黑暗复杂的政治环境中,王汝训并没有明哲保身,而是仗义执言,淡泊名利,敢说敢为。如王汝训检劾陈与郊;迁调南京后,大胆进言,请求裁减多拨给太常寺的经费;甚至于直言敢谏,上书神宗,指责神宗未能亲自参加孟秋祭祀祖庙之大典;还有其任职工部之时,敢于为民请命,力争清除矿监税使之弊端;任浙江巡抚之时敢于为民除害,大胆铲除告老归家的尚书董份和祭酒范应期,使他们皆得到应有的惩罚。看其为官之气节,给人以极大震撼,这也从一个侧面反映出王汝训淡泊名利,敢于为民请命的精神。总之,王汝训不但为官正直,而且清廉,虽官至高位,却淡泊名利,过着十分清贫的生活。

逯中立与王汝训亦有共同的经历,自然,其一生亦极其相似。《四库全书总目提要》在介绍逯中立所著《两垣奏议》时,概括介绍其事迹,曰:"是书凡奏议六篇,皆中立为给事中时所上。以历官吏、兵二科,故称两垣。其中《论公用舍》、《论修史用人》及《论会推阁臣》三疏,本末略具《明史》本传。盖中立以是三疏,一忤旨停俸,一见忌辅臣,一被贬外授。"[①] 一个人在其一生最好的一段时间内,竟然经历如此三次巨大的挫折而不气馁,实在是难能可贵。想必逯中立当时不会顾及自己的名利得失,清正廉洁,一切皆是为了国家和朝廷的利益,其行为终究为朝野倾慕,当时海内外学者皆以其为楷模。革职后的逯中立,可谓"家徒四壁",但仕途的挫折和生活的窘迫,并没有击垮他,反而自己毅然如故,来到东林书院,与志同道合的朋友一起讲学授徒,探究学问。总之,逯中立家居二十余年间,亦能够安贫乐道,一心一意倾心于学问,官场失意和

---

① 永瑢等:《四库全书总目》卷五五,史部,《诏令奏议类》,"两垣奏议"条,第500页。

生活的困苦都丝毫没有动摇他的远大志向。

孟化鲤万历十一年（1583）任户部主事，冬天，奉差管理河西务税务。早在宣德四年（1429），朝廷"以钞法不通，由商居货不税。由是于京省商贾凑集地市镇店肆门摊税课……悉令纳钞"①，且改隶户部，税收多用以支付军事抚赏费用。户部将天津钞关移至河西务，升格为户部分司，这使得河西务成为大运河上非常著名的榷税钞关。明代时期，京杭大运河航运空前繁荣，明政府对钞关寄予厚望，如河西务钞关设立之初，年征税额约合白银四万两。而事实上，河西务钞关税额每年不仅能如数完成，而且还呈现出稳定增长的态势。到万历年间则达到七万一千两。至万历二十五年（1597），全国运河一线七大税关（明代时期沿京杭运河一线共有七大钞关，由北至南依次为：北京崇文门钞关、天津河西务钞关、临清钞关、淮安钞关、扬州钞关、苏州浒墅钞关、杭州北新钞关——引者）每年税收总额则多达四十余万两，约占当年太仓库银收入的十分之一。诚然，钞关设立之后，户部差官和地方胥吏心术不正者勒索过往商人和船只，扰害当地百姓等事情一直比较严重。弘治年间，倪岳曾上疏谈及户部官员出监课钞情况，其中曰："其间贤否不齐，往往以增课为能事，以严刻为风烈，筹算至骨，不遗锱铢。常法之外，又行巧立名色，肆意诛求，船只往返过期者，指为罪状，辄加科罚。客商资本稍多者，称为殷富，又行劝借。有本课该十两科罚劝借至二十两者。少有不从，轻则痛行笞责，重则坐以他事，连船拆毁。客商船户，号哭水次，见者兴怜。"②其中还讲道："其科罚劝借者，或倚称修理公廨，或倚称打造坐船，率皆借名入己，无可查盘。况此等官员，既出部委，各处巡抚，视为宾客，巡按官待以颉颃，是

---

① 《二十五史》（第十册），《明史》卷八一，《志》卷五七，第217页。
② 陈子龙等辑：《明经世文编》卷七八，《青溪漫稿二》，中华书局1962年版，第246页。

以肆无忌惮，莫敢谁何，以至近年客商，惧怕征求，多至卖船弃业。"① 由此可见，当时钞关弊端之严重状况，到了非改不可的地步。

孟化鲤到任后，铲除宿蠹，痛革积弊。尤其是税务机关及税务官员一切费用全部来自国库，不再打扰当地行户。同时，亦下令严禁差役无故刁难商户。除此之外，孟化鲤把一切国课尽付武清县令管理，自己一钱不染。后来，税期已满，常数已足，孟化鲤下令停止征收赋税，结果，免征千余金。武清县令还想再为地方财政多征收一些，孟化鲤断然拒绝。万历十四年（1586），"江南、山左大饥，先生奉命往赈，哀益稽核，全活无算"。因此，时人称赞曰："先生所至，人化之。在榷则清贪墨之风，在铨则抑奔竞之途，在里则以恬淡古朴为里俗先。"② 可以说，在孟化鲤管理河西务事务时可谓做到了淡泊名利，清正廉洁，得到时人一致好评。

孟化鲤的得意门生王以悟（1557—1638），字幼真，河南陕州人，十分好学，追随孟化鲤长达二十年之久，深得儒学之要义，被誉为"洛西儒宗"，其书舍名曰"常惺惺所"，乃自号曰"惺惺主人"。万历三十二年（1604），王以悟中进士，任邢台县令，颇有政绩。在他上任之时，邢台连年遭遇灾荒，民不聊生。王以悟到任后广施惠政，设立粥棚、发放棉衣，以济贫民，还经常不辞劳苦，深入民间访贫问苦，"决讼狱，断冤案，解民疾苦"。他还用自己的俸禄，赎回穷人卖掉的妻室儿女，使其家庭完整。王以悟因政绩卓著而擢升兵部主事，于任内仍一如既往，屡屡上疏，皆关时政。由于他的种种"出格"行为，遭到一些心术不正之人的非议，但他并没有因此心生怨恨而退缩，而是心平气和不予理睬，依然是我行我素。天启元年（1621），出任山西布政司右参政，仅三月而辞官回乡，从

① 陈子龙等辑：《明经世文编》卷七八，《青溪漫稿二》，第 246 页。
② 钱明主编：《北方王门集》，《孟云浦先生集》，《理学云浦孟先生传》，第 548 页。

此隐居不仕。在家乡，王以悟兴办讲会，专门授徒讲学，传播理学，以育人为乐。

孟化鲤的另一位高足吕维祺考中进士后，授兖州推官，掌治刑狱。于任内，除革除狱中"虐囚"弊政外，还时时关心百姓疾苦。万历四十三年（1615），兖州府遭受严重灾荒，赤地千里。吕维祺一边下乡察看灾情，一边如实向上级陈述，请求上级进行救济；同时，他还捐出家财来接济受灾民众；又积极奔走倡议设立粥厂，修建临时房屋，收容难民，由于采取了种种恰当实用的措施，使万余受灾百姓得以活命。总之，吕维祺在兖州任上的六年时间内，不仅以诚实尽责得到当地百姓极大信任，而且亦以清正廉洁获得上司的认可，因此，吕维祺先后曾得到山东巡抚等二十七位上司和同僚的大力举荐。万历四十八年（1620），吕维祺擢升吏部主事，不久，又历任文选司主事、考功司员外郎、文选司员外郎等职。熹宗即位，宠信魏忠贤，不理朝政。吕维祺因上疏建言得罪魏忠贤而遭致挤压，遂辞官还乡。在家乡，吕维祺设立芝泉讲会，专意于授徒讲学，传播理学学说。崇祯元年（1628）起用任太常寺卿，督四夷馆。两年后升任南京户部侍郎，总督粮储。于任内，吕维祺依然如前，大力整顿吏治，严惩贪官污吏，使得仓储充实。崇祯六年（1633），升任南京兵部尚书，参赞机务。于任内，则又因剿寇不力，被劾免官。遂归居洛阳，设立伊洛会，广招门徒和著书立说。崇祯十四年（1641），李自成攻陷洛阳之时，吕维祺力劝福王朱常洵散财饷士，未能成行，遂自尽出家财，设局赈济。

综上所述，北方王门后学真正地践行了中国古代"达则兼济天下，穷则独善其身"的豪迈情怀，以及能够"为天地立心，为生民立命，为往圣继绝学，为万世开太平"的伟大历史使命。可以说，在中国儒学发展史上，阳明后学中的北方王门后学，无论在当时还是在后世，都有着重要的影响。他们的学术活动及教育实践都有着一定的社会政治基础，也就是说，他们的政治思想决定着他们的学术研究和教育实践。面对当时的社会现实，他们都积极入世，大力讲求"明体达用之学"，积极"传道授业解惑"；他们积极主张励精图治，崇尚德政；敢于直言，注重慎独；讲求孝悌，注重亲民；淡泊名利，清正廉洁；安贫乐道，深究学术；关心人才，提携后进。俗话说："天下熙熙，皆为利来，天下攘攘，皆为利往。"更何况在明王朝那个皇权高度集中的时代，许多官员当官的目的就是为了捞取钱财或者是捞取政治资本，而北方王门后学却大不一样，他们穷其一生，淡泊名利，潜心研究阳明心学，献身教育，粗茶淡饭，两袖清风。北方王门后学用实际行动去落实和体现自己的爱民思想，如此廉吏，可谓苦节清修，令人钦佩。用今天的话说：真正的爱民之官，从来都是低调做人，高调做事。

第五章　北方王门后学之教育实践

讲学始于孔子，也是后世儒家学者一贯坚持的原则和主张，著名学者吴震先生就曾经说："讲学自孔子始。"①《论语·述而》中记载孔子的话："德之不修，学之不讲，闻义不能徙，不善不能改，是吾忧也。"②春秋时期，孔子创办私学，施行"有教无类"，打破先前"学在官府"、"以吏为师"的教育垄断局面，扩大了受教育的范围，平民子弟也能够接受教育和学习文化知识。此后，西汉武帝"罢黜百家，独尊儒术"，大力推行儒学教育，儒家思想成为中国封建社会的统治思想。因此，于朝廷设立太学，于天下郡国皆设立各级学校，儒学教育更加普及。到了隋唐及其以后各个时期，科举制度的实施更推动了教育事业的发展，使得从中央到地方学校制度更加完备。

与官学教育发展的同时，私人讲学之风也不断向前发展，尤其是在宋代，以私人讲学为主的书院教育兴起并蔚然成风。书院是中国封建社会后期发展起来的一种特有的教育组织形式。唐末至五代时期，由于战乱频繁，官学不断衰退，许多学者隐居山林，遂模仿佛教禅林讲经制度创立书院，集藏书、研究和教学三位于一体。到了明代，官、私书院众多，尤其是一些私立书院自由讲学，抨击时弊，成为传授知识、交流思想和探讨政治的场所。由于其特性，到

---

① 吴震：《阳明后学研究》，学林出版社1998年版，第423页。
② 杨伯峻译注：《论语译注》，《述而篇》，第67页。

了明朝中晚期,地方官、私学校与书院共同构成了当时的国家教育。与此相适应,到了明朝中晚期,由于朝代的发展和时代的需要,于学术界,阳明心学盛行,打破了程朱理学一统天下的局面,掀起了一场思想解放运动。学者们走出书斋,各抒己见,讲学成风,"从讲学规模、声势以及所造成的社会影响等层面来看,这一时期的讲学运动远远超过了历史上的任何一个时期,先秦诸子周游列国式的讲学自不用说,即便是宋代以后有一定组织规模的书院讲学以及历时并不算短暂的理学思想运动也完全无法比拟"[1]。

在明朝中后期,北方王门后学亦同当时其他学者一样,极其重视文化教育事业。在他们每个人的一生当中,无论是为宦从政之时,还是致仕在乡为民,每到一处皆坚持设立学堂,创建书院,举办讲会,聚徒讲学,始终把教育当成兴政之本、治国之策,把教化作为第一要务放在首要位置。因此,北方王门后学不仅皆是齐名当世的思想家,同时也是齐名当世的教育家。他们的教育思想与他们的学术取向和研究皆有着密切的关联。在教育实践过程中,他们皆能够重视经世致用之实学,提倡高尚气节,以挽救时弊为己任,始终不渝地贯彻了自己的学术思想和政治理念,宣扬并发展了自己的学说和主张。总体而言,王守仁心学兴起之后,在阳明学者的大力推动之下,阳明心学已经渗透到各级各类官、私学校教育之中,从国子监到府、州、县学,都有在讲授阳明心学学术。可以说,阳明心学在当时的影响尤为重大,除却上述所讲各级各类官、私学校之外,还有就是在各地官、私书院的大力传播之下,心学成为书院教育的主要内容之一。北方王门后学既然皆为王学传人,是学问大家,就不能不将自己的学术传承下去,因此,他们利用各种有利时

---

[1] 吴震:《明代知识界讲学运动》,《引言》,学林出版社2003年版,第3页。

机,在不同的场合,来大力宣传阳明心学,为国家培养出一批知名的学者和有用人才。

第一节 兴学施教

北方王门后学或师承王守仁,或师承王守仁弟子,他们皆把讲学看成是第一要务。因此,他们讲学益久,则教授的门徒弟子众多。他们讲学皆根据具体情况而定,或在为官从政之时,或被罢官归乡,或丁父母忧,或致仕在家,或者是在交游访友之时,大多没有固定的讲坛,随时间和机遇而定。他们讲学的形式可谓多种多样,大多是在书院和学校,甚至于在寺院等地方来讲学,也有时是相约在某一处或某某家中以文会友的形式来讲学和研讨学问。

到了明朝中后期,由于官学教育的松弛与僵化,加之阳明心学的兴起,在嘉靖一朝,书院发展达到高潮。譬如,当时山东的官学比较废弛,嘉靖年间,时任山东提学的陆鈛在其所著《朐山书院记》中指出:"朐入国朝来,自马澹轩学士以文章行谊鸣一时。厥后寂寥无闻,黉校圮而不修,士风颓而不振,至有数十年不登荐书者。"① 可见,当时山东官学教育之状况,这无形中为山东书院教育的兴盛提供了前提条件。阳明心学此时也已经传播到山东、河南等北方地区,如穆孔晖、张后觉、王道、孟秋、赵维新等在山东,尤时熙、孟化鲤、杨东明、张信民、吕维祺等在河南,南大吉则在陕西渭南一带,皆在传播阳明心学。同时,在山东、河南等地为官的一些知名学者,尤其是信仰阳明心学的官员,如名儒"弘山先生"张后觉,

---

① 天一阁:嘉靖《临朐县志》,《杂志》,《诗文》,《朐山书院记》,第31页。

"早岁,闻良知之说于县教谕颜钥,遂精思力践,偕同志讲习,已而贵溪徐樾以王守仁再传弟子来为参政,后觉率同志往师之,学益有闻"①。教谕颜钥、参政徐樾皆为政府官员。再如提学副使邹善、东昌知府罗汝芳等也都是阳明心学的传播者。当时,山东有些书院就是他们建成的。如《明史·张后觉传》中记载:"东昌知府罗汝芳、提学副使邹善皆宗守仁学,与后觉同志。善为建愿学书院,俾六郡士师事焉。汝芳亦建见泰书院,时相讨论。"②为北方王门后学的传道授业提供了诸多便利和强有力的保障。

穆孔晖于嘉靖十三年(1534)告老还乡,居家之日,仍是读书不辍,且接受远近朋友的邀请讲学,同时,在运河区域开办书院,主持讲席,积极教书授徒,大力推广传播阳明心学。如王汝训即是其门徒之一,能够刻苦学习,努力钻研,后来成为著名的学者和官员。再如乾隆《东昌府志》记载,于明正德年间,穆孔晖诸弟子在堂邑县建元庵书院。③不仅如此,穆孔晖还特别注重乡村社学教育,他在《无极县社学记》一文中,认为社学在培养人才方面起着十分重要的作用。他提到"才始于教,教始于养,夫童而不教,则长而寡才"④。社学是官立的用于启蒙孩童的一种教育组织形式。社学学生所学内容主要有《三字经》、《百家姓》、《孝经》、《四书》和法律知识等基础知识,使学生自幼就接受传统教育。社学创始于元代,经过元、明,至清而终结。总体而言,明初政府对社学督导甚严,不仅委派官员督察,而且制定有详细的奖惩措施。只是到了明中期以后,随着国家统治的盛极而衰,社学教育也渐趋衰落下去。在这

---

① 《二十五史》(第十册),《明史》卷二八三,《列传》卷一七一,第794页。
② 《二十五史》(第十册),《明史》卷二八三,《列传》卷一七一,第794页。
③ 乾隆《东昌府志》卷十三,《学校上》,第11页。
④ 嘉靖《真定府志》卷十五,《穆孔晖》,《无极县社学记》,第34页。

种情形下，穆孔晖对社学的衰退感到十分痛惜，因此，他强调社学在培养人才方面的重要性。

张后觉亲务讲学，积极传播阳明心学，是"山东王学"的主要创建者。他的学问得到时人的肯定和赞赏，当时，东昌知府罗汝芳、提学副使邹善皆宗王守仁心学，与张后觉志同道合，交往甚密。于是，邹善在聊城建愿学书院，聘请张后觉为山长，并亲自率领六郡儒士师从张后觉。罗汝芳则在济南建见泰书院，时常延请张后觉前来讲学，并与之讨论学问。后来，张后觉"犹以取友未广"，于是，"北走京师，南游江左"，以扩充自己的见闻和学识。每到一地，张后觉必登门拜访当地名流学者，与之切磋学问；还必登台亲务讲学授业，传播王学，故而弟子门生遍布大江南北。张后觉定居茌平以后，凡任仕于茌平或途经茌平之官吏、儒生，莫不造访问业，与之交流学术和思想。据相关史料记载，就连当时的山东巡抚李世达，也曾经两次亲自登门造访。弟子孟秋在其撰写的张弘山《语录后序》中亦曾提及："万历丙子（1576）春，愚宰黎，闻弘山先生北游燕邸，会楚侗诸公相与论学，以印孔门正脉。愚遣人迎之，至昌黎则暮春矣。是时馆于萧寺，讲于书院，乡先生及生徒素志学者数十人，晨夕相继，请益不间。……先生循循诲之，亹亹不倦，每聆教言，即时纪之，备在语录中。虽精微妙旨，非诸生可悉，而阅其大端，亦宛然授受意也。愚收而集之为一帙，将以备诵法也。"① 张后觉的谆谆教诲，培养出了一批又一批的高才弟子。尤其是在接受阳明心学较晚的北方地区，张后觉积极献身讲学授业，加速了阳明心学的北移。而且其讲学精神，也深深地影响到了孟秋和赵维新等人，激励着他们也和其师一样去积极地兴学、讲学和传授知识、研

---

① 钱明主编：《北方王门集》，《张弘山集》，《弘山先生语录后序》，第676页。

讨学问。

　　孟秋十分重视教育事业，把教育视为第一要务。在孟秋的生涯中，无论是为官从政，还是致仕为民，每到一处都坚持设学堂，建书院，办讲会，始终把教育当成兴政之本、治国之策，把教化作为第一要务放在首要位置。他认为："惟讲学方能作官。"① 孟秋在从政为官期间，不论公务多么繁忙，始终不放弃教书育人。在昌黎，他自费供养了三十多名学生，并亲自为这些学生授课；在山海关，一些好学之人时时前来向他请教学业，占用的时间再多，他也不知疲倦，没有丝毫的倦怠之意；在都门，他一心会友，设讲舍，授理学，尤其是与同窗好友、吏部文选司郎中孟化鲤"比舍居，食饮起居无弗共者"②，过往甚密，道义相勖，经常在一起切磋学问和著书立说，在京城灵济宫等讲舍传授阳明心学。总之，"先生（即孟秋——引者）心如太虚，视世界浮云，毫无芥蒂。虽居边围繁邑，未尝一日辍讲"③。时当朝宰相张居正为了强化思想管制，下令于全国范围内禁止讲学。但孟秋极力反对，直言"惟讲学方能作官"，与其针锋相对，为此，得罪了宰相张居正而被罢免官职。孟秋致仕归里之后，不改前志，毅然不放弃讲学，他说："斯人不同鸟兽。在上位，则皇皇于救民；在下位，则讲学以明其道，不敢自暇自逸，宁肯乐道山林以自老乎？"④ 后来，他曾与孟化鲤在聊城、洛阳一带共同创立兴学会，创办昆山、川上等讲会，并在安山湖边的昆山月岩寺等处与其好友陈铁峰（即陈职——引者）联会讲学，传播知识和培养人才。

---

① 《二十五史》（第十册），《明史》卷二八三，《列传》卷一七一，第795页。
② 转引自孟传科《孟秋教育思想之管窥》，聊城文化部落（http://whbl.lcxw.cn），2011年2月13日。
③ 焦竑：《国朝献征录》卷七七，《尚宝司司丞孟公秋墓碑》，第59页。
④ 转引自孟传科《孟秋教育思想之管窥》，聊城文化部落（http://whbl.lcxw.cn），2011年2月13日。

月岩寺坐落在今阳谷县张秋镇，始建于元至正元年（1341），重修于明代万历七年（1579）。寺院坐北向南，总面积三千多平方米。寺外山上有碑刻数方，其中最为别致醒目的是峭壁之上"马跑泉"和"南海别院"两方题刻。据说当时周穆王狩猎到此，为寇所困，正当苦于口干无水之时，忽然，跨下坐骑刨地而出水，由此该水得名"马跑泉"。同时，也因周王受困于此山，而此山名曰"困山"，经后人讹传成为今天的"昆山"。又因为这座山的走向由西向东又弯曲向南，就像一勾弯弯的明月，故又名"月岩"。处于昆山半山腰的这座寺院，也就因此而被称作"月岩寺"。

孟秋居家期间，经常利用"月岩寺"这一名胜之地，与他的同乡陈铁峰等知名学者在一起联会讲学，前来听讲的学生不计其数。据说，就邻县的学子仰慕孟秋并且前来聆听讲学的常常达到几百人。此时，阳明心学的影响主要还是在江南地区，在江南地区先后形成了几个大的阳明后学派别。在北方，由于孟秋、孟化鲤等创办的兴学会规模宏大，参与成员众多，学术交流频繁，从而很快促进了阳明心学的北移。由此，孟秋讲学之地聊城便成为阳明心学北传重镇之一。明太子太保兼东阁大学士于慎行作《上昆山月岩寺陈铁峰孟我疆诸君会讲处也》歌："何代标金刹，层崖半倚天。松门低落日，石窦泻鸣泉。野旷寒烟积，山高细路悬。因怀莲社客，惆怅讲堂前。"[①] 对兴学会予以缅怀和颂扬。当时，在"二孟"（即孟秋、孟化鲤）周围形成了一个庞大的学术团体，其中，主要学者就有邹元标、顾宪成、高攀龙、张元忭、冯从吾、杨起元、唐伯元等，皆为当时非常著名的阳明学者。他们共同兴学，传播知识，相互商证，在全国影响很大。

---

① 于慎行：《谷城山馆诗集》卷十，《上坤山月岩寺陈铁峰孟我疆诸君会讲处也》，四库全书本，迪志文化出版有限公司2003年版，第10页。

据史料记载，张后觉、赵维新二人曾先后任训导之职。张后觉是以岁贡生授华阴训导，而赵维新亦以岁贡生为长山训导。《明史·职官志四》："儒学：府，教授一人，训导四人。州，学正一人，训导三人。县，教谕一人，训导二人。教授、学正、教谕，掌教诲所属生员，训导佐之。"① 由此可知，训导职能通常为辅佐地方知府，为基层官员编制之一，主要功能为负责教育方面的事务。作为长山训导的赵维新，不求闻达，廉洁自律，专注讲学，讲孝悌忠信，讲真实真性，从岁贡生至九十二岁高龄，从一而终，令人钦佩。还有逯中立，万历二十二年（1594），吏部郎中顾宪成因故削籍，逯中立因为其上疏而触怒皇上，被贬为陕西按察司知事。但逯中立没有前往就职，而是选择了称病辞职归乡，在聊城"家居二十余年"。在这期间，逯中立还曾经与顾宪成、高攀龙、邹元标、冯从吾等学者讲学于东林书院，"远近负笈从者甚众"，为国家培养出一批治国人才和治学精英。

王道曾经掌教应天，在其赴任之时，恩师王守仁专门著"别王纯甫序"一篇，来"勉之以孟氏之言"。其中，提出了学校教育要"因人而施之，教也，各成其材矣，而同归于善"的教育目的，深入探讨了关于教学方法和教学目的的相关问题。"因材施教"，就是依照不同对象的具体情况，经过充分考虑，在教学过程中要采取不同的手段和方法，探究和掌握学生心理的个别差异，从学生的实际出发，区别对待，培养出各科人才。这与明末清初大思想家王夫之曾经说过的"教者因人才之不齐，而教之多术"如出一辙，诚然，即使今日我们也依然这样来教育学生。王守仁著此序来表明自己的教学方法，同时，我们也从中可以充分体会到王道在应天府学任内的

---

① 《二十五史》（第十册），《明史》卷七五，《职官志四》卷五一，第 203 页。

任职情况，是全心全意把精力投放在自己的教育事业当中。王道后来升任左春坊谕德之职，掌对皇太子的教谕，王道力辞，并以身体有疾而辞官归家。后来，朝廷重新任命王道为南京国子监祭酒，厌倦官场的他很快"又以疾乞归"。王道回到老家聊城后，"一意家居，屏迹城府，读书、讲学、种树、灌园以自适，盖不通仕籍者十有三年"①。他家居十余年，"杜门讲学，足不涉公府"②，专意于教育。至于王道具体的兴学施教，由于资料的缺失，不甚详知，但从上述诸多零散信息中，我们亦可以充分地了解到，王道亦和其他北方王门后学一样，一生除从政为官外，其余大部精力全部奉献给自己的学术和教育事业，为传播阳明心学和培养人才做出了自己应有的贡献。

万历十五年（1587），二十五岁的张信民负笈投奔到新安大儒孟化鲤门下，从此，自己"毅然以斯道为己任"③，专心致力于研究性理之学，在孟化鲤的影响和教育之下，张信民学问大长。两年之后，他在渑池主持讲会，从学者甚众。张信民于不惑之年被皇上亲批为关中陇西县令，后因得罪权贵，而被降职为中臬司检校官。可以说，在关中任职的几年中，张信民不求仕途升迁，但求为百姓多办实事、好事。其中之一即是兴办学校，建立社学，且亲为"选师敷教"，每个月还多次到先天书院主持讲席，教授生徒。为了能够更好地搞好教育和传播学术，张信民还刊刻了《洛西三先生要言》一书作为教材。在检校官任内，他还同关中著名理学大家冯少墟在关中书院联袂讲学，日夜不懈，不敢有丝毫的放松，全心全意投入到教学之中。总之，张信民在处理公务之余，仍然能够全身心致力于

---

① 焦竑：《国朝献征录》卷二六，《吏部右侍郎王公道神道碑》，第38页。
② 转引自刘洪山《走近"聊城七贤"》，聊城文化部落（http://whbl.lcxw.cn），2010年11月23日。
③ 汤斌：《洛学编》卷四，《张洗心先生传》，第83页。

关中的教育事业，使得关中地区人才辈出。后来，他被调任山西怀仁县令，于任内，同样是兴利除弊，兴办教育。他创办明善书院，刊刻《四礼述解》等书，弘扬理学，使得当地土俗民风焕然改观。据史料记载，在张信民复兴教育后，怀仁竟然出现了"一榜双魁"的难得景象，改变了此前怀仁县六十年无科第的局面。[①] 尤其是在天启二年（1622），六十多岁的张信民辞官归家，在家乡开办了当时豫西地区最大的一所民办学校：闇修堂书院。后来，书院越办越好，名声大噪，晋、陕二省及河南汝、颍、睢阳之士"云涌川至"，致使书院不能容。他又建"正学会所"，仍是亲登坛讲学，"环视门墙，弟子数千人"，可见其从学之盛况。尽管如此，张信民仍以"学之不讲为忧"，于是，他又大行集会结社，西与王以悟联会于陕州甘棠书院，东与吕维祺联会于新安芳泉书院，又在洛阳和理学家张见室联会，巡按侍御史李日宣又请他主讲渑池韶阳会。当时，渑池的上官捷科、宜阳的冯奋庸、垣曲的王世封、绛州的辛全等皆从学；河洛名士吕维祺、王以悟、张泰宇、王文苑、许松麓等大会于正学书院，研讨学问和交流思想。张信民直至逝世前，仍在好友的荐举之下，主讲"洛社"，以至于"观者万人"，"闻者莫不悦服"，称他为"洛社真儒"。可以说，张信民一生几乎都在兴学施教，讲经论道，教化百姓，可谓其毕生致力于"穷理尽性，明道淑人"，真正做到了"陶铸后学，反复忘倦"，在当时影响很大。

杨东明于吏科给事中任内因疏劾大臣而触怒皇上，被降职陕西布政司照磨。杨东明则"奉命躬往，领差归里"[②]，从此里居二十六年。在家乡，他兴学讲道，建立"折柳亭"学馆，"接引后学犹如

[①] 转引自杜建成、陈留成《河洛真儒张信民》，仰韶今古（http://www.ysjg.com），2008年8月22日。

[②] 河南省虞城县志编纂委员会：《虞城县志》，第131页。

子弟","执经问字者数百人"①,家居,"不以杜门养性为高,而济人利物日无暇晷"②。积极为家乡兴利除弊,修城墙、葺学宫、筑河堤、建庙宇、凿沟渠等。和杨东明有着同样经历的还有吕维祺。熹宗即位,宠信魏忠贤,吕维祺因上疏建言得罪了魏忠贤而遭致挤压,吕维祺遂辞官还乡。在家乡,吕维祺设立芝泉讲会,专意于授徒讲学,传播理学学说。崇祯六年(1633),升任南京兵部尚书,因剿寇不力,被劾免官。吕维祺遂归居洛阳,设立伊洛会,广招门徒和著书立说,专意于教育事业。

在中国传统教育形式中,除却各级各类学校之外,就是书院形式。尽管书院是以学术研讨为主,但也为教育和教化人才做出巨大贡献。在书院教学形式中,讲会是其主要形式之一,同时也是古代学术思想研究和传播的重要途径。讲会制度渊源久远,在先秦之时即已有之。孟化鲤在其所著《兴学会约序》中对讲会源流进行了简单介绍:"唐虞三代时,则有学而无讲之名,讲学自孔子而始彰。由孟子迄两程时,则有讲而无会之名,会讲自朱陆而始著。"③孟化鲤进而讲道:"予新安旧无会。嘉靖乙丑(1565),予获谒西川先生归,始创立以讲学。"④可见,兴学会为新安讲会之始。此时,孟化鲤还创建文峰讲会。杨东明《孟云浦墓志铭》载:"乙丑始拜西川尤先生,读其所著诸书,忻然有当于心。……佩服久之,幡然解悟,吟弄而归。创立文峰会讲,兴起斯文,而远近趋门下受业者彬彬然云集矣。西川先生曰:'吾道大明于西方。'"⑤隆庆四年(1570),孟化鲤与尤时熙众弟子作讲会于洛阳城南。其会名失考,事见孟化鲤

---

① 吕坤:《吕坤全集》,中华书局2008年版,第91页。
② 河南省虞城县志编纂委员会:《虞城县志》,第132页。
③ 钱明主编:《北方王门集》,《孟云浦先生集》卷四,《兴学会约序》,第437页。
④ 钱明主编:《北方王门集》,《孟云浦先生集》卷四,《兴学会约序》,第437页。
⑤ 钱明主编:《北方王门集》,《山居功课》卷九,《孟云浦墓志铭》,第1071页。

所著《拟学小记续录引》。① 孟化鲤选贡入太学后，与孟秋联会讲学，时称"二孟"。在致仕归里后，创川上书院，会讲其中。其《川上会簿序》载："吾党每月会川上，凡三日，可谓知讲学矣。试时一反观，不善果尽改乎？闻义果即徙乎？德果修乎？如是而讲，方谓之真讲；如是而学，方谓之真学；如是而会，方谓之真会。"② 孟化鲤的学生如马厚、郑要、郑元晦、上官体良、张有孚等，在求学归里后，创办正学会。他们以乡先贤、著名学者曹端及孟化鲤为仪型，据说，当时与会者川拥云至，影响很大。

  孟化鲤之后，在洛阳、新安大兴讲会者为其弟子吕维祺。天启二年（1622），吕维祺在新安创立芝泉讲会，亲订《芝泉会约一》、《芝泉会约二》，详细制订会中制度。崇祯九年（1636），吕维祺致仕居洛阳，时姚赓唐、杨英、丁泰等五十余人前来问学，遂创办伊洛会，又称"伊洛大会"、"伊洛社"、"伊洛大社"等。吕维祺作《伊洛大社引》，并两次制订《伊洛会约》。崇祯十一年（1638），吕维祺又作明德堂，以为讲会之所，创明德堂讲会。堂后设立孝经轩，轩上题曰："讲明孔子，行在孝经大义。"③ 总体而言，在渑陕一带大兴讲会的主要为孟化鲤的弟子张信民、王以悟等。据吕维祺《张抱初传》载："及云浦先生捐馆舍，先生恐会渐落寞，约惺所王先生分陕龙兴寺大会，学者如归。寻为亲捧檄北上谒铨，授关中陇西令。……（致仕后）高卧东山，无复用世之想矣。……创正学会所五楹，登坛明学，开示蕴奥。……先生犹以学之不讲为忧，西与惺所讲会甘棠，东与予订会芝泉、与张见室联会洛城。……先生悼俗尚侈靡，约同志为脱粟会，会语盈帙。……约同志数十人结真率

---

① 钱明主编：《北方王门集》，《拟学小记续录》卷首，《拟学小记续录引》，第241页。
② 钱明主编：《北方王门集》，《孟云浦先生集》卷四，《川上会簿序》，第439页。
③ 吕维祺：《明德先生年谱》，四库存目丛书，清初刻本，第470页。

会，建景运山堂，以课多士。天启之季，学遭厉禁，先生就小东山下建静室养晦其中。今上（指崇祯帝——引者）御极，众正登朝，先生名震京师。按台吴公（即吴鹿友——引者）、李公（即李缉敬——引者），……又请先生结洛社会，共推首座，发明致中和之义，闻者莫不叹服。"① 由上可知，其间共建有分陕龙兴寺大会、正学会、甘棠会、脱粟会、真率会、洛社会等。从上述各学会来看，其规模不小。正学会刚刚成立，"马岭千秋之士，靡不愿入延。及布衣云拥川至"②。孟化鲤所创之会讲，人数多达数百人。吕维祺之伊洛大会，刚成立时已有五十多人，后来发展到二百多人。而其中规模最大的，当数张抱初所创正学会，人数多达数千人。他所主讲的洛社会，甚至于出现了观者万人的壮观场面。可见，通过办书院、开讲会的教育形式，他们为国家培养出了一批人才；同时，我们也从中清楚地了解到，其为阳明心学在北方的传播做出了应有的贡献。

第二节　学问益友

"学问"一词，依现代汉语解释，包括多个方面的意思。其一，学习和询问。正如《易·乾》中指出："君子学以聚之，问以辩之。"③ 意思是君子通过学习来积累知识，通过讨论来明辨事理。换言之，即要想学成，就要在学中问，问中学，不懂要问，懂得要教别人，故学问焉！其二，知识。正如《荀子·劝学》中所讲："不

---

① 吕维祺：《明德先生年谱》，第 183 页。
② 钱明主编：《北方王门集》，《孟云浦先生集》卷四，《渑池正学会约序》，第 440 页。
③ 《十三经注疏》一，《周易正义》卷一，《乾》，第 17 页。

闻先王之遗言，不知学问之大也。"① 其三，正确反映客观事物的系统知识。正如鲁迅《书信集·致曹聚仁》中所讲："中国学问，得从新整理者甚多，即如历史，就该另编一部。"其四，道理；水平。正如周立波《山那面人家》："我觉得这句话很有学问。"可见，如今"学问"二字内涵十分丰富。于此，我们所谓"学问"应当为第一种含义。所谓"益友"，就是对自己的思想、工作和学习有帮助的朋友。例如《晏子春秋·杂篇》："圣贤之君，皆有益友。"② 即是此意。而《论语·季氏》："益者三友，……友直、友谅、友多闻，益矣。"③ 益友有三个方面是最重要的，即"直"、"谅"、"闻"。"直"就是直接，朋友间有了想法和意见就要直接表达，不能转弯抹角。"谅"就是朋友之间要相互体谅、见谅，无论对方对与错，都能体谅和见谅。"闻"是指博学多识，与朋友在一起就要有提高、有帮助。总之，"学问益友"就是志同道合的朋友之间要相互学习、询问和研讨，依靠朋友的博学帮助自己提高，以达朋友之间的共同进步和提高，推动学术的进步和发展。可以说，北方王门后学就做到了这一点，他们之间亦师亦友，共同切磋学问，共同提高，不仅培养出一大批栋梁人才，同时，也共同推动了阳明心学的发展，使阳明心学在北方地区生根、发芽、成长，以自己独特的方式向前发展。

张后觉"犹以取友未广"，乃"北走京师，南游江左"，以增长自己的见闻和才识。每到一地，必登门拜访当地名流学者，切磋学问。张后觉定居茌平后，凡任仕于茌平或途经茌平之官吏、儒生，莫不造访问业，交流思想。甚至于当时山东巡抚李世达，也曾两诣山居，与其促膝长谈。张后觉通过游学访问，使自己的知识得到扩

---

① 国学整理社：《诸子集成》（第二册），《荀子集解》卷一，《劝学篇第一》，第1—2页。
② 国学整理社：《诸子集成》（第四册），《晏子春秋》内篇，《杂上第五》，第133页。
③ 杨伯峻译注：《论语译注》，《季氏》，第175页。

充,而当自己学有所成时,则又毫无保留地传授给弟子以及他人,使得他们也得到进步和提高,这即是名副其实的学问益友。

孟秋早年听说张后觉讲授阳明之学,"遂执弟子礼受业,发愤慨慕修",甚至于家境穷困,但他依然不改其志,"尝撤屋瓦鬻之,以供膏薪"①,来增长自己的学问和知识。万历九年(1581),孟秋罢官回乡,后来,"时政更新,起刑部主事,积升尚宝寺卿",据说,他在京师,"一以会友兴学为事,所论学诸书具予刻"②。孟秋和孟化鲤二人过往甚密,经常在一起切磋学问。黄宗羲给予很高的评价,称其为"冰壶秋月,两相辉映,……可称北地联璧"。二人在京城以及聊城、洛阳一带共同创办兴学会,进行讲学和学术交流,引起诸多知名学者的极大兴趣和高度重视,他们共兴理学,相互商证,亦师亦友。据《我疆孟先生传》记载:"京师故有会,然多作辍。得先生,人人兴起,亦人人愿交先生,先生亦以斯道自任,接引惓惓。先生官不逾六品,百寮仰若斗山。虽无政事可观,而嘿淑上下,裨风化者不浅,人咸谓东鲁复有孟子焉。"③当时,在孟秋的号召引导之下,于京城形成了一个由邹元标、顾宪成、高攀龙、张元忭、冯从吾、杨起元、唐伯元等参与其中的庞大学术团体,他们亦师亦友,共同进步,在当时具有一定的影响。同样,逯中立在万历二十二年(1594)被革职归家后,来到顾宪成、高攀龙等讲学的东林书院。逯中立与顾宪成、高攀龙、钱一本、史孟麟、邹元标、冯从吾等建立东林书会,规定每年一大会,每月一小会,会期各三日,定期研讨学问,同时,他们还指陈时弊,裁量人物,锐意进取,为朝野倾

---

① 转引自刘洪山《走近"聊城七贤"》,聊城文化部落(http://whbl.lcxw.cn),2010年11月23日。
② 民国《茌平县志》卷一二,《艺术志·文艺》。
③ 钱明主编:《北方王门集》,《孟云浦先生集》卷五,《我疆孟先生传》,第458页。

慕。当时,海内学者皆以东林书院为楷模,"远近负笈从者甚众"。

关于讲学,孟化鲤认为:"吾人学问,全在益友。不求益友、不远损友而能成就者,否矣。"① 学问的长进需要师友的浇灌。这一点,其师尤时熙也早已强调过,但孟化鲤则将之明确为"求益友"、"远损友",更进而通过讲会来把自己的理念加以落实。孟化鲤对讲会十分热心,我们从其《文集》中《兴学会约序》、《川上会簿序》和《渑池正学会约序》三篇及散见于各卷中的有关言论,就可窥见一斑。可以说,阳明心学之所以能够在北方逐渐得以扩大,北方王门后学确实功不可没。孟化鲤任职河西务税务之时,"惟与士民讲圣谕、六语、中藉,发明正学",积极主持河西务讲会。在讲会中,诸会友"往来切磋",成己成行,除孟化鲤外,尚有张阳和、邹元标、杨起元、杨东明等,还有京中结会者十数人,如沈观瀛、钟文陆、周志斋等一些大学士。总体而言,河西务讲会存在时间不算长,但其影响之大却是不可低估的。它不仅促进了京津地区、河北地区的文化复兴,而且,更为重要的是推动了全国讲学活动的蓬勃开展。

川上书院始建于明穆宗隆庆五年(1571),孟化鲤等人集资在新安城南川上买土地数亩,"建立会所,讲习其中"。作为明代北方地区重要的学术中心之一,川上书院建成之后遂延请名师,招收学生,最终培养出了一批朝廷重臣和理学名儒,为北方学术的发展,尤其是阳明心学的复兴做出重要贡献。川上书院建成后,孟化鲤曾先后四次讲学其中,而在众多的名师当中,杨东明即是其一。万历二十四年(1596),时任吏科给事中的杨东明,因弹劾沈思孝等人惹怒皇上,被贬为陕西布政司照磨。杨东明途经新安时,受孟化鲤之

---

① 钱明主编:《北方王门集》,《孟云浦先生集》卷一,《与王幼真》,第389页。

邀，登川上书院讲坛，与会者七十余人。他不仅讲学其中，同时，还把"虞城会"会约提供给川上书院，帮助其完善"兴学会"、"川上会"会约。除孟化鲤志同道合的好友之外，川上书院讲学者中还包括一些得意门生，如吕维祺。作为一位理学大师，吕维祺先后在南京、北京、洛阳、新安、渑池等地设坛讲学，传播阳明心学。在孟化鲤去世之后，他又和关中大师冯从吾等人在川上书院讲学，维持书院北方学术中心的地位。川上书院建成之后，据吕维祺《理学云浦孟先生传》记载："聚图书，罗俊义。四方之士闻风负笈，若陕、渑、嵩、永、洛、孟、汝、罗、秦、晋，联翩而至，无虑数百人。"① 他们采用相互质疑、相互问答的教学方式，教师和学生并不是传统意义上的师生关系，而是亦师亦友。

南大吉进士及第后，时常向王守仁问学请益。他看到阳明弟子日渐增多，讲学之所有所不容，特意整修稽山书院，以为王守仁讲学之所，遂"聚八邑彦士，身率讲习以督之，而王公之门人日益进"②。"于是萧谬、杨汝荣、杨绍芳等来自湖广，杨仕鸣、薛宗铠、黄梦星等来自广东，王艮、孟源、周冲等来自直隶，何秦、黄弘纲等来自南赣，刘邦采、刘文敏等来自安福，魏良政、魏良器等来自新建，曾忭来自泰和。官刹卑隘，至不能容。盖环坐而听者三百余人。"③ 同时，还在书院后建"尊经阁"，供士子们研习学问和读书。

尤时熙因读王守仁《传习录》，开始相信圣人"可学而至"，但他认为："然学无师，终不能有成，于是师事刘晴川。"后来，刘晴川因言事下狱，他还时常因读书有所疑而"从狱中质之"。后来，"又从朱近斋、周讷溪、黄德良考究阳明之言行，虽寻常謦欬，亦必

---

① 钱明主编：《北方王门集》，《孟云浦先生集》，《理学云浦孟先生传》，第548页。
② 冯从吾著，陈俊民、徐兴海点校：《关学编》卷四，第52页。
③ 束景南、查明昊辑编：《王阳明全集补编》卷四，《年谱》三，第44页。

籍记"。

  吕维祺可谓是明代末期河洛地区的儒学大家,一生当中,除却为官之外,还创办多所讲会,以文会友,相互切磋,传播学术,名扬天下。天启二年(1622),居家省亲的吕维祺在新安建立了芝泉讲会,并亲订《芝泉会约》,以每月的初三、十八为讲学之日。第二年,他又在芝泉建立了七贤书院。崇祯十年(1637),吕维祺在洛阳成立伊洛大社,又称"伊洛会"、"伊洛社",并先后两次制订《伊洛会约》,以每月初三、十七为讲学日。可以说,吕维祺先后创办多所讲会,影响较大,尤其是河洛地区,形成了一种大兴文社、以文会友的风气。这不仅使他们之间学问相长,而且还为阳明心学在北方地区的传播做出巨大贡献;同时,也为洛阳及周边地区的文教事业做出了很大贡献,培养了诸多知识分子,为统治阶级输送了大批人才。

  杨东明坚信人人皆可以成为尧舜,"学之至则可以为圣人也"[①]。他认为一个人要做好学问一定要达到八个方面,即:"首择术以审向往,次立志以期成功,次知性以示归宿,次虚心以戒满假,次取友以广丽泽,次真修以惩伪学,次脱俗以澡雪习染,次有恒以时保前功。八者既具,而进修大要思过半矣。"[②]可以说,这是杨东明的治学之道,对今人亦有借鉴意义。在这八条之中,"取友以广丽泽"即是我们所说的"学问益友"。

第三节 有教无类

  西周时期,奴隶制国家十分重视教育,学校已经有较完备的教

---

① 钱明:《北方王门集》,《山居功课》卷一,《助工修学记》,第824—825页。
② 钱明:《北方王门集》,《山居功课》卷四,《兴学会约自序》,第846页。

育制度。从设置上来看，可以分为两大类，即国学和乡学。当时的教育是"学在官府"，只有王室和贵族子弟等社会上层才有受教育的权利，平民子弟则很难进入学校学习，也就是说没有当官的资格。到了东周时期，周王室式微，大权旁落，先前那种"礼乐征伐自天子出"的局面不复存在，失去了对全国的绝对控制，地方诸侯王势力不断发展和强大，出现了"礼乐征伐自诸侯出"的形势，地方诸侯开始为政一方。一些强大的诸侯国为争夺盟主地位，称霸天下，开始了激烈的争霸战争，相互之间合纵连横、东征西讨，使得当时天下大乱。为了在争霸战争中立于不败之地，取得战争的胜利，各地诸侯王意识到了人才的重要性，于是，他们也纷纷建立官学，开办学校，聚拢人才，使他们"不治而议论"，为自己提供智力和谋略。

在这一形势之下，一些平民也被官学吸收接受教育。与此同时，随着政治地位的下降、财富的不断增加和文化教育的下移，私学出现。孔子也正是在这样一个大环境下创办了自己的私学，希望通过教育来培养贤才和官吏，以实现自己的政治主张和远大理想。《论语·卫灵公》："子曰：'有教无类。'"[①] 在教育对象问题上，孔子明确提出了"有教无类"的思想。不分贵族与平民，不分国界与华夷，只要有心向学，交付一点点的见面礼，就可以入学受教育。孔门弟子三千，来自于不同的诸侯国，有鲁国、齐国、晋国、宋国、陈国、蔡国、秦国和楚国等，其中，如南宫敬叔、司马牛、孟懿子等出自贵族家庭，而像颜回、曾参、闵子骞、仲弓、子路、子张、子夏、公冶长、子贡等则皆来自于平民家庭。总之，孔子"有教无类"的教育思想原则，扩大了受教育的社会基础和人才来源，对于

---

① 杨伯峻译注：《论语译注》，《卫灵公》，第170页。

全体社会成员素质的提高起到了积极的推动作用。可以说,孔子"有教无类"的思想在中国教育发展史上具有划时代的意义。也正是从此之后,历朝历代有诸多的教育家和思想家们都在遵循着孔子"有教无类"这一原则,为当时国家和社会培养了一批又一批有用人才,为各自的国家和社会做出了极大贡献。时至明朝中后期,北方王门后学依然遵循着这一优良传统,他们或创办社学,或建立学校,或者创建书院,在各种各样的场合,充分利用各种方式,推行"有教无类",为国家和社会培养治国人才和传播阳明学术。

穆孔晖本人就是一位有教无类的受益者,他出生于一个贫穷家庭,当时,家里实在没有多余的银子供他读书,但穆孔晖并没有放弃,他自己就常常跑到村子里的私塾外边,躲在窗子下面偷偷听私塾先生讲课。日久天长,很快被私塾先生发现。先生并没有把他赶走,而是和他交谈,了解到他家庭贫困,实在交不起学费。先生看出穆孔晖是一个聪明好学的孩子,最后收留了他。从此,穆孔晖更加勤奋好学,努力读书,不久,便以博学多识而闻名乡里。弘治十七年(1504),他参加了山东乡试并取得第一名的好成绩,次年进士及第。正因有这样的成长经历,穆孔晖感受到读书的好处,他一生当中十分重视教育,积极讲学,在运河区域开办书院,主持讲席,有教无类,传播和发展阳明心学。王汝训就是其著名弟子之一。

张后觉一生当中,除于日常处理政务外,还十分重视教育,他推行有教无类,亲务讲学授业,传播王学。尤其是在嘉靖后期,张后觉曾先后在愿学书院、见泰书院主持讲席,故而弟子门人遍布大江南北。其中,尤以孟秋、赵维新为有名。嘉靖二十四年(1545),孟秋听闻张后觉的"现成良知说"后非常高兴,遂率领一批人"执弟子礼",拜其为师。据史料载,孟秋"家贫甚,尝撤屋瓦鬻之,以供膏薪"①，不论家境贫富，只要是好学则皆可入学学习文化知识。当时，状元张元忭居京师，从一友处得知孟秋，便常常"叩其所"。赵维新亦是如此，"李瀛阳守东昌，率同志延之讲学，信徒益众，学者咸称素衷先生"②。在长山训导任内，常常是与另一位训导在教谕的领导下给几十位生员讲学，传授知识。

  孟秋在任官期间，能够关心百姓，爱民如子，同时，他还注意"拔异才"，用自己的俸禄办学讲学。如在昌黎任内，"公一意和惠煦育，兴条编、筑城堡、振文教、收孤独，皆德政"。孟秋一生热爱教育事业，他极力秉承孟子"得天下英才而教育之"这一理念，把培养人才作为自己"为天地立心，为民众立命，为往圣继绝学，为万世开太平"的宏大人生目标。他认为，如果国家没有一大批精英，其国力便会无法发展，那么社会就难以进步，因此，国家必须要重视人才，他说："以天下之才，治天下之事。"③但他又认为人才不是自生自长出来的，必须靠学校来培养和教育，说："人材不真，学校之教不兴耳。"④因此，他认为："接人则必掖以学。"⑤对学校教育尤为重视，在昌黎六年时间里，他"进诸生三十余人讲良知学"，自出钱谷，不费县一分一毫。⑥一次，孟秋在古塔寺见到一位名叫张国祥的后生，发现他十分有天赋，便决定亲自授教。后来，张国祥考取功名，被授予甘肃渭源县知县。张国祥在任期间，也效法其

---

① 转引自刘洪山《走近"聊城七贤"》，聊城文化部落（http://whbl.lcxw.cn），2010年11月23日。（又见明本《东昌府志》卷九，《人物》）
② 转引自刘洪山《走近"聊城七贤"》，聊城文化部落（http://whbl.lcxw.cn），2010年11月23日。（又见明本《东昌府志》卷三三，《儒林》）
③ 转引自孟传科《孟秋教育思想之管窥》，聊城文化部落（http://whbl.lcxw.cn），2011年2月13日。
④ 转引自孟传科《孟秋教育思想之管窥》，聊城文化部落（http://whbl.lcxw.cn），2011年2月13日。
⑤ 钱明主编：《北方王门集》，《孟云浦先生集》卷四，《孟我疆先生集序》，第435页。
⑥ 焦竑：《国朝献征录》卷七七，《尚宝司司丞孟公秋墓碑》，第58页。

师孟秋，积极开办学校培养人才，得到当地民众的敬爱。对于孟化鲤、邹元标等，孟秋更是倍加关爱。孟化鲤曾经回忆称："俯仰宇宙，孰有爱我之深，望我之切，如先生者乎？"并作有诗："在昔己巳，陪君太学。我实后进，君为先觉。此心之本，未发之中。谆谆向我，期我融通。数载而来，或聚或散。散则贻书，聚则忘倦。比于关海，再荷班荆。概我狭小，而示大成。回首赓和，别又数月。喻解说吟，时勤开发。俯仰宇内，生我者亲。君今成我，二义实均。"①

逯中立被革职回家后，来到东林书院与东林志士一起讲学，培养了一批人才，如任化民、梁廷辑、耿如杞、白楹等，均得其宗旨。后来，耿如杞官至右佥都御史、山西巡抚，请缨捍卫京城，受阉党诬陷遇害。白楹后来任陕州卢氏知县，崇祯八年（1635）十一月"贼"陷卢氏，自刭而死，《明史》尊为忠烈，真正践行了一位儒者的大节。

孟化鲤师事尤时熙，后归而设会讲学，创建川上书院。他交游甚广，先后与顾宪成、邹元标、孟我疆、冯从吾、张阳和、杨起元、郭青螺、黄辉等海内名儒联会讲学。从隆庆五年（1571）到万历二十五年（1597）间，他不辞辛苦，先后在新安、孟津、渑池、洛宁、洛阳、京师、天津、山东、安徽等地讲学，门人弟子甚多。其中，最著名者有山西参政王以悟、豫西儒宗张抱初、兵部尚书吕维祺、内阁大学士李日宣、太子少保王铎、翰林学士屠象美、大理寺卿崔儒秀等。

孟化鲤在川上书院招收弟子时尤其注重"包荒"，即"应教尽教"。据史料记载，孟化鲤的门人谭子陈，在洛宁举办讲会时，因

---

① 转引自孟传科《孟秋教育思想之管窥》，聊城文化部落（http://whbl.lcxw.cn），2011 年 2 月 13 日。

会中人太多太杂而欲以择取。孟化鲤知晓后，立即制止，说："所云人多渐杂，欲加择取，殆于不可。吾侪此举，元欲人人启其良心，偕之大道，即阖邑胥来，犹曰止一乡耳，正不必择。且会讲谓何？若择而与之，彼不善者不终弃乎？盖此学是兼善之学，非独善之学。招招舟子，且费容已，而奚以择为？况当俗颓学绝之余，世皆汩没于利欲，……有志之士拯救之之不暇，其何可择？……会讲本义，傥于中诚得几人为斯道光，吾方厚幸，拣择何施？又况立会非徒为人，全在反求诸己。能反诸己，则无论善不善皆我师资。所谓三人行必有我师，吾将感激不皇，尚忍言择？"① 他认为这样做是万万不可，我们创办讲会的目的，就是为了能启他人心，偕之大道，即使全县百姓都来听讲，又有何不可呢？况一乡耳，正不必择取。有不善者，正需要我们加以拯救，弃之，正好恰恰是把他推向利欲场中。正是由于这样，川上书院不仅培养了一大批理学名儒和朝廷重臣，还对河洛地区习俗的改观以及河洛文化的复兴做出贡献。孟化鲤是洛阳地区讲会的创始者，后来的吕维祺、张抱初、王以悟皆为其弟子，因此，孟化鲤这番话亦可视为整个洛阳地区讲会吸纳成员的共同标准，有教无类遂成为所有讲会的共同宗旨。明清两代，新安共出进士二十五人，仅吕氏一门就出了八位。另外，吕维祺、王以悟、张抱初等名儒也皆发轫于此。王以悟于天启元年（1621）三月辞官告归，在家乡建依仁书院，大兴教育，有教无类，广交儒学名流，把恩师优良的教育传统进一步发扬光大。他还与张信民会讲龙兴寺，与吕维祺会讲正学书院，为社会培养了一大批有用人才。

张信民辞官归里后，隐居东山，筑闇修堂，创正学书院，从事著书讲学，从学者达数千人。渑池上官捷科、宜阳冯奋庸、垣曲王

---

① 钱明主编：《北方王门集》，《孟云浦先生集》卷三，《答谭子陈》，第420页。

世封、绛州辛全等著名学者，皆出其门下，一时人才济济。还有徐樾，据史料记载，徐樾曾一度打算辞官专门钻研学问。嘉靖二十三年（1544），以提学副使督学贵州地方。于任内"讲明心学，陶熔士类，不屑于课程。尝取夷民子弟而衣冠之，训诲谆切，假以色笑。盖信此理，无古今无夷夏，苟有以兴起之，无不可化而入者，非迂也"①。徐樾于贵州大讲阳明心学，陶铸士类，以致"苗民率化"。

南大吉在绍兴知府任内，积极改变当地风俗，其途径之一便是大力开展教育，实行有教无类。我们通过王守仁《送南元善入觐序》所记可知，当时的越地，"巨奸元憝，窟据根盘，……政积事隳，俗因隳靡"，风俗日渐衰败，面对这一境况，南大吉不畏险阻，一面励精图治，一面推行讲学，"启之以身心之学"，他坚信"民亦非无是非之心"，事实上也是如此，经过努力，当地不仅"民之谤者亦渐消沮"，而且"各邑之士亦渐以动，日有所觉而月有所悟"，大大改变了越地风气。南大吉注重教育，有教无类，并非始于其在绍兴府任内，早在他进士及第之时，即已开始。南大吉是正德六年（1511）进士，后任会稽郡守，当时，他看到座主王守仁弟子日渐增多，至讲学之所不能容，于是，南大吉整修稽山书院，聚集周边"彦士"，并身体力行，亲自登台讲习经典，还时常"以督之"，由此，使得"王公之门人日益进"。②"于是萧谬、杨汝荣、杨绍芳等来自湖广，杨仕鸣、薛宗铠、黄梦星等来自广东，王艮、孟源、周冲等来自直隶，何秦、黄弘纲等来自南赣，刘邦采、刘文敏等来自安福，魏良政、魏良器等来自新建，曾忭来自泰和。宫刹卑隘，至不

---

① 郭子章：《万历黔记》，《史部·地理类》，北京图书馆古籍珍本丛刊，书目文献出版社1987年版，第777页。
② 冯从吾著，陈俊民、徐兴海点校：《关学编》卷四，第52页。

能容。盖环坐而听者三百余人"①。这一举措尽管只是南大吉帮助王守仁兴学施教，但从中我们也能够体会到南大吉的教育思想和教育原则。因为南大吉也真正地意识到："经正则庶民兴，庶民兴，斯无邪慝矣。"②对百姓的教化是何等的重要，只有对百姓进行教化，百姓才能够懂礼知仪，进而才能够达到风清气正，社会才能够安定和谐。也正因为如此，南大吉在归里后，在家乡渭北筑湭西书院，以迎四方来学之士，实现了他所谓"愿言偕数子，教学此相将"③的美好愿望。

总之，北方王门后学从事教育活动，以及积极发起和创办讲会，皆以强烈的济世之心，抱着有教无类的思想，"放下冷脸，提起热肠"④，广收门徒，在北方广大区域内造就了一个庞大的知识群体。譬如其兴会宗旨与王守仁所宣扬的"良知良能，愚夫愚妇与圣人同"正相吻合，体现出强烈的平民化色彩，使出身贫贱的如农夫、仆役、商贾等皆成为当时的知识阶层，亦为统治阶级输送了大量的人才，同时，对北方尤其是山东、河南一带学风之转化，以及阳明心学的传播也具有相当大影响。

第四节　美教化　正风俗

我国古代，道德教化是统治阶级治理国家的重要手段之一。道

---

① 束景南、查明昊辑编：《王阳明全集补编》卷四，《年谱》三，第44页。
② 王守仁原著，施邦曜辑评：《阳明先生集要》，《文章编》卷二，《稽山书院尊经阁记》，第863页。
③ 转引自刘学智《南大吉与王阳明：兼谈阳明心学对关学的影响》，《中国哲学史》2010年第3期。
④ 吕维祺：《明德先生文集》，第314页。

德教化是通过运用一定的道德、礼教内容的教育手段或方式，使社会按照统治者意图形成一种符合统治目的的社会风气或风俗。道德教化是儒家思想的基本特征，而重视道德教化、提倡仁政德治则是其社会政治学说的主要特点。儒家创始人孔子就特别重视德礼教化，反对不教而诛。此后，孟子也非常注重道德教化对人们善性的培养作用及对良好社会道德风尚形成的积极促进作用，而荀子亦仍然继承了孔子以来儒家传统的仁政德治思想，他在强调"隆礼"、"重法"的同时，仍注重"明德慎刑"，认为"不教而诛，则刑繁而邪不胜"①。总之，儒家文化强调"修身、齐家、治国、平天下"，一直将道德教育放在首要位置。

王守仁是中国古代最伟大的教育家之一，他一生注重道德修养和道德教育，和先儒一样，王守仁亦把德礼教化放在极为重要的位置。因为，他认为人性本善，人人都有天赋予的道德本心，即使是那些为非作歹十恶不赦的下愚不肖之人，也可能接受道德教化，弃恶从善，改邪归正，最终成为一个有道德的人。他说："人性之善，天下无不可化之人也。"②积极推行教化，再辅之以其他政令刑罚等措施，就可以使人变好，使社会风气好转。基于此，王守仁一生不遗余力地兴办学校，修建书院，创立社学，制订乡规民约，积极推行德礼教化，以此作为维护社会统治秩序的根本措施。北方王门后学亦皆能够秉承王守仁之志，他们或者兴办学校，或者创建书院，或者设立社学，利用各种形式来教书育人，积极推行德礼教化，培养学生。

所谓教书育人，教学是手段，育人是目的。在他们看来，教育首先要解决如何做人的问题，然后才能谈得上如何做事。张后觉倡

---

① 国学整理社：《诸子集成》（第二册），《荀子集解》卷六，《富国篇第十》，第123—124页。
② 王守仁原著，施邦曜辑评：《阳明先生集要》，《文章编》卷二，《象祠记》，第874页。

导良知,讲求孝悌忠信。孝顺父母,尊敬兄长,忠于君主,取信于朋友,这是儒家的道德伦理纲常。他坚信只要有孝悌之心、忠信之义,人人都可以成为尧舜。张后觉还告诫弟子要"与善人为友"。中国历史上早有"孟母三迁"的故事,道出了邻居和朋友对一个人成长的影响之大。因此,"为学要常会善人。古云与善人居,如入芝兰之室。所谓几日不见黄生,鄙吝即生,以黄生善人也。常会善人,则熏陶日久,自不觉其入于善矣"①。张后觉特别强调要与修养好的人相处,时间久了,潜移默化,不觉间就会变成一位具有涵养、高品质的道德高尚的人。

孟秋作为一介地方官和儒者,更加意识到道德教化的重要性。他认为一个人要先做人,然后才能做事,做好事情。所以,他一直坚持以"无欲"为宗,以"性善"为旨,以"良知"为本,以"修身"为要的原则来培养后人,他说:"欲尊德性,必道问学。舍却问学,何处尊德性?"②"学圣人只在本源澄彻,不在言语、气象上模仿。"③"《大学》是作圣的工夫,只在善上做,不在恶上做。"④"道须卓悟,学贵真修。"⑤"学贵透性。"⑥他还指出:"修身也,正心也,诚意也,致知也,格物也,若名目之不同。合而言之则一也。何也?自身之神明谓之心,自心之发动谓之意,自意之灵觉谓之知,自知之感应谓之物。心意知物,总而言之一身也。正者正其身之心也,诚者诚其心之意也,致者致其意之知也,格者格其知之物也。格致诚正,总而言之修身也。道无二致,一时俱到,学无二功,一了百

---

① 钱明主编:《北方王门集》,《张弘山集》卷二,《语录》,第649页。
② 孟我疆:《孟我疆先生集》卷一。
③ 孟我疆:《孟我疆先生集》卷一。
④ 孟我疆:《孟我疆先生集》卷一。
⑤ 孟我疆:《孟我疆先生集》卷一。
⑥ 孟我疆:《孟我疆先生集》卷一。

当，此一贯之道也。"① 所谓修身，就是要达到无欲，他说："无欲则静，无欲则明，无欲则大，无欲则功，无欲则勇，无欲则诚。"② 只有如此，才能够真正达到道德教化的目的，为国家为社会培养出优秀人才。同样，也只有这样，才能真正实现教育以修身，修身以齐家，齐家以治国，治国而平天下的教育工作这一根本性的伟大目标。

因此，孟秋十分重视社会教化的作用。孟秋为了对其部属和民众进行教化而提出了"化民成俗之道"，并制订了一系列措施，如兴学舍、行乡约、设义仓等。他尤其善于用古人格言来激励世人，"青衿中有志请益者，乐于启发，竟日不倦"③。在昌黎任期间，他坚持不懈地教化百姓，使昌黎世风大为改观。孟秋在其《无讼赘言》一文中讲道："吾尝吏于昌黎，而知无讼之本不在刑名，而在教养。"他说："民之所以好争利，逞忿气，强凌弱，众暴寡，富欺贫，凶恶横行，或酗酒，或赌博，或干犯尊长，或殴骂平人，或犯奸盗人命，作恶之事不止一端，要皆无所教以约束其悍戾之气耳。必也兴学舍、行乡约、设义仓乎。夫学社之设久矣。而所以废之者，何也？盖群一乡之童蒙，而教之以社师，为之讲故事，习礼节，以消顽心，而养德性，岂不善乎？"他又说："童蒙有教，既已闲其邪心矣。自八岁入社学，至十五入乡约，六十退乡约。其行乡约也，必先举圣训讲之，次举《大明律》切于民间者讲之，次举《家礼》便于民间者行之。"他还说："在下者，教而有成，此即古乡学之遗意也。"他还曾说："吾教行矣。"④ 可见，教化的意义是

---

① 黄宗羲著，沈芝盈点校：《明儒学案》卷二九，《北方王门学案》，第638页。
② 孟我疆：《孟我疆先生集》卷一。
③ 转引自孟传科《孟秋教育思想之管窥》，聊城文化部落（http://whbl.lcxw.cn），2011年2月13日。
④ 转引自孟传科《孟秋教育思想之管窥》，聊城文化部落（http://whbl.lcxw.cn），2011年2月13日。

如此的伟大。

赵维新亦注重"讲德行、讲忠信"。他指出:"古人德行见闻合而为一,故读书为养心之务。今人德行见闻歧而为二,则读书侈闻见之资。"① 读书就是为了以德而行,提高个人礼仪修养。他认为学习必须以忠信为主,"求益友辅此忠信者,速改过去之不忠信者"②。赵维新还曾强调:"人品不同,行事亦异。有视其以者,有观其由者,有察其安者,随而观之,无遁情矣。盖圣人之于人,可望而知也。"③ 由圣人推及吾人,一个人的人品不同,做事也就不一样,更要强调道德教育的重要性和突出位置。

张后觉、赵维新二人曾先后任县训导之职,十分注重道德教化和风俗的改变。赵维新曾说"性体是心体的工夫",其目的就是要人回复到人的天性,也就是"至善"的性体上。而且这种"善"在赵维新看来,就是"真知"、"真学"、"真性"、"真实"、"真切"。他把这种"至善"渗透到自己的教学当中,可以说达到了教学的最高境界。徐樾也是如此,徐樾督学贵州地方,以"讲明心学,陶熔士类"为己任,对夷民子弟"训诲谆切",以至于当地"苗民率化",风气大为改观。

南大吉于稽山书院后建"尊经阁",用来贮藏儒家经典以供学子们来学习,目的是以此把人们引向圣贤的正道,使百姓兴旺、消除邪恶。因为他清楚地意识到,"经正则庶民兴;庶民兴,斯无邪慝矣"④。我们从王阳明于嘉靖四年(1525)所著《送南元善入觐序》所记可以了解到,越地数十年来,"巨奸元憝,窟据根盘,良牧相寻,

---

① 钱明主编:《北方王门集》,《感述录》卷三,第 701 页。
② 钱明主编:《北方王门集》,《感述录》卷三,第 702 页。
③ 钱明主编:《北方王门集》,《感述录》卷三,第 703 页。
④ 王守仁原著,施邦曜辑评:《阳明先生集要》,《文章编》卷二,《稽山书院尊经阁记》,第 863 页。

未之能去；政积事驫，俗因驫靡"。"凶恶贪残，禁不得行；而狡伪淫侈，游惰苟安之徒，亦皆拂戾失常"。各种恶行肆虐，风气日渐衰败，以致"相与斐斐缉缉，构谗腾诽；城狐社鼠之奸，又从而党比翕张之，谤遂大行"。在这种情况之下，南大吉不畏险阻，顶着种种诽谤，"持之弥坚，行之弥决"，决心励精图治。他坚信"民亦非无是非之心"，并决心从讲学入手，"启之以身心之学"。经过努力，不仅"民之谤者亦渐消沮"，且"各邑之士亦渐以动，日有所觉而月有所悟"，越地风气乃为之剧变，南大吉因此而受到当地士人的广泛认可，老百姓称他为"严父"、"慈母"，"真吾师也"。后来，南大吉于归里后即创办了涺西书院，讲授"良知"之学。在家乡的十几年里，直到去世，一直都潜心学问和从事教学活动。总之，南大吉一生皆为美教化、正风俗做出巨大贡献。

张信民在怀仁县任内，安抚士民，并建立"首善书院"，以弘教化，使得当地民风习俗蔚然改观。天启二年（1622），六十一岁的张信民告老辞官，归家隐居。归家后，又筑闇修堂，创正学书院，从事著书立说和讲学授徒，专心于理学的研究和传播，据说从学者达数千人之多。崇祯六年（1633），张信民去世。张信民一生除了短短的七八年仕宦生涯外，几乎全部精力都用在授徒讲学和著书立说上，他以倡道学为斯任，毕生致力于"穷理尽性，明道淑人"，真正做到了"陶铸后学，反复忘倦"，在当时影响很大。

综上所述，北方王门后学既然皆为阳明心学传人，他们出于强烈的责任心和责无旁贷的义务，利用各种有利时机，宣传王守仁心学，培养了一批著名的学者或有用人才。他们的教育实践不仅使得王守仁心学在北方地区得以发扬光大，同时，还为国家培养出一批济世治国人才，具有重要的价值和意义。另外，他们的学术传播和教育实践，也为提高当地人民道德水平和改善当地风俗做出巨大贡献。总之，北方王门后学的教育思维和教育实践有其独到之处，其中的一些理念至今仍有积极意义，一些做法至今仍有借鉴作用，为明末以后学术发展和教育繁荣做出了很大的贡献。

第六章 北方王门后学之历史地位

阳明心学作为中国优秀传统文化之一，曾以其明确的道德感知和强烈的实学精神影响着整个明中后期的学术思想、文学艺术等，其影响甚至达到周边的其他国家，如朝鲜、日本等。尤其是对日本有着极其重要的影响，阳明心学不仅成功进入日本的主流社会，还在近代史上扮演了重要的角色[①]。而北方王门后学作为阳明心学的一个重要组成部分，和其他王门后学一样，其存在与发展也是有着极其重要的作用。它不仅影响着当时整个北方地区的学术风气，而且对于后来明清实学也产生着重大影响。此外，作为中华文化的精华之一，北方王门后学对于构建当代社会主义核心价值体系也有着极其重要的参考价值。

第一节 开北方王学之风气

自明初，明太祖朱元璋确立了程朱理学在思想文化领域的统治地位之后，理学的地位变得不可撼动，尤其是在北方广大区域内，理学更是根深蒂固，其他新思想、新思潮之风总是鞭长莫及，阳明心学也不例外，渗透十分艰难。当王守仁在南方讲学日盛，弟子遍

[①] 钱明：《东亚阳明学何以必要？》，《江南大学学报》2012年第5期。

及南方各地之时，北方学者还在苦循程朱理学，而对于阳明心学或是一无所知，或者视为异端奇说，并不了解。而真正改变这一局面，开北方阳明心学之风气者当属穆孔晖、南大吉等这些北方王门后学，在他们的积极努力之下，北方学者逐渐了解阳明心学，王学之风也随之逐渐传播开来，进而影响着北方广大区域学术思想的转变与发展，尤其是地处中原地区的山东、河南、陕西等地，则成了北方王学传播的重镇，开启了北方王学之风气。

（一）开洛阳学术创新转型之风

河南洛阳地区的学术有所创新和转型始自北方王门后学尤时熙。明初洛阳地区的学术，依然遵循程朱之论，陈陈相因，缺乏创新，更甚者则是忽视了学术对于现实问题的关注，空谈之风盛行。尽管有如曹端、薛瑄、阎禹锡等人试图在践履等问题上有所创新，但是效果不大，始终未能跳出程朱理学的窠臼。尤时熙接受阳明心学，潜心学术，尤其是在致仕归乡之后，大兴讲学，将心学传入洛阳地区，开启了洛阳学术的转型之路。一方面，阳明心学传入之后，开启了洛阳学术的多元化局面。心学传入之后，打破了洛阳地区程朱理学一枝独秀的局面，为这一地区的学术思想注入了新的元素。这样，学术思想日趋丰富多元，洛阳地区学术不再只是程朱一家之言。而且，在讲学活动之时，尤时熙强调兼收并蓄各家之长，要求营造自由宽松的学术氛围。这样就使得洛阳地区学术多元灵活，氛围轻松自由。另一方面，洛阳学术具有了实学及创新意识。阳明心学创立之初，其经世致用成分颇丰，相对而言，程朱理学就只剩下空谈心性，缺乏务实精神。尤时熙继承阳明心学之主旨，且进一步将传统洛学的诚敬、务实思想融入自己的思想体系之中，促使实学和经世致用之风气在洛阳地区骤然兴起。

尤时熙的再传弟子张信民，其学术思想对洛阳地区的学术风气也产生了极大影响。作为阳明心学在洛阳地区传播的第三代学者，张信民所生活的时期，是阳明心学传入北方之后不久，而在南方，阳明心学则渐渐走进了一个死胡同，即所谓的王学末流之期。此时的心学思想，经过几代阳明后学的发展与变化，已然演变成为一种空谈心性，而失去了原有经世致用特点的学说。虽然北方地区遵循阳明心学的初衷，但不可避免地也受到影响，空谈心性的弊端已悄然显现。由此，张信民为使北方王学，尤其是洛阳地区的学术走出空疏之弊病，其学术思想尤其强调实学与躬行。同时，他对空谈心性、不讲实践的释、道思想提出强烈的批判，认为释、道要求人们出世的精神实是让人们断绝君臣、父子、弟友等一切人世现实的人际关系，抛弃了人与人之间的同情、同理之心，完全不同于儒家思想中对于君臣、父子、夫妇等人伦关系的关怀，使得人情淡漠，脱离现实。而且，他十分重视躬行，认为知而不行，算不上真知，只知不行，是知、行两失。正如人们若是只知道应该对父母尽孝行，但又不付诸行动，只是停留在思想意识层面，便不能算作真正的忠孝之德。

北方王门后学开创了洛阳地区新的学术传播形式。为了传播阳明心学，尤时熙的弟子孟化鲤在洛阳地区始创兴学会，聚徒讲学。于其所著《兴学会约序》中，孟化鲤指出："予新安旧无会。嘉靖乙丑（1565），予获谒西川先生归，始创立以讲学。"[①] 可见，其创立学会的初衷确实是为了传扬其师尤时熙的心学学说，而且，依据《兴学会约序》所言，兴学会应该为洛阳地区建立的第一个讲会，开

---

① 钱明主编：《北方王门集》，《孟云浦先生集》卷四，《兴学会约序》，第437页。

创了洛阳地区讲会之先河。孟化鲤创立的兴学会，在豫西地区产生了很大的影响，当时很多学者都是慕名负笈而来，熙熙攘攘，不下数百人。豫西讲会活动蔚然成风。上行下效，后来，孟化鲤的学生马厚、杨要、上官体良、张有孚等人，学成归乡之后，在家乡渑池同样大兴讲会，亦以传扬其师学为务。马厚、杨要等人创办的渑池正学会，孟化鲤还亲自为其作《渑池正学会约序》，以示鼓励。除渑池正学会外，孟化鲤其他弟子遍及各处，创办的讲会也是数量众多，他们遥相呼应，为传播和发展阳明心学做出了应有的贡献。

讲会是阳明心学在北方传播的主要途径，后逐渐成为洛阳地区学术传播的一大特色。有明一代讲会活动十分盛行，洛阳地区讲会活动的繁盛更是首屈一指。洛阳地区讲会众多也为阳明心学在北方的传播提供了极大方便。北方王门后学当中，孟化鲤、张抱初、王以悟等人在渑、陕[①]一带大兴讲会，据相关资料可考者就多达十六个[②]。其规模宏大，数量众多，学术活动之频繁，都为北方阳明心学的传播、发展和学术风气的形成做出了重大贡献。

（二）影响关学学术体系之发展

明代关学大体经历了三个阶段。第一阶段是以王恕、王承裕、马理等人为代表的"三元学派"，这一时期的关学，既宗程朱理学，

---

① 渑：今河南省渑池县。陕：今河南省陕县，古称陕州，2015年2月，撤县设为三门峡市陕州区。
② 戴霖著《明代洛阳地区讲会论略》（《河南科技大学学报》2003年第4期）一文，作者所考明代洛阳地区大量讲会中的十六个，分别是：兴学会、文峰讲会、川上讲会、芝泉讲会、伊洛会、明德堂讲会、分陕龙兴寺大会、正学会、甘棠会、脱粟会、真率会、洛社会、韶阳会、隆庆四年孟化鲤与弟子创立讲会于洛阳城南（会名失考）、陈儒时创立讲会于永宁（会名及创会时间失考）、张孔训创立讲会于洛阳（会名及创会时间失考）。

又对其弊端进行反思，注重礼教和民风民俗的改变，并且通过体认，重新对《易经》、《中庸》之学进行了阐释，发挥其思想。因此，这一阶段是关学开始发展的时期。第二阶段是以薛瑄、薛敬之、吕柟为代表的"关陇之学"阶段。这一时期的关学，在吕柟的发展下有了质的飞跃。其学术"所谓穷理，不是泛常不切于身，只在语默作止处验之；所谓知者，即从闻见之知，以通德性之知，但事事不放过耳"①。当时，四方学者来闻其讲学接踵而至，吕柟最初是家居东郭别墅以会四方学者，但是来学和听讲者数量越来越多，以至于别墅无法能容，随之又修建了东林书屋。"时先生讲席，几与阳明氏中分其盛，一时笃行自好之士，多出先生之门"②。这一时期，关学的发展可谓盛况空前，达到鼎盛之时。第三阶段是以冯从吾和清初学者李二曲为代表回归张载思想的时期。这一阶段的关学由反思程朱理学走向阳明心学，并且，随着时代的发展也逐渐走上了反思阳明心学空疏的道路。南大吉学术思想发展就是处在关学发展的第二个阶段，为关学学术思想体系的发展做出应有贡献。

关学所处的第二个阶段，这一时期的关学，是在吕柟的传承发扬之下遵循程朱理学，"时天下言学者，不归王守仁，则归湛若水，独守程朱不变者，惟柟与罗钦顺云"③。南大吉在绍兴学阳明之学回归故里之后，便开始在关中讲学授徒。作为王守仁的及门弟子并且对阳明心学深有领悟的学者，回到家乡之后，创建湭西书院，阐释"良知"之学，以教四方来者，一时间，士子云集。这无疑对关中学者思想转变和关学"心性"变化产生了影响。"而阳明崛起东南，

---

① 黄宗羲著，沈芝盈点校：《明儒学案》卷八，《河东学案》，第138页。
② 黄宗羲著，沈芝盈点校：《明儒学案》卷首，《师说·吕泾野柟》，第11页。
③ 《二十五史》（第十册），《明史》卷二八二，《列传》卷一七〇，第789页。

渭南南元善传其说以归,是为关中有王学之始"①。后学冯从吾所著《关学编》一书中所载这句话,明显指出关学发展开始受阳明心学影响而有所改变,而这种改变无疑是始自阳明后学南大吉。从后来关学发展的走向也可以印证,在南大吉卒后,后之学者冯从吾、李二曲等自觉接受阳明心学,并针对王学末流之弊端,在新的历史条件下将注重践履、求真求实、敦善厚行的关学学风与阳明心学"明体适用"、"悔过自新"的特点结合起来,促进了关学与阳明心学的进一步融合。

(三)促进东昌学术之繁荣

明代王学在北方地区的传播自然对东昌地区的学术繁荣产生了很大的影响。北方王学中张后觉、孟秋、赵维新、穆孔晖、王道等人都在家乡东昌及其附近建院讲学,对以东昌为中心的广大地区文化教育事业及学术思想产生了极大影响。北方王门后学这几位学者在家乡创建书院进行讲学,不仅促进了东昌地区学术文化的繁荣,还竭力地将阳明心学融入以山东为中心的齐鲁文化之中,使得齐鲁文化内涵更加丰富。在程朱理学占据上风的明朝前期,东昌地区学术和北方其他地区学术一样缺乏创新和活力,自从北方王门后学这几位学者将阳明心学引入东昌之后,东昌学术又重新焕发出生机活力。穆孔晖曾在家乡讲学多年,影响了一大批学者,及门之士也是多有成就,率先将东昌地区一带文化从固守程朱理学的窠臼中吸引出来。穆孔晖在家乡传播阳明心学,使得东昌地区文化不再固守程朱理学而止步不前,更为东昌地区文化增添了活力。

---

① 冯从吾著,陈俊民、徐兴海点校:《关学编》附录一,《关学续编·柏景伟小识》,第69页。

张后觉、孟秋、赵维新师徒因其独特的学术贡献，被尊称为"茌邑三先生"。他们在家乡传播王守仁心学，极力打破僵化的程朱理学。面对当时的政治社会现实，他们励精图治、革除弊政、讲良知、重实践，穷其一生，淡泊名利。"茌邑三先生"都是阳明心学的信奉者，他们信奉阳明心学，并自始至终贯彻他们的学术思想。他们亲贤讲学、兴学施教，建学院、聚学徒、讲实学，大兴讲会，将原本只是流行于江南一带的阳明心学引入齐鲁大地，并进行广泛传播，打破了齐鲁地区程朱理学独占鳌头、一枝独秀的局面，使得阳明心学在北方地区蔚然成风。而且，三先生在讲学的过程中，注重将阳明心学融入具有优良传统的齐鲁文化中，尤其重视道德教育，将德育放在教育的首位。张后觉讲学强调孝悌忠信，亲友孝恭。孟秋主张教书育人，修身养性。赵维新也是讲德行，讲忠信，重视人的品质，保持了齐鲁文化的忠信仁义之特征，使齐鲁文化重新焕发生机，熠熠生辉。

总之，穆孔晖、张后觉、孟秋等几位北方王门后学，他们皆生于齐鲁大地，对王守仁心学的研习，使他们在为人、处事与治学等方面形成了重志节、重事功、重实践的鲜明特点，成为山东王学的领军人物。他们又都在山东运河区域开办书院，主持讲席，大力推广传播阳明心学，使东昌成为明代中后期北方理学重镇和传播中心之一，他们为僵化了的理学获得新生注入了新的血液。阳明心学通过他们传播到聊城及周边地区，他们建立书院，汇集四方学子于东昌，弃旧图新，研习阳明心学，使得当时文运大兴，鸿儒鹊起，成为历史上一道绚丽的彩虹。明、清两代，山东的进士、状元人数在北方遥遥领先于其他地区，而聊城又名列山东前茅，不难从中找寻到心学影响的痕迹。在清朝，人们对他们的崇敬仍是有增无减，如《弘山教言》一书在康熙丙午年（1666）曾经重印刊布。也正是因为穆孔晖等几位北方王门学者对学术的贡献和其自身的崇高品德,时至今日,聊城人心中仍对他们怀有深深的敬意。为了纪念他们的伟大功绩,后人在聊城古城西大街路北重新建立了"七贤祠",祠内供奉着穆孔晖、孟秋、张后觉、赵维新、王道等七贤人。穆孔晖等几位学者,均以为官清正、为学严谨、安贫乐道、深究学术为后人敬仰。

第二节　北方王门后学与明清实学

实学思想是明中后期的重要学术思潮,其实质是学术界一股经世致用思潮。广义的实学是指自宋代以后产生的一种"实体达用"之学,它不同于佛、老思想中的空谈虚妄之教,而是主张关注现实实用。狭义的实学则是指明末清初的"经世致用"之学,是在针对明末程朱理学和陆王心学空谈性理的弊病进行反思和批判的基础上形成的一种学术思潮。

明清实学的产生有着深刻的社会渊源。明清实学的发展大致经历了三个阶段。第一个阶段是明清之际的实学思想,即大致从明万历中期以后至清康熙前期这一历史时期的实学思想。这一时期的经世致用实学思想,其主要目的是批判程朱理学和陆王心学的空谈性理的空疏弊病,以经世致用、倡导实学为特征。北方王门对于明清实学的影响集中体现在这一阶段。明中后期,尤其是张居正改革失败之后,晚明的社会危机进一步加深,学术界空谈性理之风已然不能挽救江河日下的明王朝,此时顺时而生的王守仁心学强调躬行践履、经世致用,无疑给学术界和整个明末社会注入了一股活水。但是随着王守仁心学的发展和传播,尤其是王门后学不同派别对王守仁晚年学术理解的不同,阳明心学后期空谈性理、不重躬行的弊病也日益显现。尤其是在南方王学诸学派中，阳明心学空谈性理，逐渐远离阳明心学产生之初所提倡的"致知实用"、"躬行践履"的思想方向。明王朝的覆灭更是让很多学者认识到程朱理学和陆王心学的空谈心性而脱离现实思想特点已经远远不能挽救国家山河。更有学者直接将明朝的灭亡归咎于阳明心学的空疏教条，转而寻求一种能够救亡图存的经世思想。因此，阳明心学之中重视实践、关注现实的学风亟需被挖掘和发扬。与南方王学诸学派已经渐入空疏学风所不同，阳明心学中所包含的为挽救理学之空疏流弊，挽救社会危机的躬行践履、关注现实、讲求实践的实学学风在北方王门众多学者那里得到了淋漓尽致的发挥。

在南方阳明心学的流弊逐渐感染北方阳明心学，北方阳明学术思想开始出现弊病的时候，北方王门后学如赵维新、鹿善继、孙奇逢等更是极力纠正阳明心学，秉持阳明心学产生之初关注现实、躬行实践的学风，积极促进北方王学的进一步发展。

北方王学的一大特点就是重实践、重躬行。北方王门后学众多学者无论是在学术思想，还是政治、教育活动中，所体现出来的都是经世致用的情怀。他们鄙视宋明理学的空谈心性，在一切方面都强调"实"字，凡事躬行践履是他们行为处世的基础。这样的风气与当时社会危机不无关系，也是儒学发展到一定阶段所必然发生的规律。儒学发展到明朝末期，经历了千余年的发展与完善，其理论化已然达到一定的高度，所谓盛极而衰，其主要体现形式的理学发展到顶峰，再想完善变得十分困难，因此，学术界便只剩下空谈义理学问，不注重实践躬行，变得更加虚妄。而北方王门后学，秉承了阳明心学之中重实践、经世致用的学术成分。例如，张后觉论学重视"体验"和"保守"赤子之心，以达到"致良知"的境界。孟化鲤更是重视"专一"和"勤学"。他曾说："吾人学问，患在间断。今惟时时省察，果无间断乎？"① 而"勤学"之思想更是直接来自其师，他曾说："先师云：'古之圣贤，勤学好问。故舜好问察，终称大智。孔学不厌，卒成至圣。吾人视舜孔如何，其学不学，勤不勤，问不问，好不好，皆可自镜也。'"② 像尧、舜、孔、孟这样的圣人，尚且勤学好问，后世学者，亦当以此自鉴，躬身反省自己是不是做得像先圣一样勤学好问。勤学好问不仅是要向先贤圣人学习，身边的一切事物、一切人物都可以当作自身学习的对象。即便是有不同意见，也是要不求同俗，而求同理，求同存异。这个时候，就是体现自己不人云亦云，坚持己见，不随波逐流，又能够从身边一切事物吸取知识的能力之时了。

杨东明的实学思想更是直接运用到社会实践之中。表现在政治上，杨东明为政期间，刚正不阿，因敢于上疏直言，多次遭贬谪，但他从不计较个人得失。此外，杨东明还在张居正"一条鞭法"改革之下，在归德（今河南商丘）地区进行均丈田地、赋役改革以维持地方秩序的重要实践。总之，在实学思想的影响下，归德士绅吕坤、沈鲤、杨东明等在自己的家乡进行了一系列政治实践活动，包括限制优免、役法改革、宗族建设、礼仪教化等各个方面，表现出对现实问题的极大关怀。因此，在整个社会实践过程中，杨东明等人所做的努力都潜移默化地影响到这一地区，对以归德为中心的河南地区产生极大的影响，使得这一地区的民风民俗、社会风气发生了很大的变化。

诚然，北方王门其他学者，如南大吉、孟秋、赵维新、张信民等人，他们在为人处世等方面皆体现出重实践、重躬行的实学风气。南大吉于绍兴建书院教化民众，疏浚河道治水安民；孟秋大兴讲学、

---

① 钱明主编：《北方王门集》，《孟云浦先生集》卷二，《与王幼真》，第385页。
② 钱明主编：《北方王门集》，《孟云浦先生集》卷二，《与王幼真》，第384页。

治理关政，无不体现出重视实践、关注现实的实学学风。北方王门后学重躬行、讲实践的学术风气不仅挽救了明末阳明心学，而且这种学术风气一直延续到清初社会，以至对整个明末清初实学都产生了影响。

明清之际的实学强调经世致用、关注现实。它最大的特点就是"务实黜虚"，继承和发展先秦儒学直至宋明理学中务实躬行的价值理论，批判佛、道思想中的虚妄主义，对于明末理学的空谈性理大加批判，始终强调经世致用、实学实用。最主要的表现就是明末清初产生的强大社会批判思潮。于思想文化领域，他们批判程朱理学、陆王心学和佛道思想中一切空虚玄妄、空言心性、不尚实践的成分；于社会政治领域，他们批判封建专制主义，反对君主专制，具有鲜明的民主思想。这一时期实学思想的"务实黜虚"还表现在锐意进取的社会改革精神。最具代表性的是明末清初顾炎武、黄宗羲、王夫之三位启蒙思想家对时代的批判精神。三人都是处在明末清初、王朝易鼎的时代，对于封建君主专制统治所带来的弊端更是深有体会。因此，从经世致用的实学思想出发，在政治上都反对君主统治。其中尤其以顾炎武的实学气息最为浓厚。其实学风气最终落脚于经世致用，开一代朴实学风之先河。可以说，明清之际的实学思潮，与明末北方王门后学讲求的重躬行、讲实践是一脉相承的，皆为明末清初实学思潮的重要组成部分。

第三节　北方王门后学的历史地位

首先，北方王门后学在阳明心学体系中有着不可忽视的作用，是陆王心学发展史上不可分割的一部分。明朝初年是理学的鼎盛时期，自程朱理学成为官方哲学之后，其地位日益巩固，逐渐牢不可摧。但随着时代的发展，以及程朱理学地位的巩固，也不可避免地会出现一些意想不到的问题，最终造成了程朱理学学术思想的僵化。阳明心学的产生和在南方地区的肆意滋长逐渐摧毁了北方程朱理学的堤防。一方面，南大吉、穆孔晖、王道等人在家乡传播阳明心学，对阳明心学在全国范围内的传播，成为真正意义上的显学起着至关重要的作用。另一方面，阳明心学因其宏大的体系和精深的义理，加之心学弟子众多，在王守仁去世之后，由于后之学者对其学说思想的理解不同，从而走向了不同的方向，其中，也不可避免地产生脱离实际、空谈心性之嫌。尤其南方王学末流引发的流弊更是为人所诟病。在这样的环境下，北方王门后学，坚守着阳明心学的实学实践精神砥砺躬行，给予阳明心学内涵以及时修正。尤时熙、孟化鲤等人将"人情"、"物情"等同于"天理"，更进一步关注现实，使其学说更加人性化、简洁化、生活化、合理化；赵维新更是抛弃了师门的"良知现成说"，极力批判佛家思想之空虚和道家思想之玄妄，融佛、道之积极思想来进一步发展和完善其思想学说。北方王门后学思想将躬行实践之说践行到社会各个方面，在很大程度上挽救了晚期阳明心学之危机，使阳明心学在更大范围内得以传播和发展。在他们之后，北方学者鹿善继、孙奇逢等人也接过王学大旗，继续发展和完善。

其次，北方王门后学是中国传统学术发展史上的重要一环。于明代初期，北方广大区域内一直是程朱理学占据主导地位。当时，如河南渑池人曹端，开"河北之学"，他"起崤、渑间，倡明绝学，论者推为明初理学之冠"[①]。山西河津人薛瑄，在北方开"河东之

---

① 《二十五史》（第十册），《明史》卷二八二，《列传》卷一七〇，第789页。

学",门徒遍布山西、河南、关陇一带,蔚为大宗。薛瑄三传弟子,陕西高陵人吕柟又开"关中之学",他能够坚守师说,史载:"时天下言学者,不归王守仁,则归湛若水,独守程朱不变者,唯柟与罗钦顺。"① 可见,此时的北方仍然是程朱理学重镇。但是,另一方面,程朱理学到了明初之时,日渐暴露出自身僵化教条的弊端,逐渐为学者所厌弃。同时,以"正心"挽回衰世为目标的"王学"却迅猛发展,王守仁高举南宋陆九渊心学大旗,"唱其新说,鼓动海内"②,其"门徒遍天下,流传逾百年","嘉隆而后,笃信程朱,不迁异说者,无复几人矣"③。同样,程朱理学的衰退,为陆王心学的复兴提供了有利时机,北方广大区域紧随着浙江、江西等地心学的兴盛,迎来了王学之风。穆孔晖、尤时熙、南大吉等北方王门后学或建书院授学,或聚集讲会,大力宣传阳明心学,打破了程朱理学于北方地区一枝独秀的统治局面,为阳明心学在北方地区的传播做出了巨大贡献。

不过,阳明心学在北方的传播亦经历了相当长的一段时期。如尤时熙初识《传习录》是在京城,而张后觉亦是从当时教谕颜钥那里听闻良知之学的。可以说,阳明心学在当时北方人们心目中仍然是一种陌生的理论。但在他们的不懈努力之下,穆孔晖等人在山东,尤时熙等人在河南,聚徒讲学,分别传播阳明心学,最后形成"山东王学"和"河南王学",再加之南大吉在陕西的讲学传播,使得阳明心学在北方广大区域内迅速传播开来,这共同促成了明后期阳明心学在北方的盛大局面。后来,孟化鲤、孟秋、赵维新等人先

---

① 《二十五史》(第十册),《明史》卷二八二,《列传》卷一七〇,第789页。
② 顾炎武著,黄汝成集释:《日知录集释》卷十八,《朱子晚年定论》,上海古籍出版社2006年版,第1065页。
③ 《二十五史》(第十册),《明史》卷二八二,《列传》卷一七〇,第787页。

后继起,率先垂范,使得阳明心学在北方地区进一步发扬光大,其规模和声势也相当可观。当时学者张尔岐曾指出:"浸淫至天启、崇祯之间,乡塾有读《集注》者,传以为笑。《大全》、《性理》诸书,束之高阁,甚或不蓄其本。"① 由此可见,当时阳明心学在北方广大区域内已广泛流传。北方王门后学不仅使阳明心学在北方广泛流传,而且使阳明心学进一步得到修正。"稍晚些时候,北直隶的鹿善继、孙奇逢异军突起,在阳明心学受到猛烈攻击的时候,高树起王学大旗,且以砺名节、建事功、明学术相期许,与南方王学巨儒刘宗周、黄宗羲遥相呼应,从而作了王学的后劲,并为北方王学增辉"。"就整体说来,到隆、万时期,陆王心学已经成为北方一种习见的文化形态"。②

再次,北方王门后学学术思想成为北方传统文化的重要组成部分。北方王门后学大都生当明代中后期,此时的明王朝封建危机加深,农民起义开始出现,新的生产关系的产生和商品经济的活跃,冲击和破坏着传统的封建秩序,同时,统治集团内部藩王离心、宦官擅权,再加之西北边患的威胁,整个明王朝内外交困,陷入危机四伏的境地。北方王门后学能够与阳明心学的直觉主义相契合,在自己力所能及的范围内,坚守信念,洁身自好,关心百姓疾苦,把政务处理得井井有条,真正实践了阳明心学思想。他们居于乡野,不求闻达,潜心问学,得心学大旨,以顿悟为教,以道援儒,汇通佛儒,透过对"真心"、"真性"等"心体"与"形体"哲学范畴的理解与重新建构,直指人心,抬升心的虚灵明觉品质,发展了阳明"良知"学的知性层面,凸显觉悟和念头对外物的直觉把握能力,充分体现出较为虚空高明的思维特色。

---

① 张尔岐:《蒿庵集》,《蒿庵集捃逸》,《蒿庵闲话》卷一,第59条,齐鲁书社1991年版。
② 吕景琳:《明代王学在北方的传播》,《明史研究》(第三辑)。

穆孔晖等生当齐鲁大地,再加之他们对阳明心学的研习,使他们在为人与治学等方面,形成了重志节、重事功、重实践的鲜明特点。其中,"茌邑三先生"更是凭着他们的影响,在心学传播不广的山东大地,使聊城地区独树一帜,成为阳明心学学术的主要阵地。另外,"作为阳明后学'北方王门'中重要的一支学派,洛阳王学上承北宋二程'洛学'之说,中接明代阳明'心学'之旨,下启清代孙奇逢、汤斌'理学'之复兴,完成了学术的上下承接,为中州学术的传承作出了不可磨灭的贡献"①。总之,北方王门后学作为儒学的一支学派,他们为僵化了的理学注入了新的生机,阳明心学通过他们传播到北方广大区域,成为造福后世的一大幸运。他们建立书院,汇集四方学子,传播阳明心学,弃旧图新,研究心学,使得当时北方地区文运大兴,鸿儒纷起,成为历史上的一道绚丽彩虹。

最后,北方王门后学对清代陆王心学产生了一定影响。北方王门后学在广大区域内建书院、创讲会,授徒讲学,培养了大批弟子,使得陆王心学在北方逐渐传播开来。由此,阳明心学在北方一代代传衍下去,对清代陆王学术亦产生了一定的影响。

聊城七贤,他们"始兴阳明学于齐鲁燕赵间",广泛传播阳明心学。他们一生可谓"是达而名臣,穷而为名儒,其道不同,其应运而兴,秉道以为后起之仪型,则一也"。他们皆为官清正耿直,忠君忧国,不顾自身安危,不惜自己去留升迁,为伸正义布公道屡遭贬斥;为官廉洁,不贪财占利,家无万贯千顷,没高第豪宅,贫困潦倒,身居陋室,安贫乐道;深究学术,或著书立说,或教书育人,提携后进。于学术思想上,尊崇王守仁心学。他们"在北方推动发展了这一新起的儒学流派,在本地区简直是摧腐拉朽之势冲击着传

---

① 郑旭东:《明代北方王门之洛阳王学综述》,《长江师范学院学报》2009年第1期。

统的儒学流派,轰动一时,成为众多学子弃旧图新追逐的目标。东昌一处处书院相继建起,四方学子汇集这里,引发带动了当地批批学子走进讲授心学的学术殿堂。应该说他们为紧接而来的东昌文运大兴、鸿儒巨宦鹊起的时代奠定了基础。因此,他们在十数代东昌人的心目中受到极高的崇敬"[①]。

洛阳王学下启清代孙奇逢、汤斌理学之复兴,完成了学术上的上下承接,为中州学术的传承做出了不可磨灭的贡献。如前所述,直隶定兴鹿善继,于万历四十一年(1613)会试赐进士出身,观使兵部,再授户部山东司主事,后补河南,主管辽饷。后因主张以广东银改充辽饷而被降职减俸,并外调他职,后归故里。光宗即位,复官,不久,改任兵部职方主事,后又罢归。崇祯帝即位后,召为尚宝卿,后擢光禄寺丞事,后因病归家休养。崇祯九年(1636),清兵围攻定兴,鹿善继入城守卫,城陷而死。

据相关史料可以了解到,鹿善继一生集中授徒讲学活动有四次:第一次是在他中进士后待放回乡时,一直到授户部山东司主事这段时间。其时,"门人始进",如陈范彭、杜越、张果中、贾三槐、王烨等,皆在此时从学鹿善继。第二次是在万历四十五年(1617)至万历四十六年(1618),是其丁母忧期间。"四方来学者益众,先生性严毅,是非好恶,未尝少徇于人,而同心者,则无不饮以和,迎以善,春风之座,嘘入肺腑,殆不独发彼群蒙也"[②]。第三次是因金花银事件而辞官归里期间,时间为万历四十八年(1620)二月至八月。"先生去国归里,海内争以孤凤似之,而先生教授如曩时,布衣

[①] 转引自高文秀《聊城七贤祠内的十贤人》,新浪博客(http://blog.sina.com.cn),2012年8月3日。

[②] 陈鋐编:《鹿忠节公年谱》卷上,"四三岁"条,第10页。

草履，不敢以诤臣自异也"①。第四次为天启六年（1626）至崇祯九年（1636），是其再次辞官归里直至遇害，这段时间相对较长，共计十二年之久。从其《年谱》中可以了解到，天启六年（1626），"先生抵里门后，教授生徒如待放时，而门人日益进"②。崇祯四年（1631），"是年，先生病渐瘳，教授如再归时，门人大进"③。崇祯五年（1632），孙奇逢"命其子立雅偕伯叔昆弟来从先生学"④。崇祯六年（1633），"黄适甫集乐，自江右来从先生学"⑤。由上可见，鹿善继积极绍述阳明心学，躬行实践，以阳明学旨教授燕南子弟，生徒众多。方苞曾经指出："自明之季以至于今，燕南、河北、关西之学者能自竖立而以志节事功振拔于一时，大抵闻阳明氏之风而兴起者也。"⑥

值得一提的是鹿善继对于清初大儒孙奇逢学术思想的转变起到重要作用。鹿氏家学宗主陆王，善继少不就塾师，而以祖父为师，深受家学的熏炙。善继继承家学，宗主陆王，而于阳明学尤为心契，著有《四书说约》、《认理提纲》和《寻乐大旨》等书。鹿善继与孙奇逢友善，交往甚密，且对其影响较大。汤斌所著《清孙夏峰先生奇逢年谱》载："念衰朽少承家学，自先祖沐阳公与阳明高第邹东廓之子讳美者同举京兆，得闻其家学。故平生口无伪言，身无妄动，以躬行教子若孙。老夫奉父命从季父成轩公学，此渊源之所自，而尤得良友鹿伯顺夹助之力居多，伯顺深得阳明之学者也。"⑦由此可以看出，孙奇逢有着深厚的家学渊源，同时，还受到阳明学

---

① 陈鋐编：《鹿忠节公年谱》卷上，"四六岁"条，第14页。
② 陈鋐编：《鹿忠节公年谱》卷上，"五二岁"条，第25页。
③ 陈鋐编：《鹿忠节公年谱》卷上，"五七岁"条，第30页。
④ 陈鋐编：《鹿忠节公年谱》卷下，"五八岁"条，第33页。
⑤ 陈鋐编：《鹿忠节公年谱》卷下，"五九岁"条，第34页。
⑥ 鹿传霖纂修：《定兴鹿氏二续谱》卷八，《鹿忠节公祠堂记》。
⑦ 汤斌：《清孙夏峰先生奇逢年谱》卷下，"九十岁"条，台湾商务印书馆1981年版，第37页。

者鹿善继的影响，且受其影响较深。如在孙奇逢二十八岁正月服阕，于秋天进京，隔年，即万历四十一年（1613），仍下第，而其好友鹿伯顺则中进士。在京师"同鹿伯顺读王文成《传习录》"，并说："先生初守程朱甚笃，鹿先生讲次，每举姚江语先生，因读《传习录》知行合一，跃然有得，自是寝食其中焉。"① 可以考见，鹿善继对于孙奇逢由程朱理学向陆王心学的转变起到催化剂作用。自此以后，孙奇逢学术思想开始由程朱理学向陆王心学转变。

但总体而言，总结孙奇逢一生的学术取向，可大致划分为三个阶段：青少年时期的刻苦学习和游学四方，此时则是锐意于科举，较多地涉猎官方学术即程朱理学。在其丁父母忧之时，孙奇逢思想发生了较大的变化，开始着意于陆王心学，并有了明显的变化。到了清朝顺治之时，进入耳顺之年，其思想达到一个新的高度，也就是说到了晚年，尤钦佩刘宗周学行，遂以修正王学，合朱、王学术于一堂为归宿。孙奇逢学术思想的这一发展理路，也恰如业师陈祖武先生所指出的："夏峰之学，早年由朱子学起步。中年受同乡学长鹿善继影响，朝夕潜心《传习录》，成为阳明学笃信者。晚而钦仰刘蕺山学行，遂以修正王学，合朱、王于一堂为归宿。"②

孙奇逢治学"原本象山、阳明，以慎独为宗，以体认天理为要，以日用伦常为实际"③。孙奇逢的学术思想具体表现为，既主张知行合一，体认天理，又强调躬身实践，经世致用。其弟子申涵光曾评价："绍述在朱子（朱熹），而兼收王（守仁）陆（九渊）。"④ 孙奇逢后学，虽都同属于一学派，他们的社会思想基本上是一致的，但由

---

① 汤斌：《清孙夏峰先生奇逢年谱》卷上，"三十岁"条，第7页。
② 陈祖武：《清儒学术拾零》一，《蕺山南学与夏峰北学》，湖南人民出版社1999年版，第5页。
③ 杨朝亮：《清代陆王学研究》，《清初陆王学之历史命运》，天津古籍出版社2015年版，第5—6页。
④ 张显清主编：《孙奇逢集》（中），《夏峰先生集》，中州古籍出版社2003年版，第552页。

于其性格、学识、品行及其习染等方面的差异，以及他们对其师孙奇逢学术思想的理解和领悟不同，在学术思想方面也存在着较大的差异，既有主程朱者，亦有主陆王者，还有程朱陆王二者兼融者。不论其后学学术思想倾向如何，但对于孙奇逢学术思想既有继承，亦有发展，在学术发展史上各自做出其应有的贡献。

总之，孙奇逢上接北方王门后学，提出了"兼采程朱、陆王"和工夫论，主张知行合一，并以慎独修身的思想，为世人所接受。孙奇逢一生大部分时间从事讲学著述，因此，孙奇逢在河北、河南两地，培养出了大批的优秀人才。也正是在孙奇逢后学的发扬光大之下，陆王心学思想也随之在北方地区得以广泛传播和发展，对整个清代学术思想产生了重大影响。

第四节　北方王门后学的现代价值

2014年，习近平总书记在两会期间，参加贵州省代表团全体会议讨论时指出："王阳明的心学正是中国传统文化中的精华，也是增强中国人文化自信的切入点之一。"王阳明心学，对于实现优秀传统文化的创造性转化与创新性发展，以及对于解决我们当下社会上存在的种种问题具有积极的启迪意义。

首先，可以更好地了解北方地区学术发展脉络。单从学术史发展而言，北方王学的发展能够完整地展现出明中后期整个北方地区儒学的发展脉络。阳明心学是明中晚期最重要的学术思想，虽然与传统理学分庭抗礼，但其实质却是中国传统儒学发展中必不可少的一环，延续了传统儒学的发展。北方王学的发展是在程朱理学逐渐式微的大环境下进行的，也正是在北方的发展，才使得整个北方地区的学术发展活力创新之源流不至中断。而且阳明心学在明中后期繁盛,也并不是脱离社会环境,自生自灭,自我繁衍而成,必然是依托于当时的各种政治、经济、文化环境而形成。在了解学术发展脉络的同时,也能够窥探当时整个社会政治、经济、文化等方面的发展。

其次,北方王门学者的处世情怀值得后人学习。北方王门后学皆为官清廉、刚正不阿;为学严谨、虚心益友;为教亲贤、讲授实学。在北方王门的这几位学者中,无一不是受当时及后世人们所敬仰之人。穆孔晖、孟秋、张后觉、赵维新、王道、王汝训、逯中立七人因在家乡聊城所做的贡献被称为"聊城七贤",并且专门为之建祠供奉;杨东明因其为官清正,凛凛风骨深受百姓爱戴,更是因为其《饥民图说疏》拯救了几万人的性命而流芳百世;南大吉因治理绍兴,教化百姓,移风易俗,修礼明义,将绍兴地区这一自古极其难以治理的官宦豪民巨猾之地,治理成为一处路不拾遗、夜不闭户的太平之郡而深得民心。这些学者利国利民、睦邻亲友、无私忘我等处事情怀,置于我们当今社会之中,依旧值得人们大力宣扬和学习。

最后,北方王学的政治、教育、学术等思想同样有着极高的现代价值。北方王学的政治、教育、学术思想,虽然历经几百年,但作为中国传统儒学的一部分,它仍影响着现代人的思维方式和思想发展,它非但没有在新时代到来之时销声匿迹,却仍以某种方式在一定程度上悄然地参与着我们的生活。譬如北方王门学者在政治上所体现的讲孝悌、重亲民、慎独处事、为政以德的以人为本意识;在教育上所体现的学问专一、虚心益友、为学易简的教育理念。这些思想不仅对当时社会产生了很大的积极影响,在当今社会依旧以某种形式存在着,并对于构建当代社会伦理道德,调节人与人、人与社会之间的关系，传承中华民族传统道德理念有着极大的借鉴意义，需要我们用严谨的态度加以学习和研究。

总而言之，北方王门学者所践行的理念，对于当时社会产生了积极的影响，北方王门后学学术思想影响之大不单单局限于当时山东、河洛等地区，而是北方王门学者所到之处，所治之郡全是一片祥和景象。因此，这些理念之精华对于推动当今社会主义精神文明建设，构建社会主义和谐社会亦有着巨大的时代价值。我们应当进行理性的分析继承，取其精华、去其糟粕，积极促使它适应时代的转换，使它在新世纪的潮流中不断地进步，使中华民族优秀传统文化保持原有的、完整的面貌不断发展和完善。

另外，作为整个中国传统理学的重要组成部分，北方王门后学也有着不可忽视的现代意义。历史已经证明，北方王门后学对于社会和谐发展观具有重要的现代价值，对清代以后的中国政治、社会、文化的发展产生了举足轻重的作用。它不仅在当时有着重要的影响，而且现在也能带给我们许多启示和借鉴，具有一定的现代价值。

首先，顺应时代发展的创新精神是其现代价值的灵魂所在。儒家的和谐思想，是道德人文主义思想的核心之所在。在继承中国传统儒家思想的基础上所形成的北方王门后学体现出的是当时社会大变革中的思想文化大势。由于其在生成机制上有着与明朝中后期政治、经济、文化等背景形成同步的历史必然性，正是他们的忧国忧民意识及其所具有的与时俱进的强烈的社会责任感，构成了当时社会政治、经济发展的重要组成部分。因而，他们的理念与实践对于我们今天构建和谐社会具有一定的指导作用。

其次，坚持学以致用是其现代价值的重要源泉。北方王门后学在学术研究领域，有着与众不同的学术研究风格，始终保持学以致用、经世致用的学术风格，表达了对社会现实的关注和纯粹的为学目的。他们不仅从不同方面强调了对于圣人之学的内在理念，而且将学术思想充分贯彻于历史发展过程和社会实践当中，在社会历史的发展中充分挖掘传统思想的内涵。北方王门后学开创的以"经世致用"为终极学术目的、理论与实践相结合的学术思想，已成为清代学术界的主导思想，对北方地区乃至全国都产生了巨大影响，也对清初文化社会的进步产生了巨大的促进作用。而我们今天亦特别强调学以致用，或许能够从孙奇逢等后学身上得到某些启示。

最后，重视事功是其现代价值的核心所在。重视事功，以关切国家现实政治事务的实现，达成国家和民族的和谐发展。可以说，对于不切实际的理学的批判，都为后期中国社会的发展奠定了理论基础，是其现代价值的核心所在。

总之，北方王门后学在政治、思想、教育方面都充分展现了自身的优良特点，对于理学的传承亦做出了不可磨灭的贡献，在理论上弥补了对社会自身关系层面和谐性重视的不足，成为中国文化的重要组成部分。

结　语

　　北方王门后学皆生于明代中后期，此时，明王朝各种社会矛盾尖锐激化，封建危机日渐加深，小规模的农民起义此起彼伏，而新的生产关系的产生和商品经济的活跃，也大力冲击和破坏着传统的封建秩序，同时，统治集团内部也出现了各种严重问题，再加之西北边患的威胁，明王朝陷入危机四伏的困境之中。北方王门后学皆能够与阳明心学的直觉主义相契合，在自己力所能及的范围内，坚守信念，洁身自好，关心百姓疾苦，把政务处理得井井有条，真正践行了阳明心学思想。他们居于乡野而不求闻达，潜心问学则得心学大要，以顿悟为教，以道援儒，汇通佛儒，透过对真心、真性等心体与形体哲学范畴的理解与重新建构，直指人心，抬升心的虚灵明觉品质，发展阳明良知学的知性层面，凸显觉悟和念头对外物的直觉把握能力，体现出较为虚空高明的思维特色。可以说，北方王门后学皆是真学者，真正的王学传人，在他们身上真正体现出了学者的伟岸，使学问与做人、行事充分融为一体。

　　北方王门作为王阳明心学后学的一支，较之王学其他门派人数较少，形成与发展也相对较晚，但它的存在无疑是有着极其重要的意义。王阳明心学的产生使得明中后期学术思想走出理学后期的空虚僵化模式，使学术界大为活跃，从者日多，而成为当时的显学。王阳明心学经由北方王门穆孔晖、张后觉、孟秋、尤时熙、孟化鲤、南大吉、杨东明等学者传入北方后，加以发扬光大，使其得到进一步继承和发展。

北方王门学术思想有着与王守仁心学思想的共性，但在其自身的发展过程中又极具个性。"良知"、"心"等这些王阳明心学中最核心的构成，北方王门学者在继承的过程中又各自赋予了它们在自己学术思想体系中的含义和地位，或是进一步以其他概念来替代这些概念的含义，以进一步充实阳明心学的内容。如尤时熙、孟化鲤师徒以"人情"、"物情"之说来代替"良知即是天理"之说，使心学中"良知天理"之说的解释更加通俗易懂，契合人们的生活实际，有利于阳明心学的进一步传播。而像"道一论"思想，"理气统一论"思想，融佛、儒、道于一体的学术体系等，则是北方王门学术思想中较为有代表性的思想。这些思想有些在王守仁那里已然存在，如佛、儒、道相融，但是北方王门后学并非一味地继承王阳明学术思想，而是在自己生活的时代下，担负自己所应承担的学术思想责任，赋予了它们很多新的内涵，能够随时代而变，以保证王守仁心学不至于湮没在历史发展的潮流中。北方王门后学学术思想在形成和发展过程中，与王守仁心学产生之初相比较，对学术经世救世重视程度降低，对心学思想解释得更加简洁化、人性化、世俗化，更多地渗透于日常生活、百姓教化、人情世故中。而较之南方王学之学派思想而言，其最重要的特点则是保留了阳明心学中"致知实践"、"知行合一"的务实精神，从而使得心学思想在批判与修正中顺应时代，继续发展。北方王门后学学术思想作为阳明心学的重要组成部分，对我们了解明清陆王心学思想的完整性有着很大的帮助。同时，它也是中国优秀传统文化的重要组成部分，是我们民族文化自信的基石，也是促进社会和人发展的动力，在构建当今社会主义和谐社会中起着重要作用。

总之，北方王门后学扬弃程朱理学，承继陆王心学，在对传统儒学进行深入研究的基础上，于政治、学术和教育思想方面提出了自己的观点，他们既有很多共同之处，同时又各具特点。在学术思想上，他们都尊崇王守仁的心学，力倡知行合一，使得阳明心学学说在明后期于北方得到广泛传播，风行逾百年。他们通过对阳明心学的研习，使他们在为人与治学等方面，形成了重志节、重事功、重实践的鲜明特点，"在心学传播欠广的北方，独树一帜"。在政治思想方面，他们皆倡良知，讲孝悌，重亲民，施德政，两袖清风，律己慎独，淡泊名利，受到百姓的爱戴。在教育思想方面，北方王门后学视教育为己任，亲贤办学、讲学，讲实学，重德育，主张"接人则必掖以学"和追求真善美的教育原则与方法，对后世影响很大。

北方王门后学皆研习心学，讲授心学，传承并发展了中国的儒学文化，为中国古代学术史的研究和发展增添了内涵，做出了历史贡献，而且他们的诸多学术理念、政治思想和教育实践对当今政治、文化和社会的建设具有重大的时代价值。在当今社会，不论学习还是搞科研，要想有所收获、有所创新，不仅需要远大的志向、科学的目标，还需要坚忍不拔的毅力与全心全意的投入。所谓非淡泊无以明志，非宁静无以致远，就是这个道理。所以，身处这个讲求建设和谐社会的大环境中，北方王门后学的德政爱民与淡泊名利的言行更是我们学习的典范。

参考文献

《茌平县志》,康熙四十九年(1710)刻本。
《东昌府志》,乾隆四十年(1777)刻本。
《二十五史》,上海古籍出版社1986年版。
《河南新志》,中州古籍出版社1990年版。
《聊城县志》,康熙二年(1663)刻本。
《明实录》,中华书局1985年影印本。
《清实录》,中华书局1986年影印本。
《山海关志》,康熙八年(1669)刊本。
《绍兴府志》,台湾成文出版社1975年版。
《十三经注疏》,中华书局1980年版。
《堂邑县志》,光绪十八年(1892)雀城书院重刻本。
《阳谷县志》,康熙五十五年(1716)抄本。
《虞城县志》,中州古籍出版社1996年版。
《真定府志》,嘉靖二十八年(1549)刻本。
安作璋主编:《山东通史》,山东人民出版社1994年版。
蔡仁厚:《王阳明哲学》,九州出版社2013年版。
陈鼎:《东林列传》,广陵书社2007年版。
陈鋐:《鹿忠节公年谱》,中华书局1985年版。
陈来:《宋明理学》,华中师范大学出版社2003年版。
陈荣捷:《王阳明传习录详注集评》,台湾学生书局1986年版。

陈献章：《陈白沙集》，上海古籍出版社1991年版。

陈祖武：《清儒学术拾零》，湖南人民出版社1999年版。

陈祖武：《中国学案史》，台湾文津出版社1994年版。

程颢、程颐：《二程遗书》，《文渊阁四库全书》（电子版），迪志文化出版有限公司2003年版。

程玉海主编：《聊城通史》，中华书局2005年版。

冯从吾著，陈俊民等点校：《关学编》，中华书局1987年版。

郭墨兰主编：《齐鲁文化》，北京华艺出版社1997年版。

何龄修等主编：《清代人物传稿》，中华书局1986年版。

侯外庐等主编：《宋明理学史》，人民出版社1987年版。

黄宗羲：《黄宗羲全集》，浙江古籍出版社2005年版。

黄宗羲：《明文海》，中华书局1987年版。

黄宗羲著，陈金生等点校：《宋元学案》，中华书局1986年版。

黄宗羲著，沈芝盈点校：《明儒学案》，中华书局1985年版。

计六奇：《明季北略》，中华书局1984年版。

焦竑：《国朝征献录》，明万历四十四年（1616）刻本。

黎靖德编，王星贤点校：《朱子语类》，中华书局1980年版。

李绂著，杨朝亮点校：《陆子学谱》，商务印书馆2016年版。

刘宗贤：《陆王心学研究》，山东人民出版社1997年版。

刘宗周著，吴光主编：《刘宗周文集》，浙江古籍出版社2012年版。

卢广森、卢连章：《洛学及其中州后学》，河南大学出版社1999年版。

卢钟锋：《中国传统学术史》，河南人民出版社1998年版。

陆九渊著，钟哲点校：《陆九渊集》，中华书局1980年版。

鹿传霖：《定兴鹿氏二续谱》，清光绪二十三年（1897）刻本。

鹿善继：《认真草》，商务印书馆 1936 年版。

鹿善继：《四书说约》，清道光二十四年（1844）刻本。

吕坤：《吕坤文集》，中华书局 2008 年版。

吕维祺：《明德先生文集》，四库全书存目丛书，齐鲁书社 1995 年版。

吕维祺：《明德先生年谱》，四库存目丛书，清初刻本。

麦仲贵编：《明清儒学家著述生卒年表》，台湾学生书局 1977 年版。

孟化鲤：《孟云浦先生集》，四库存目丛书本，齐鲁书社 1997 年版。

孟秋：《孟我疆先生集》，四库全书本，齐鲁书社 1997 年版。

孟昭德主编：《孟云浦集》，中国文联出版社 2007 年版。

穆孔晖：《大学千虑》，四库存目丛书本，齐鲁书社 1997 年版。

钱明：《王阳明及其学派论考》，人民出版社 2009 年版。

钱明主编：《北方王门集》，上海古籍出版社 2017 年版。

钱穆：《钱宾四先生全集》，台湾联经出版事业股份有限公司 1995 年版。

钱穆：《宋明理学概述》，九州出版社 2010 年版。

全祖望撰，朱铸禹汇校集注：《全祖望集汇校集注》，上海古籍出版社 2000 年版。

邵松年：《续中州名贤文表》，鸿文书局石印本清光绪三十年（1904）刊本。

孙奇逢：《理学宗传》，山东友谊出版社 1989 年版。

孙奇逢：《夏峰先生集》，中华书局 2004 年版。

孙奇逢：《中州人物考》，明文书局 1991 年影印本。

汤斌：《洛学编》，四库存目丛书本，齐鲁书社 1996 年版。

王艮：《重镌心斋王先生全集》，明万历刊本，海豚出版社 2018 年版。

王培荀著，蒲泽校：《乡园忆旧录》，齐鲁书社 1993 年版。

王守仁著，吴光等编校：《王阳明全集》，上海古籍出版社 1992 年版。

王云等：《中国古代思想史稿》，山东友谊出版社 1997 年版。

王志刚等主编：《聊城文化通览》，山东人民出版社 2012 年版。

王晫：《今世说》，中华书局 1985 年版。

吴长庚主编：《朱陆学术考辨五种》，江西高校出版社 2000 年版。

吴震：《明代知识界讲学运动》，学林出版社 2003 年版。

吴震：《阳明后学研究》，上海人民出版社 2003 年版。

徐世昌著，陈祖武点校：《清儒学案》，河北人民出版社 2008 年版。

颜钧著，黄宣民点校：《颜钧集》，中国社会科学出版社 1996 年版。

杨朝亮：《刻书藏书与聊城》，天津人民出版社 2015 年版。

杨朝亮：《李绂与〈陆子学谱〉》，中国社会科学出版社 2005 年版。

杨朝亮：《清代陆王心学发展史》，商务印书馆 2018 年版。

杨朝亮：《清代陆王学研究》，天津古籍出版社 2015 年版。

杨东明：《山居功课》，明万历四十年（1612）刊本。

姚名达：《清邵念鲁先生廷采年谱》，台湾商务印书馆 1981 年版。

永瑢等撰：《四库全书总目》，中华书局 1981 年版。

尤时熙著，李根辑：《尤西川先生拟学小记》，四库存目丛书本，齐鲁书社 1995 年版。

于慎行：《谷城山馆诗集》，《文渊阁四库全书》（电子版），迪志文化出版有限公司 2003 年版。

俞樟华主编:《王学编年》,吉林大学出版社 2010 年版。

张岱:《石匮书后集》,台湾文献史料丛刊,大通书局 1987 年版。

张后觉:《张弘山集》,四库存目丛书本,齐鲁书社 1997 年版。

张立文:《走向心学之路:陆象山思想的足迹》,中华书局 1992 年版。

张舜徽主编:《张居正集》,荆楚书社 1987 年版。

张廷玉等:《明史》,中华书局 1974 年版。

张夏:《洛闽源流录》,康熙二十一年(1682)刻本。

赵维新:《感述录》、《感述续录》,四库存目丛书本,齐鲁书社 1997 年版。

朱熹:《朱子大全》,广陵书社 2018 年版。

邹建锋:《明儒学脉研究》,社会科学文献出版社 2014 年版。

后　记

在中国儒学发展史上，宋明时期产生和发展起来的陆王心学是其重要组成部分之一。陆王心学虽由儒家学者陆九渊和王守仁发展起来的，但却是肇始于孟子、兴于程颢、发扬于陆九渊，由王守仁集其大成。与此同时，陆王心学还深受佛教禅宗影响，是一个多源头、源远流长的学术流派。可以说，陆王心学在宋代由大儒陆九渊创始，至明代大儒王守仁达到其顶点。陆王心学不仅影响到此后中国封建社会后期的思想和思潮，而且，亦对中国近现代资产阶级革命产生过积极作用。

近十几年来，我在教学之余，致力于陆王心学方面的学习和研究，阅读相关典籍，逐渐积累了一些成果。2010年，我以"清代陆王学研究"为题，顺利地申请到山东省社科规划办重点资助项目。2012年，我又以"清代陆王心学发展史"为题，申请到国家社会科学基金一般项目。这两个项目的成功申请，更加促进了我的研究决心和写作进程，协调研究团队，齐心协力，尽可能保质保量地完成课题的梳理和研究，力争于清代陆王心学领域内有所创获。2015年、2016年两个项目先后顺利结项。由于在学习和研究清代陆王学术的过程中，自然会较多地涉及陆王心学的产生和发展过程，因此，势必要了解整个陆王心学，尤其是阳明学发生、发展之理路。在这一过程中，我发现在整个陆王心学研究领域中，相对而言，对于明中后期北方阳明后学的研究要显得薄弱许多。

北方王门后学主要是指清初大儒黄宗羲所著《明儒学案》一书中的"北方王门学案"一目中的几位学者。他们或是王守仁的嫡传弟子，或为再传弟子，为阳明学在北方的传播做出了巨大贡献。北方王门作为王守仁心学后学的一支，较之王学其他门派人数较少，形成与发展也相对较晚，但是我们不能忽视的是，北方王学作为阳明心学的有机组成部分，他们有其独特的学术体系和贡献，而且，他们毕竟是王守仁心学发展史上不可或缺的重要组成部分。因此，我便注意搜集和查阅相关资料，通过几年的积累，于2017年便以"北方王门学案研究"为题，申请到山东省社科规划办重点资助项目。

本课题的完成，不唯我个人之努力，更多的是凝聚着诸多师友的殷切之情。首先，我要感谢业师陈祖武先生，是先生把我引领进陆王心学研究领域的，每当与先生谋面和通话，皆是满满的教诲和激励，促使我克服种种困难，不断地进步。其次，陈连营、李春伶、袁立泽、林存阳、孔定芳、徐道彬、杨艳秋、唐明贵、李立民、梁仁志、朱曦林、万宏强等诸多学友对我亦有诸多启益。最后，课题组主要成员林存阳、孔定芳、宫兴梅、刘俊梅、胡志娟、白同旭诸同志皆鼎力相助，协同努力，使我受益匪浅。本书能够付梓，还得到了山东省社科基金的资助和商务印书馆的大力支持，尤其是商务印书馆责任编辑苗双女士的大力帮助和付出，借此谨表示衷心的感谢！

本人在努力将本课题加以深化，但由于诸多客观条件的制约，如有些相关文献资料的难以寻觅，还有一些北方王门后学自身资料的阙如等，使得本书的架构、结论等存有缺憾。假如将来条件许可，我将会对本领域做进一步的深入研究，以期能对北方王门后学有一个更加全面和深刻的认识。限于学识和能力，本课题肯定存在诸多不足和纰缪，祈盼大家指教，当感激不尽。

杨朝亮谨识

2020 年 12 月 26 日于东昌静心斋